노마드 라이프

노마드 라이프

초판 1쇄 | 2017년 1월 20일

지은이 | 조창완

발행인 겸 편집인 | 유철상
책임편집 | 김혜진
교정·교열 | 김혜진
디자인 | Mia Design
마케팅 | 조종삼, 조윤선

펴낸 곳 | 상상출판
주소 | 서울시 동대문구 정릉천동로 58, 103동 206호(용두동, 롯데캐슬 피렌체)
구입·내용 문의 | 전화 02-963-9891, 070-8886-9892 팩스 02-963-9892
이메일 | cs@esangsang.co.kr
등록 | 2009년 9월 22일(제305-2010-02호)
찍은 곳 | 다라니

※ 가격은 뒤표지에 있습니다.

ISBN 979-11-87795-05-6(13810)

© 2017 조창완

※ 이 책은 상상출판이 저작권자와의 계약에 따라 발행한 것이므로
  본사의 서면 허락 없이는 어떠한 형태나 수단으로도 이용하지 못합니다.
※ 잘못된 책은 구입하신 곳에서 바꿔드립니다.
※ 이 도서의 국립중앙도서관 출판예정도서목록(CIP)은 서지정보유통지원시스템 홈페이지(http://seoji.nl.go.kr)와
  국가자료공동목록시스템(http://www.nl.go.kr/kolisnet)에서 이용하실 수 있습니다. (CIP제어번호 : CIP2017000453)

www.esangsang.co.kr

당신의 삶을 바꾸는 인생 지침서

노마드 라이프

조창완 지음

상상출판

프롤로그

'노마드'는 '유목민'이란 라틴어로 프랑스 철학자 질 들뢰즈(Gilles Deleuze, 1925~1995)가 그의 저서 『차이와 반복(Difference and Repetition)』(1968) 에서 '노마디즘(nomadism)'이라는 용어를 사용한 데서 유래하였다.
2010년 공직에 들어간 후 첫 강연이었던 모교 강의에서 내 프레젠테이션의 첫 장 제목은 '나는 노마드인가?'였다. 노마드와 가장 먼 정착민의 대표적인 직업인 '공무원'의 길에 들어선 후에 나는 곧바로 노마드라는 단어를 썼다. 기자, 피디, 여행사 사장, 교수 등 다양한 직업을 경험했지만 과거에도 그렇고 현재도 그렇고 나는 나에게 물을 것이다.

"나는 노마드인가?"

그리고 2015년 11월, 드디어 공직이라는 허물을 벗고 진짜 노마드의 삶으로 다시 돌아왔다. 안정적인 월급 대신에 중국 전문지의 편집장, 한중 교류 컨설팅, 각종 강의, 여행사 운영 등을 하는 불안정한 삶을 바탕으로 희망을 만들 것이다. 혹자는 물을 것이다. 저렇게 많은 일을 하면서 진짜 노마드인 게 맞냐고. 나는 대답할 수 있다. 어느 곳도 나를 구속할 수 없다면 그게 바로 노마드이고, 내가 지향하는 삶이라고. 노마드는 아무런 생산이 없는 사람이 아니라고.
이 책을 쓴 것은 작은 계기 때문이다. 올 초 아침, 식사 중인데 문자가 울렸다.

"리더스 인재육성에서 강의를 수강했던 이진세입니다. … 그리고 강의가 1주일쯤 지난 지금까지 말씀해주신 노마드의 삶이 다시 곱씹어지네요. 다시 한번 훌륭한 강의 감사드리며 또 뵐 수 있는 기회가 주어지길 바랍니다."

2016년 2월 20일 광주 인재육성아카데미에서 내 강의를 들은 학생 중에 한 명이 보낸 문자였다. 이 책 『노마드 라이프』는 이 순간에 기획됐다. 부족한 말재주지만 내가 의도한 뜻이 어떤 한 사람에게는 확실히 전달됐다는 안도감이 들었다. 그리고 평소처럼 책을 통해 내 생각을 정리할 필요가 생겨났다.

"성을 쌓고 사는 자는 반드시 망할 것이며, 끊임없이 이동하는 자만이 살아남을 것이다."

_돌궐 제국을 부흥시킨 명장 톤유쿠크의 비문

"내 자손들이 비단옷을 입고 벽돌집에 사는 날 내 제국은 망할 것이다."

_칭기즈칸

노마드라는 말의 중요성을 가장 잘 보여주는 경구는 위에 있는 두 격언이다. 내 첫 강의도 비슷하게 시작한다.

"내가 만난 중국 청년들은 중국의 실리콘밸리인 베이징 중관춘이나 선전(심천) 화창베이(화강북) 전자상가에서 창업을 위해 머리를 맞대고 있다. 그런데 우리의 젊은이들은 공무원이나 대기업 등 안정적인 직장을 찾기 위해 도전을 잃어버렸다. 앞으로 14억의 중국을 상대할 수 있는가. 성안의 정주를 꿈꾸는 허약한 사람들로 채워진 나라의 공무원은 무엇에 쓸 것이며, 이런 인재로 채워진 대기업에게 미래가 있을까. 미안하지만 이런 안락을 누리는 세대는 우리 세대가 마지막이다. 여러분은 노마드로 살기 위한 자질을 갖추고, 세계를 주유해야 한다. 우리 민족은 개개인의 자질이 훌륭해서 그게 어렵지 않다. 하지만 준비를 해야 한다."

이런 협박 아닌 협박으로 시작해 우리나라에서 무너지는 것들을 말하고, 새로운 동력을 찾으라고 말한다. 미 대선에서 트럼프의 당선을 보는 가장 일반적인 시각은 불확실성의 확대다. 철학이 없는 박근혜 정부의 몰락 역시 기존 시스템이 얼마나 허약한지를 말해주는 사례다. 그런데 이제 쉽게 만나는 '제4차 산업혁명'에선 인간보다 조정자가 더 중요한 요소처럼 들린다. 결국 세상에서 배제되는 인간은 무엇을 할 수 있는가가 앞으로 가장 중요하다. 그리고 이런 시대에 인간이 자존감을 잃지 않고 사는 법에 대해 쓰고 싶었다. 그런 측면에서 보면 이 책의 목적은 내가 평소에 하는 특강을 좀 더 넓고 편안하게 풀어보는 것이다.

위기는 생각보다 가까이에 있다. 하지만 사람들은 의도적이든 아니든 진실을 외면하려 한다. 내 역할은 그 진실을 이 책으로 직면하게 하는 것이다. 그런 가운데 우리가 가장 잘 알아야 할 노마드 정신을 가진 인물로 칭기즈칸을 주목했다. 칭기즈칸의 무대인 몽골은 가지 못했지만, 중국령 내몽골은 20여 차례를 넘게 주유했다. 특히 재작년 말 공직을 마친 다음 주에 내몽골에 있는 칭기즈칸의 묘에 갔다. 시신이 아닌 부장품을 묻은 묘이다. 드넓은 초원의 한가운데 자리한 그곳에 들어가 사당으로 올라가다 보면 99개의 계단이 있다. 이곳에는 몽골어, 중국어, 영어 등으로 칭기즈칸의 명언들이 새겨져 있다. 그는 젊어서 중국의 포로가 됐지만 주눅 들기보다는 그들의 약점을 파악하고 준비해 결국 중원을 장악한다. 나중에 청나라를 세웠던 여진족은 결국 중원 속으로 사라졌지만 몽골은 아직도 스스로의 존재감을 유지한 채 살아간다. 그 정신의 근원이 칭기즈칸에 있다고 보고 그의 정신을 추적해 노마드 라이프의 지향점으로 삼았다.

글을 쓰는 일은 두려운 일이다. 글이 세상에 나오는 순간부터 진실은 물론이고 사람들의 생각과 대면하기 때문이다. 진실이 당장은 숨어 있을지 모르지만 일 년이 지나고, 천 년이 지나도 내가 쓴 글은 다시 평가받고 해석된다.

불안한 진실만을 담은 책으로 끝나지 않게 하기 위해 노마드로 살 수 있는 방법과 좋은 노마드 선배들을 보여준다. 나 역시 미완의 노마드지만 좀 더 나아지기 위해 노력 중이다. 사실 이 책을 완성해 가면서 다시 한 번 내 생활을 복기할 수 있다는 것은 끔찍하지만 행복하다.

재작년 11월에 노마드로 돌아온 후 가까이 모시던 장모님이 돌아가셨다. 군인의 아내로 시작했지만 5남매를 잘 키웠고, 자식들에게 연명장치를 달지 말라는 등 죽음에 대한 준비도 완벽히 하신 존경스러운 분이다. 시골에 계신 내 어머니와 장모님에게 진실한 존경과 사랑을 이 책과 함께 전하고 싶다.

2017년 새해를 맞이하며 백운동 누옥에서

프롤로그 … 004p

1장
왜 노마드인가

01 | 더 이상 안전한 곳은 없다 … 013p
02 | 위기의 한국 기업, 그리고 다음은 … 019p
03 | 절망도 사치다 … 026p
04 | 프로크루스테스의 시대 … 031p
05 | 국가 경쟁력을 보면 미래가 보인다 … 037p
06 | 한중 경제의 패러다임이 바뀐다 … 042p
07 | 새로운 시대, 새로운 인재 … 054p
08 | 분노하라, 저항하라 … 059p
09 | 노마드는 누구인가 … 065p

2장
칭기즈칸을 통해 읽는 노마디즘

01 | 왜 칭기즈칸인가 … 073p
02 | 칭기즈칸의 삶, 전반부 … 079p
03 | 칭기즈칸의 삶, 후반부 … 084p
04 | 칭기즈칸 키워드, 인내와 극복 … 088p
05 | 칭기즈칸 키워드, 자기통제 … 095p
06 | 칭기즈칸 키워드, 지혜를 넘어선 통찰력 … 104p
07 | 칭기즈칸 키워드, 인재와 협력 … 111p
08 | 칭기즈칸 키워드, 사상의 개방과 비전 … 119p

3장 노마드가 되는 법

- 01 | 독서로 너를 만들어라 … 128p
- 02 | 글로 쓰고, SNS로 소통하라 … 135p
- 03 | 리더의 특장 기획력 … 142p
- 04 | 전문 능력이 있다면 천군만마 … 148p
- 05 | 말이 통해야 세상이 열린다. 갖추어라, 외국어 … 154p
- 06 | 사람이 재산이다. 인맥 관리 … 160p
- 07 | 강연할 수 있는 노마드라면 금상첨화 … 167p
- 08 | 일어서지 못하면 미래도 없다. 회복탄력성 … 174p

4장 노마드의 행복

- 01 | 강요받지 않은 삶 … 183p
- 02 | 감정 다루기 … 189p
- 03 | 유목민은 실패를 즐긴다 … 193p
- 04 | 친구와 함께 잘 사는 길 … 199p
- 05 | 나는 걷는다. 고로 노마드다 … 204p
- 06 | 내 손안에 세계를 담다. 유비노마드 … 209p
- 07 | 노마드는 여행으로 충전한다 … 214p
- 08 | 왜 잡 노마드인가 … 220p
- 09 | 행복한 잡 노마드를 향해 … 224p

5장 이 시대 노마드들

- 01 | 빌 게이츠와 잡스, 서양의 노마드 … 232p
- 02 | 마윈과 레이쥔, 대륙의 노마드 … 237p
- 03 | 신미식, 떠나는 것밖에 몰랐는데 벌써 책이 30권 … 242p
- 04 | 백승권, 안주하지 않는 글쟁이 … 247p
- 05 | 최문순, 추락을 두려워하지 않는 천상 인간 … 252p
- 06 | 고미숙, 제도권을 거부하고 지식 영웅을 모은 고전 평론가 … 256p
- 07 | 김용옥, 앎을 향해 좇아가는 지식 이카루스 … 261p
- 08 | 박노자, 이 시대 지식 노마드의 표본 … 265p

왜 노마드인가

"왜 그렇게 대기업이 어려워진다는 이야기를 많이 하죠? 말이 씨가 되잖아요. 잘된다 잘된다 해도 어려울 텐데, 어렵다는 이야기만 하네요. 그러다가 삼성, 현대차 다 어려워지면 우리 경제는 어떻게 될까요."

얼마 전 강남 대형교회에서 있었던 'CEO 독서클럽'에서 내 이야기가 끝난 후 한 분이 말씀을 했다. 맞는 말이다. 나 역시 대기업이 망하길 바라지 않는다.
그런데 난 7~8년 전부터 이런 날이 올 것을 예감했다. 작은 행동도 했다. 2008년 삼성경제연구소(SERI)에 '중국 집중 분산을 위한 포트폴리오 전략'이라는 포럼을 만들었다. 대기업 중심으로 중국에 집중하면 위기가 오기 때문에 이것을 분산해야만 산다는 의미였다. 개인적인 사정과 내 능력의 한계가 있어 이 포럼을 발전시키지 못했지만, 그때의 취지는 지금도 유효하다.

"지금 한국 수출에서 중국이 차지하는 비중은 21.65%로 이미 지나치게 많다. 하지만 향후 기술격차의 감소 등으로 중국 수출의 위기가 다가올 것이다. 중국을 대신할 국가나 전략을 만들어야만 위기를 막을 수 있다."

2008년 21.65%였던 중국 수출은 2015년에 26%까지 상승했다. 그리고 지난해부터 급격히 무너지고 있다. 인도, 베트남 등을 급하게 찾고 있지만 이미 늦은 것 같다.
대기업에 대한 이런 우려가 부디 이른 것이기 바란다. 그러나 이미 눈앞에 치달은 현실이다. 대부분이 강남에 있는 대기업의 거대한 사옥을 보고 안심할 때, 이 이야기를 던질 필요가 있다. 그래도 사회나 경제에 대한 통찰력을 가진 이가 이런 이야기를 던지는 것이니 관심을 가져보길 바란다. 아니라면 나중에 나를 비난해도 당연히 감수하겠다. 그리고 이 책은 그런 암울한 시대를 살아가는 생존법이 아니다. 한 사람이 가장 자존감 있게 살아가는 방법에 대해 나 나름대로 정의를 내려본 글이다. 그 키워드가 노마드인데, 이 장에서는 노마드라는 단어를 꼼꼼히 살펴본다.

01 더 이상 안전한 곳은 없다

아들 용우의 꿈은 역사학자다. KBS「역사저널 그날」은 꼭 챙겨 보고, 「장영실」 같은 역사 드라마나 역사 영화는 꼭 챙겨 본다. 그런 용우와 우리 부부의 대화다.

"용우야, 역사학 전공하면 취직이 어려워서 힘들 텐데 걱정이다."
"그래도 제가 좋은데요. 좋아서 열심히 하면 할 일이 있을 겁니다."
"그럼 역사학 지식을 갖춘 외교관은 어떻겠냐."
"생각해볼게요."

얼마 전 우리 집에서 벌어졌던 이야기다. 인문학을 공부하면 취직이 어렵다는 것을 뻔히 알기에 인문학을 무척이나 좋아하는 우리 부부도 아이에게 은근히 이런 압박을 준다. 청년취업률은 갈수록 곤두박질하고, 특히 인문학을 공부하는 청년들의 상황은 더 나쁘다.
인문학만이 아니다. 이세돌과 인공지능 알파고의 바둑대결이 보여준 논란처럼 이제 기계나 인공지능이 인간의 영역을 하나둘 넘보는 것은 묻지 않아도 알 수 있다. 이런 일자리의 불안이 주는 풍속도들은 많다. 가장 대표적인 것이 공무원에 대한 선호일 것이다.

새벽 경인선 지하철을 타면 젊은 층이 유독 많이 내리는 역이 있다. 노량진역. 공무원 수험생들의 메카 같은 곳이다. 컵밥을 주식으로 자투리 시간을 아끼고, 저렴하게 한 끼를 해결하려는 분투가 펼쳐지는 전쟁터 같은 곳이다. 과거에는 대학 졸업생들이 중심이었지만 이제 나이도 의미가 없다. 고등학생, 직장에 불안감을 느끼는 40대는 물론이고, 50대까지 9급 공무원 시험에 매달리는 이들이 많다. 10대부터 50대까지 한 가지 시험을 준비하는 이유는 하나다.

"해고될 위험이 없는 안전한 직장이잖아요."

맞다. 공무원을 상징하는 말이 있다. 해고가 없다. 공무원 연금이 있어 노후 대책이 가능하다. 맞는 말이다. 같이 일하던 분들 가운데 퇴직해 300만 원 가까운 연금을 받고, 편안한 노후를 보내는 선배들도 많다. 또 공무원 재직 시의 전문성을 인정받아 회사에 들어가 안락한 생활을 하는 이들도 있다. 부부 공무원이 퇴직하면 중소기업 부럽지 않다는 말이 있다. 실제로 500만 원 넘는 돈이 연금으로 나오는 이들이 많으니 크게 틀린 말은 아니다.

그럼 앞으로도 그럴까? 일단 아니다에 가깝다. 우선 공무원의 직업 안정성도 깨질 날이 얼마 남지 않았다. 이미 '성과급제'와 같이 서열을 매기는 방식이 많이 도입됐고, 퇴출의 기준도 많이 낮아졌다. 농촌 인구의 감소로 인해 읍면은 물론이고 시군도 통합될 가능성이 높다. 보통 군청 공무원 수는 500~600명인데, 인구 감소로 시군이 통합될 경우 이 정원은 대부분 해고될 수도 있다.

거기에 재정난에 시달려 월급이 늦추어질 수 있다는 불안감에 시달리는 지자체가 한두 곳이 아니다. 인천시의 경우 2016년 예산이 전년 대비 거의 20~30% 수준에서 책정됐다. 이 정도로 무슨 행사나 사업을 벌이는 것은 거의 불가능하다.

2015년 11월, 재정위기로 유명한 그리스에서는 공무원과 노동자 단체들이 지속해서 파업을 진행했다. 그리스 정부가 3차 구제금융 이행 조건으로 연금 지급액 상한을 낮추려 했기 때문이다. 최대 20% 삭감될 것으로 전망됐는데, 결국 2016년 5월에 연금 삭감이 의회에서 채택되었다.

그리스 위기의 원인은 많다. 경북대 이정우 교수는 그리스 위기의 원인을 "(과도한 복지보다는) 부패와 연고주의, 해외 재산 도피와 탈세가 그리스 경제위기의 가장 중요한 원인이다"고 봤다. 또한 제조업보다는 관광 등 서비스업에 대한 지나친 집중과 산업 경쟁력의 약화 등이 원인일 것이다.

한국의 미래는 어떨까. 2015년 한국의 가임 여성 한 명의 출산율은 1.24명으로 15년째 초저출산국(출산율 1.3 이하)을 면하지 못하고 있다. 2명이 결혼해 1.24명을 낳는다는 것은 한 세대가 지나면 인구가 거의 절반 이상으로 줄 수 있다는 것을 말한다. 2030년이면 인구가 본격적으로 감소한다는 것이다. 엄청난 노령인구도 문제다. 초저출산율의 원년인 2000년생이 30살이 되어 결혼하면서 아이를 하나밖에 낳지 않을 경우엔 한국의 모든 체계는 무너질 수밖에 없다. 이때 지금 100만 명을 넘은 공무원의 연금이나 국민연금

등이 지속해서 안정적으로 가동될 가능성은 거의 없다.

우리나라 공무원의 숫자는 1997년에는 93만 명가량이었던 것이 2005년에는 철도청의 민영화 등으로 인해 91만 600명가량으로 집계됐다. 2016년 현재 공무원의 숫자는 102만 명가량이다. 1997년 당시 인구는 4570만 명가량이었고, 현재는 5155만 명가량이다. 인구가 1000만 명가량 늘었던 것에 비하면 공무원의 증가세는 크지 않았던 셈이다.

1980년대 초부터 시작된 저출산으로 인해 특별한 계기가 없는 한 2028년부터는 출생아와 사망자 수가 역전되어 인구가 줄어들 것으로 전망된다. 공무원의 수도 관리 능력의 향상으로 약간씩 늘다가 인구 감소와 더불어 줄어들 것이다.

공무원 조직 역시 가장 두려운 것은 IMF 관리체제 같은 경제위기다. 사회 전반의 붕괴는 이미 스스로의 재정 문제조차 극복하기 힘든 공무원 사회에도 위기로 다가올 것이다.

젊은 취업자들이 공무원 못지않게 선호하는 곳이 대기업이다. 그럼 대기업의 미래는 어떨까. 대기업의 미래를 보기 위해서는 우리 경제의 큰 흐름을 읽어야 한다.

한국 경제를 견인한 것이 대기업이 주도하던 수출이라는 것을 부인할 사람은 아무도 없다. 그런데 그 흐름이 요즘 이상하다. 2000년 이후 우리나라 수출 증가율이 마이너스를 기록한 것은 2001년 -12.7%, 2009년 -13.9%, 2012년 -1.3%가 대표적이다. 그리고 이 시기에는 세계 금융위기라는 대외적인 악재가 크게 작용했다.

그런데 2015년에도 수출 증가율은 -8%를 기록했다. 금융위기는 없었지만 국제 유가 하락이 가장 큰 원인이었다. 그런데 2015년 위기는 더 잘 살펴야 한다. 그 원인에 중국이 있기 때문이다. 2015년 대중국 수출은 1371억 2400만 달러로 전년 대비 5.6% 감소했다. 2016년에는 더 끔찍하다. 10월까지 대중국 수출이 1007억 4600만 달러로 전년 대비 12%가 감소했다.

대중국 수출의 감소는 우리나라 전체 수출 감소를 가져왔다. 2016년 10월까지 수출이 전년 대비 −8%를 기록했다. 이 정도로 심각하지만 이런 내용을 일반인들은 얼마나 인식할까?

이런 상황에서 한국이 다시 살아나는 방법은 새로운 산업 구조 개편이나 경제적, 심리적 안정을 통한 출산율 증가다. 그렇지 않다면 한국의 앞날을 담보할 어떤 것도 없다.

솥 안의 개구리는 불을 때면 따뜻해지는 환경에 편안함을 느끼다가 결국은 죽는다고 한다. 한국 경제는 이와 비슷한 상황이다. 수출의 감소는 이제 큰 흐름이다. 그것을 되돌릴 힘을 만들어내는 데는 뼈를 깎는 각성과 노력이 필요하다. 이런 앞날을 느끼고, 지금이라도 바꾸려 노력하면 훨씬 낫겠지만 역사는 그것이 쉽지 않다고 말해준다.

한국 기업의 중국 수출 감소에는 여러 가지 원인이 있다. 우선 유가가 싸지면서 화학제품의 가격이 낮아졌다. 또한 중국의 성장률도 낮아지면서 철강, 반도체 등 중간제품의 수요가 줄어들었다. 하지만 가장 큰 원인은 중국에 있는 한국 기업이 생명력을 다해간다는 것이다.

우선 가장 먼저 타격을 받는 것은 수출을 주도하던 대기업이다. 물론 더 고통을 받는 것은 대기업으로부터 쪼임을 받는 하청업체이니 우리 기업 전반이 나쁘다고 볼 수 있다. 그래도 대기업의 처우와 복지가 좋으므로 지금도 대기업에 대한 선호는 여전하다.

그런데 대기업으로 가는 길은 갈수록 좁아진다. 좁아지기도 하지만 들어간 후도 힘들다. 1980년대 국내 대기업과 중소기업의 종사자 수 비율은 40:60 정도였다. 그런데 2015년의 모습은 어떨까. 대기업과 중소기업의 종사자 수는 20:80으로 크게 벌어졌다. 이제 노동자 대부분이 대기업이 아닌 중소기업에 근무하는 상황이 된 것이다.

기업의 규모만이 아니다. 비교적 안정적인 정규직의 숫자에 비해 비정규직의 숫자는 빠르게 늘어가고 있다. 국가나 기업의 입장에서는 노동 유연성이 좋아졌다고 할 수 있지만, 노동자들은 언제 해고될지 모르는 공포의 시대를 사는 것이다. 고용안정의 신화는 1950년대 후반에서 1960년대 초반 시대가 처음이자 마지막일 수 있다.

"한국 경제에 그야말로 '퍼펙트 스톰'이 몰려오고 있는데, 엔진이 고장난 조각배에 선장도 구명정도 보이지 않는다."

_김난도 서울대 교수, 『트렌드 코리아 2017』 출간 기자회견장에서

02 위기의 한국 기업, 그리고 다음은

"이대로 간다면 삼성전자의 몰락은 빠르면 3년 늦어도 5년 후부터 시작될 것이다. IT 기업의 생존 기간은 평균 10년이다. 그 가운데 1등 자리를 유지하는 기간은 평균 3~5년 정도다. 삼성은 노키아가 혁신에 실패한 후 스마트폰 시장에서 반애플 진영의 선두로 나서면서 1등 자리에 올랐다. 그 결과 지난 3년간 매출은 빠르게 상승했으며, 이 추세로라면 1~2년 정도는 좀 더 선전할 수 있을 것이다. 하지만 2~3년 뒤 현재의 제품과 사업전략은 성장의 한계에 봉착하게 될 것이다. … 결국 이대로라면 삼성은 2~3년 이내에 자체 시스템의 한계와 기존 시장 시스템의 성장 한계를 동시에 직면하게 될 것이다. 삼성이 우물쭈물하는 사이 IT 업계의 빠른 변화와 새로운 시장 지배자의 등장, 후발 주자의 무서운 추격, 1등 기업의 자만심이 겹치게 되면 1~2년 뒤부터 좋지 않은 결과를 낳을 것이다."

이 말은 2013년 9월 미래학자인 최윤식 한국뉴욕주립대 미래연구원장이 《일요신문》과의 인터뷰에서 한 말이다. 그리고 2016년이 그 3년째이다. 정말 삼성은 위기를 맞았을까?

최 교수는 이 책에서 삼성이 2016년에 큰 위기를 맞고, 2019년에 더 큰 위기를 맞을 것으로 봤다. 그런데 점술가의 예언인 양 최윤식 교수의 예언은 맞았다. 바로 2016년 8월 출시한 '갤럭시노트 7'의 실패다. 이 사태는 단순한 수치상의 문제를 일으키지 않았다. 삼성 이동전화에 대한 전 세계적인 불신을 불러일으켜 수치로 표시할 수 없는 손실을 입혔다. 현대차에게도 시간의 문제일 뿐 위기가 찾아올 것으로 봤다.

한국의 가장 주요한 수출국인 중국에서의 상황만 보자. 필자가 가끔 들리는 홍콩공항 면세점 안에 반가운 브랜드가 보였다. 삼성전자의 핸드폰과 태블릿 PC 등을 파는 곳이다. 5년 전만 해도 삼성의 인기를 보여주듯 이 매장은 활발해 보였다. 하지만 2년 전에 들렀을 때 이 매장은 이미 활기를 잃은 상태였다.

2013년에 삼성은 중국 시장에서 이동전화 판매 대수 1위를 기록하여 세계 일류 기업임을 확인했다. 하지만 2014년에는 샤오미, 애플에 이어 3위로 떨어졌다. 2015년에는 샤오미, 화웨이, 애플은 물론이고, 중국 업체인 비보(Vivo)와 오포(OPPO)에 밀린 6위를 기록했다. 2016년은 결과를 볼 필요도 없다.

미래는 어떨까. 필자는 이미 삼성 이동전화의 중국 시장은 끝났다고 본다. 이미 앞서간 업체뿐만 아니라 메이주(魅族), 부부까오(步步高), 렌상(联想), 진리(金立), 중싱(中兴) 등 토종업체는 물론이고 노키아, 소니 등 중국 시장에서 권토중래를 꿈꾸는 기업과 대결해야 한다.

문제는 '추락하는 것은 날개가 있다'라는 소설의 제목이 생각난다는 것이다.

사실 추락하는 회사의 날개가 되는 것은 신기술이나 가격 경쟁력 등이다. 삼성이 새 무기로 들고나온 것은 '삼성페이' 등 결제시스템이다. 그런데 이런 핀테크가 중국 시장에서 가능하다고 믿는 전문가는 없다. 우선 삼성페이는 국내에서조차 기술이나 일반화에 실패한 시스템이다. 중국은 한국보다 핀테크가 2~3년 이상 빠르다는 평가가 있다. 텐센트가 주도하는 위챗페이나 알리바바의 알리페이는 이미 세계 시장에 빠르게 확대되고 있다. 보편적인 기술 격차도 있지만 외국 기업이 자국 경제의 심장의 한 부분이라 할 수 있는 금융결제 시장에 들어와서 경쟁력을 갖게 해줄 나라는 많지 않다. 더욱이 3년 전만 해도 1등을 하던 회사답게 매장도 많다. 하지만 하락세의 매장과 서비스망을 관리하고, 유지하는 데는 적지 않은 돈이 들어간다. 결국 삼성 이동전화는 구시대 유물이라는 인식이 퍼져가고, 그 자리에 중국 토종 기업들이 들어서고 있다.

중국 내 한국 기업의 경쟁력 상실은 이미 두산인프라코어의 사례가 잘 보여준다. 2008년 초 발표된 전년 11월까지의 굴삭기 시장 점유율에서 우리 기업인 두산인프라코어와 현대중공업은 18.4%(1만 313대)와 15.9%(8928대)로 1, 2위를 차지했다. 둘을 합치면 34.4%로 이 영광은 오래 지속할 것으로 보였다.

하지만 이것이 정점이었다. 그해 16.6% 정도를 차지하던 중국 기업은 계속해서 약진했고, 한국 기업은 지속적으로 하락했다. 2016년에 중국 굴삭기 시장 점유율에서 두산인프라코어가 6.8%, 현대중공업 2.2%를 차지했다. 둘을 합쳐도 9%밖에 되지 않는다. 34.4%에서 9%로의 추락이 보여주는 상황은 말할 필요가 없다. 이런 상황을 대변하듯 이 두 회사의 중국 법인 매각이 추진됐다. 하지만 여전히 새로운 주인을 찾지 못한 채 적자를 만들어내고 있다.

두산인프라코어는 부진하다가 결국 2015년 신입사원 명퇴 추진까지 겹치면서 회사의 브랜드까지 치명적인 상처를 입었다. 두산인프라코어 몰락의 가장 큰 원인은 2007년 미국에서 밥캣인수에 49억 달러를 쓰면서 부채가 느는 것에 있다. 2009년에 글로벌 금융위기가 찾아왔고, 이미 몸집이 불어난 회사는 이자 등 금융비용에 허덕였다. 금융감독원이 추산한 두산인프라코어의 2015년 부채 총액은 8조 5340억 원이다. 당기순이익도 마이너스 1294억 원을 기록했다.

삼성 이동전화가 두산인프라코어의 전철을 밟지 않았으면 좋겠다는 기대를 하는 것은 당연한 일이다. 한국 경제에서 삼성이 차지하는 비중이나 브랜드 가치를 고려하면 당연하다. 그러나 이 상황을 역전시킬 만한 호재가 보이지 않는 사람은 나만이 아닐 것이다. 한때 핀란드 경제의 4%를 담당했던 노키아도 세계 이동전화 시장을 잘못 파악했다가 한순간에 망했다. 삼성은 노키아보다 무엇이 뛰어나고, 무엇이 다를까?

이런 상황은 삼성전자에만 해당하는 것은 아니다. 2014년이 끝날 무렵 필자는 MB정부의 경제수석을 지낸 한 교수 일행과 베이징현대를 방문한 적이 있다. 2014년 실적을 말하는 자리의 분위기는 화기애애했다.

"저희 중국 공장이 생산할 수 있는 대수는 100만 대입니다. 그런데 올해 시장 수요의 증가로 잔업, 철야 등을 통해 110만 대를 생산, 판매할 예정입니다."

이런 상황은 현대차의 지속적인 중국 시장 진출로 이어졌다. 2015년, 충칭과 허베이성 창저우에 공장이 건설됐다. 원래는 서부 시장을 노리고 충칭공장을 건설하려 했다. 그러나 중국 정치권은 창저우 공장까지 같이하길 원했고, 울며 겨자 먹기로 두 곳을 동시에 추진한 것이다. 기존 베이징 공장에서 창저우 공장까지는 고속도로로 1시간 반 거리로 거대한 중국 시장에서 아무런 의미가 없는 과잉투자에 가깝다. 물론 베이징 등 화베이 시장이 큰다면 공장은 가능성이 있다. 그러나 미세먼지 문제로 인해 일반 화석연료 차량을 급감시키고, 그 자리에 전기차를 넣으려는 중국 정부의 판단에서 기존 차량을 만들어내는 현대차의 앞날은 담보하기 어렵다.

이런 흐름은 다른 기업들도 마찬가지다. 2000년 들어 롯데는 중국 웨이하이, 청두, 선양에 각기 1조 원이 넘는 부동산개발 프로젝트를 추진했다. 백화점, 마트, 주상복합, 영화관 등을 동시에 추진하는 종합부동산개발이었다. 이미 왕푸징에서 추진한 인타이그룹과의 백화점 합작 실패나 롯데마트 사업의 부진을 면치 못하면서 여러 지역에 같이 투자하는 모습을 보고 필자는 투자 담당자를 만난 자리에서 그 이유를 물었다.

"중국에는 완다나 소호, 스마오 등 상업부동산의 강자가 있다. 중국에 대한 전문성이 없는 롯데가 여러 가지 한계가 있는 중국 시장에서 성공할 전략은 무엇인가?"

그러나 롯데 관계자에게 온 답은 너무나 뻔한 것이었다. "신 회장이 중국을 다녀온 후 개혁상황에 따라 그런 종류의 부동산 개발 가능성이 큰 것으로 판단하고 지시했기 때문이다"라는 것이다.

롯데의 이런 막연한 판단의 결과는 좋지 않다. 2015년 신동주-신동빈 '형제의 난'에도 1조 원에 달하는 중국 사업 적자가 논점이 됐다. 그리고 앞날의 성적도 자신할 수 없다. 나름대로 조사를 하고 전문 인력이 있는 대기업의 상황이 이 정도다. 대기업을 바라보고 들어간 하청업체나 자영업자들도 소수를 제외하고는 나을 이유가 없다.

그럼 대안은 무엇일까.

"구글과 아마존의 예를 보면 답이 나온다. 구글과 아마존은 회사가 혁신을 지속할 수 있도록 이끈 창업자와 CEO가 건재했기 때문에 계속 우위를 지킬 수 있었다. 혁신을 완성하는 것은 직원들이지만 혁신의 방향을 잡고 이끌어 가는 사람은 창업자와 최고경영자다. 그래서 애플의 스티브 잡스가 세상을 떠나고 노키아의 성공을 이끌었던 요르마 올릴라 회장과 알라 피에틸라 사장이 물러난 것과 같은 일이 삼성에서 일어나면 위기가 시작될 것이다. 특히 IT 산업처럼 변화가 빠른 영역에서는 최고경영자의 능력이 절대적이다. … 삼성그룹이 2020년 이후에도 살아남아 100년 기업으로 성장하려면 이건희 회장 대에서 패러다임 전환을 마쳐야 한다. 예측하기에 삼성에서 가장 유력한 미래 주력산업은 바이오-생명, 무인자동차, 나노 신소재 특허 기반의 산업이 될 것이다. 삼성이 미래 산업으로의 전환을 실천으로 옮길 시간은 앞으로 10년밖에 남지 않았다."

앞부분에서 인용한 최윤식 원장의 당시 삼성에 대한 충고였다. 그러나 이건희 회장은 삼성의 변화를 만들지 못하고 건강이 악화되었다. 이건희 회장 대신에 이재용 부회장이 미래 산업의 전환을 시도하고 있지만 진행 방향에 대해 확신을 하기 어렵다. 그러는 사이 3년의 세월이 갔다. 이제 그가 말한 7년이 남은 셈이다.

> "승리하는 유일한 방법은 혁신이다."
>
> _스티브 잡스

03 절망도 사치다

카를 마르크스와 프리드리히 엥겔스가 함께 쓴 『공산당선언』 첫 구절은 "하나의 유령이 유럽을 배회하고 있다. 공산주의라는 유령이다(A spectre is haunting Europe—the spectre of communism)"로 시작한다.
2020년을 앞둔 한국을 배회하는 말들은 절망의 언어다. '헬조선', '3포 세대', '5포 세대', '7포 세대' 등. 지옥과 한국의 합성어인 헬조선이나 '취업·결혼·출산·내 집 마련·인간관계·꿈·희망'을 잃었다는 7포 세대의 자포자기를 이해 못 할 사람은 별로 많지 않다. 아마 앞으로도 여기에 '효' 등 자식으로서의 역할은 물론이고, '사회적 도덕성'까지 추가되는 것도 시간문제일 뿐이다.
이런 상황에서 가장 인기를 끈 것은 당연히 그들에게 던지는 위로의 말들이었다. 『아프니까 청춘이다』로 시작해 『웅크린 시간도 내 삶이니까』로 유명한 김난도 교수나 『너는 무엇을 하면 가장 행복하니?』의 김다은 교수 등 위로를 던지는 이들에게 사람들의 눈길이 가고 있다.
이런 책을 읽으면 내 아픔을 들어주는 따뜻한 마음이 느껴져 편안함을 얻는다. 하지만 이런 책은 결국 성냥팔이 소녀에게 남은 마지막 성냥과 같다. 마지막으로 남은 자원들을 태워서 잠깐은 따듯하게 하지만 결국 불이 꺼지고 나면 얼어 죽게 만드는 성냥의 역할밖에 하지 못한다.

이런 책도 좋지만, 이 시대의 진실을 읽고 싶다면 토마 피케티의 『21세기 자본』을 읽고, 스테판 에셀의 『분노하라』를 읽으면서 무언가 행동으로 가보려 시도할 필요가 있다. 아니면 법륜 스님의 책들을 통해 스무 살이 넘으면 혼자 일어서야 한다는 생존계의 기본을 배우는 것이 바람직하다.

그러나 사람들은 이미 절망한 듯하다. 지하철에서 만나는 대부분의 사람은 미래를 준비하는 책을 읽기보다는 스마트폰 게임이나 드라마 시청 등으로 시간을 보낸다. 10년 전에 큰 인기를 끌던 무가지마저 이제 세상에서 사라졌다. 결국 공부하지 않는 민족의 미래는 없다. 처음 얼마간은 기존의 지식과 창의력으로 버틸 수 있다. 그 시간이 지나고 나면 창조의 동력을 잃어 더 강한 세력에게 종속되어 노예가 되는 것이 역사의 교훈이다. 그런 점에서 지금 한국의 상황은 절망에 가깝다.

책이 어렵다면 요즘 편하게 만날 수 있는 팟캐스트를 통해 정부나 권력자들에 의해 조작된 정보를 극복할 수 있다. 이런 팟캐스트의 가장 중요한 터미널은 팟빵(www.podbbang.com)이다. 물론 애플 이용자들에게는 아이튠즈가 있다. 팟빵의 장점은 이동전화, 컴퓨터 모두에서 이 팟캐스트의 세계에 접근할 수 있다는 것이다.

공중파나 종편 등은 구조적으로 기득권층을 대변한다. 구조적으로 권력층과 결부된 방송사, 광고를 주는 대기업, 이미 기득권층이 되어버린 언론계 종사자가 같이하기 때문이다. 반면에 이미 5000여 개가 활동하는 팟캐스트는 아무나 자신의 콘텐츠와 주장을 펴낼 수 있는 언론계의 대자보와 같다. 시민기자라는 방식을 만들어 세계 미디어계를 놀라게 한 《오마이뉴스》 같은 시도가 시민을 기록자로 만들었다면, 팟캐스트는 가장 진솔한 수다를 세상과 접목시킨 가장 활발한 시도다.

팟캐스트에 가면 전문가부터 아마추어까지 다양한 소식을 전한다. 우선 요즘 최고의 인기방송으로 꼽는 것이 '노유진의 정치 카페'다. 노회찬, 유시민, 진중권의 이름을 딴 이 팟캐스트는 이 시대 정치 이슈를 가장 빠르게 해석해주는 나침반 역할을 한다. 이미 온오프라인에서 최고의 논객으로 활동하는 만큼 설명이 필요 없이 알차다.

'새가 날아든다'도 가장 빠르게 세상과 소통하는 팟캐스트다. 『찌라시의 중국 이야기』를 출간하기도 한 송명훈 씨를 비롯한 패널들은 정치는 물론이고 개인의 고민, 중국 비즈니스 등을 다양하게 알려주는 것으로도 유명하다.

팟캐스트계의 유재석이라고 할 수 있는 이동형 등이 만드는 '이박사와 이작가의 이이제이'는 근현대사의 인물들을 꼼꼼하게 되살리는 역사 교과서 역할을 하는 방송이다. 최근 편만 봐도 선거판의 귀재 '엄창록', 박정희의 마지막 부하 '차지철', 최후의 분대장 '김학철', 노동운동의 역사 '전태일', 살아있는 지성 '김준엽', 독립운동가 '화암 정현섭', 노블리스 오블리제의 상징 '우당 이회영' 등 수많은 인물을 데려와 역사적 의미를 재해석해 준다. 방송 하나하나가 한 권의 책이라 할 만큼 의미를 지닌다.

'김용민 브리핑', '민동기의 뉴스바' 등은 신문을 읽어주는 팟캐스트로 유명하다. 두 가지 모두 보수언론의 내면 읽기에 충실하지만 뉴스 이슈를 선명하게 볼 수 있게 하는 소중한 매체다.

지난 대선에서 큰 선풍을 일으킨 주인공들이 만드는 '김어준의 파파이스'나 '정봉주의 전국구'는 젊은 지식인들을 만족시키는 팟캐스트들이다.

정치적 색채가 덜하지만 어려운 지식을 쉽게 풀어주는 '지적 대화를 위한 넓고 얕은 지식'이나 '일빵빵 입에 달고 사는 기초영어'는 출판으로도 연계되어 팟민(팟캐스트 민중)들의 경쟁력을 키워주는 방송으로도 유명하다.

'법륜 스님의 즉문즉설'도 많은 이들에게 안정감을 주는 알찬 팟캐스트다. 책보다 편하게 다가오는 내용들을 만나다 보면 나 역시 세상의 한 명임을 깨닫는다.

오락거리도 많다. '송은이&김숙의 비밀보장'이나 '정영진 최욱의 불금쇼'는 오락과 교양을 넘나드는 소중한 콘텐츠들로 방송과 팟캐스트의 경계를 좁히는 역할을 한다.

'살피고 뒤에 계획한다. 계획한 후 행동하되, 깊게 생각하고, 먼 날을 고려한다면, 계획한 일 중에 못 이룰 것이 없다(察而後謀, 謀而後動, 深思遠慮, 計無不中)'는 장거정(張居正, 1525~1582)의 말은 내가 프레젠테이션의 가장 마지막에 넣는 격언이다. 명나라 말 정치가인 장거정은 몽골인의 남침을 막고, 동북지방을 토벌했으며, 서남지방 광시의 야오족·좡족을 평정했다. 대내적으로는 대규모의 행정정비를 단행, 궁정의 낭비를 억제하고, 황허 강의 대대적인 치수공사를 완성한 명대 최고의 재상이다.

임진왜란 직전에 조선 조정은 사절단을 보내 일본의 정세를 파악했지만 전란을 막는 데 실패했다. 병자호란 때도 국제정세를 읽지 못해 국토가 순식간에 유린당했다. 강화도 조약 이후에도 새로운 국제관계에 대처하지 못해 경술국치를 당했고 이완용, 송병준, 이인직 같은 기득권층은 나라를 팔아먹겠다고 먼저 나섰다.

지금 이 나라가 그 시대보다 더 안전하고 굳건하다고 믿는 이들에게 묻고 싶다. 한국이란 나라는 순식간에 무너질 수 있음을 최근 정치를 보면 하루하루 느끼게 된다. 절망할 수 있다. 하지만 절망 역시 이미 사치일 수 있다. 지나간 세대는 지나간 세대다. 자신들의 앞날은 자신이 개척해야 한다.

"나는 여러분 모두가, 한 사람 한 사람이, 자기 나름대로 분노의 동기를 갖기 바란다. 이건 소중한 일이다. 내가 나치즘에 분노했듯이 여러분이 뭔가에 분노한다면, 그때 우리는 힘 있는 투사, 참여하는 투사가 된다. 이럴 때 우리는 역사의 흐름에 합류하게 되며, 역사의 이 도도한 흐름은 우리들 각자의 노력에 힘입어 면면이 이어질 것이다. 이 강물은 더 큰 정의, 더 큰 자유의 방향으로 흘러간다."

_스테판 에셀, 『분노하라』 중에서

04 프로크루스테스의 시대

그리스 신화에는 프로크루스테스라는 노상강도가 나온다. 그는 아테네 교외 케피소스 강가에 살면서 지나가는 나그네를 집에 초대한다. 그리고 쇠침대에 눕히고는 침대 길이보다 짧으면 다리를 잡아 늘이고, 길면 잘라 죽여 버렸다.

5년 동안 공직에 있으면서 가장 많이 든 생각은 이 프로크루스테스라는 괴물이다. 내 첫 공직은 2010년 말 전라북도 도청 소속 '새만금군산경제자유구역청'에 들어가면서 시작됐다.

당시 임용된 '전임가급'은 4급 상당으로 비교적 높은 직급이다. 다만 '전문위원'이라는 직위로 보직이 뚜렷하지는 않아, 책임지고 일을 추진하는 데는 한계가 많았다. 다행히 시간이 지나면서 생각이 맞는 상급자가 있어 나름대로 재미있고 창의적으로 일할 수 있었다.

그런데 이 조직은 2013년 9월에 없어지고, 국토교통부 소속 외청인 '새만금개발청'으로 바뀌었다. 나 역시 재시험을 통해 그곳에 들어갔다. '행정사무관'이라는 직급의 중앙공무원 신분이었다.

그런데 그 조직은 앞서 이야기한 프로크루스테스가 사는 곳이었다. 우선 고시 출신이 아니면 조직 안에서 어떤 일을 추진하기도 어려웠다. 고시 출신들은 나이에 상관없이 형제처럼 지내면서 하위직급이나 외부 전문가 출신을 무시했다. 이런 문제는 외부와의 문제만은 아니었다. 고시 출신 내부에서도 스스로를 프로크루스테스의 쇠침대에 맞추려는 기질이 너무나도 명확히 보였다.

내가 맡았던 투자 유치를 아는 정부조직은 산업통상자원부에 일부가 있을 뿐, 예산을 쓰는 부서가 투자 유치를 알 리는 만무했다. 자신들이 돈 쓸 것을 결정하고 진행하는 이들에게 철저한 서비스 마인드를 가지고 유치 논리를 만들어야 하는 일은 익숙해질 수 없는 이질적인 일일 수밖에 없다.

처음에는 창의적이었을 인재들도 그 쇠침대를 거친 후에는 거의 정형적인 형태로 바뀌었다. 그들을 상대하는 하는 일 역시 쉽지 않았다. 그런 환경이었지만 스토리텔링을 시작으로 내가 유치하는 곳에 대한 인지도를 높이는 것부터 시작한 투자 논리를 만들기도 했다.

2015년에는 많은 난관을 뚫고, 중국 기업의 5800억 원 유치에 성공하기도 했다. 조직 안에서는 '중국 연구회'를 만들어 중요한 파트너 지역인 중국에 대한 인식을 재고하려 노력했다.

하지만 2015년 말에 있었던 재계약에 관심을 두지 않고 공직을 접었다. 물론 이후에도 내가 책임을 질 수 있는 분야의 관직에는 관심이 있다. 하지만 중앙부처 사무관급처럼 큰 조직의 부품인 직무라면 다시는 돌아가지 않을 생각이다.

중앙공무원이든 지방공무원이든 한 나라를 지키는 뼈대의 역할을 하는 중요한 요소들이다. 나처럼 투자 유치 공무원이라면 전략적인 사고나 서비스 마인드가 필요하지만 일반 공무원들에겐 적극성보다는 공정성이 가장 중요한 자질 중에 하나라고 생각한다.

하지만 공직자 대부분이 프로크루스테스 침대에 놓인 사람들처럼 일정한 틀로 만들어져간다면 그 국가는 창의적이지 못해 미래를 준비하는 데 뒤처질 가능성이 크다.

그러면서 공직자의 가장 큰 자세는 협업(collaboration)이라는 생각이 많이 들었다. 협업의 구루라고 할 수 있는 모튼 한센은 그의 책 『COLLABORATION 협업』에서 애플의 아이팟이 소니의 커넥트의 실패를 답습하지 않은 것은 소니와 달리 소프트웨어 부분과 하드웨어 부분이 잘 협력해 새로운 작품을 만들었기 때문이라고 말한다.

공무원 조직도 마찬가지인 경우가 많다. '팔지 마라 사게 하라'라는 이상을 현실로 만들려면 소비자가 적극적으로 선택할 수 있는 시스템을 구축해야 한다. 가령 제주도에 중국 관광객이 많이 찾고, 중국인의 부동산 투자가 이뤄지는 것의 배경에는 중국인을 타깃으로 한 오랜 노력이 있다.

그 실마리를 서복전시관이라고 생각한다. 2003년 제주도 서귀포에는 '서복전시관'이라는 낯선 이름의 장소가 생겼다. '서복(徐福)'은 진시황의 명으로 불로장생약을 찾기 위해 3천 명의 성인 남녀와 배를 타고 떠났지만 돌아오지 않은 도사다. 장쑤성(江苏) 간위(赣榆) 출신인 서복은 당대 유명 학자였던 귀곡자(鬼谷子)의 제자다. 의학과 천문, 항해술까지 익힌 지식인으로 중국인들에게 널리 알려진 사람이다. 두 번이나 불로장생약을 찾으러 떠났지만 결국에는 한반도를 거쳐 일본으로 들어간다. 서복은 일본에도 널리 알려져 많은 관련 유적지가 있는데, 이때 제주도에서 적극적으로 서복의 스토리텔링을 시작한 것이다.

과거부터 현재까지의 중국 지도자들을 만나오던 이세기 한중우호협회 회장의 추천으로 시작된 서복전시관은 제주도를 중국에 알리는 큰 역할을 했다. 또 서복이 출항 전 살았던 산둥성 룽커우(龍口) 시가 서복상을 만들어 기증하는 등 이벤트가 지속될수록 제주도는 중국 사람들에 알려졌다.

더욱이 한라산이 삼신산으로 불리는 봉래산(蓬萊山)·방장산(方丈山)·영주산(瀛洲山) 중 영주산으로 알려지면서 중국 사람들에게 제주도는 건강과 힐링의 장소로 이미지를 굳혀갔다.

더욱이 2005년 7월 시진핑, 당시 저장성 서기가 이세기 회장의 추천으로 제주도를 방문했을 때 그는 서복전시관에 들렀다. 시진핑이 이후 최고의 요직인 상하이 서기를 거쳐 국가주석에 오르면서 서복전시관의 이름은 중국에 더욱 알려졌다.

2008년에는 원자바오(溫家寶) 전 총리가 친필 휘호 '서복공원(徐福公園)'을 보내와 태석산에 두었다. 서복전시관은 중국 방문객들에게는 꼭 들러야 할 관광명소가 됐다.

이 결과 2000년 5만 명(57,236명) 수준이던 제주도의 중국 관광객은 2009년 20만 명(258,414명), 2010년 40만 명(406,164명), 2011년 50만 명(570,247명), 2012년 110만 명을 넘는 등 급성장을 거듭했다. 매년 100%가량 증가한 중국 관광객은 2014년에 252만 명을 기록했다.

2015년에는 메르스 사태 여파에도 불구하고 비슷한 숫자를 기록했다. 관광객의 증가는 제주도에 부동산 투자 가능성을 높였고, 상하이 최대 부동산 기업인 녹지그룹을 비롯해 여러 개의 부동산 개발 투자가 진행되고 있다.

서복전시관이라는 작은 열쇠는 제주도 관광 산업의 활로를 열어 주었다. 한국 전체가 불경기로 침체한 지금도 제주도는 전국에서 유일하게 높은 성장을 지속하고 있다. 특히 중국어가 가능한 인력은 실업이라는 단어를 생각하지 않아도 될 만큼 일자리도 안정적이다.

나 역시 공무원으로 재직 시 새만금과 중국의 아름다운 역사 이야기를 발굴해『새만금 이야기여행』이라는 만화책을 만들었다. 내가 직접 각본을 쓴 76페이지의 이 책은 서복을 비롯해, 최치원, 김교각, 서긍, 최무선, 이순신 등 새만금과 관련된 다양한 이야기를 담고 있다.

이 책을 읽은 중국인들에게도 새만금을 한층 더 친밀하게 느끼게 되었다는 평가를 받았다. 새만금 방조제에 이런 이야기를 바탕으로 관련 시설을 만드는 등 한중 우정의 길을 만들기 원했지만 아무 것도 해낼 수 없었다. 대신에 작은 섬이었다가 육지가 된 '사랑바위'는 내가 이름을 짓고, 스토리도 발굴해 지금은 표지판도 세워졌다. 이곳이 향후 새만금이 가진 생명력을 이야기하는 좋은 공간이 될 것이라고 믿는다.

악행의 상징인 괴물 프로크루스테스는 결국 자기가 만든 방법을 통해 사라진다. 프로크루스테스는 테세우스가 쇠침대에 눕자, 똑같은 방식으로 그를 죽이려 한다. 테세우스는 그 낌새를 알아차리고, 힘으로 그를 제압해 쇠침대에 눕힌 후 나온 부분을 잘라 죽인다.

공직사회에서 테세우스 같은 영웅이 나오기는 쉽지 않을 것이다. 공무원 인사를 책임지는 자리에 민간 출신의 전문가가 가서 이런 변화를 시도해봐도 공직사회가 전혀 움직이지 않는다고 느끼기 때문이다. 하지만 동북아

정세가 복잡하고 대외 의존도가 커지는 세계에서 기존의 틀에 맞추어 사는 것은 패배를 자초할 가능성이 크다. 대신에 이것을 이겨낼 테세우스가 필요하다.

"우리의 아이들이 만날 미래의 기업 형태는 지금과 다를 것이고, 대기업과 공무원을 직업으로 선호하는 사회 분위기도 변화할 것이다. 사회적 가치를 증명하는 기업이라야 존속이 가능해진다."

_딜라이트 김정현 대표

05 국가 경쟁력을 보면 미래가 보인다

우리나라의 대표적인 보수 경제전문가 공병호 박사는 2016년 1월에 『3년 후, 한국은 없다』를 출간했다. 대한민국의 민낯, 보이지 않는 미래, 중심부와 주변부의 길목에 선 한국, 지속 가능한 대한민국 시스템 재건 등 4파트로 된 이 책의 내용에 나 역시 100% 공감한다. 국가와 가계의 부채, 추락하는 산업 경쟁력, 저출산 고령화, 빈부격차, 국제환경, 답답한 정치 등 동의하지 않을 수 없는 내용이다. 자유시장경제를 옹호하는 보수 논객조차 빈부격차와 사회구조에 절망한다면 그 앞날은 안 봐도 뻔하다.

앞서 이야기한 미래학자 최윤식 원장은 세계 경제가 쇠퇴할 수밖에 없는 여러 가지 이유를 말한다. 그 이유로는 기존 산업의 성장 한계, 종신고용 붕괴, 저출산 고령화, 재정 적자 위기, 경제성장률 저하, 부동산 거품 붕괴, 정부의 뒤늦은 정책, 비용이 많이 드는 사회적 갈등, 통일 문제의 특수한 한계 등이 있다.

위의 이유와 겹치고 안 겹치고를 떠나 지금의 구조로 희망적인 미래를 기대하는 것은 말 그대로 우물에서 숭늉 찾기다.

그럼 무엇이 우리나라를 이렇게 절망하게 할까. 흔히는 그 이유로 정치의 후진성이나 뿔뿔이 흩어지는 민족성 등을 꼽기도 한다. 그런데 정말 그럴까.

"한국인의 가장 큰 결점은 조직능력과 법치 정신이 없는 것이다. 개개의 한국인과 서구인을 나누어 비교하면 학생·군인·상인·수공업자를 막론하고 우리의 성적은 조금도 그들에게 뒤지지 않는다. 그러나 그들은 10명이 결합하면 힘도 10배로 증가하여 10배 규모의 일을 할 수 있고 … 한국은 그렇지 않다. 한 사람이 더 결합할 때 힘이 더 증가되지 않을 뿐더러 서로 간의 충돌과 방해로 인해 능력이 소진되어 이전보다 도리어 역량이 감소한다."

이 글을 읽으면 적지 않은 우리나라 사람들이 공감하면서 안타까워할 것이다. 그런데 이 글의 본문은 '한국'이 아닌 '중국'이다. 이 글은 1920년 1년 동안 유럽을 돌아본 량치차오(梁啓超, 1873~1929)가 쓴 『구유심영록(歐遊心影錄)』의 내용 중 일부를 중국에서 한국으로 바꾼 것이다. 해외에서 생활한 많은 이들은 중국 출신 화교들이 뭉쳐서 상권을 장악해 가는 것에 놀라움을 표시한다. 반면에 한국 교민들이 잘되는 업종이 있으면 너나 나나 할 것 없이 덤벼들어 공멸하는 것을 안타까워한다. 내가 살았던 중국 베이징의 교민사회도 그다지 다르지 않았다. 불고깃집이 성공하면 불고기 사업에 일제히 덤비고, 안경업이 성공하면 일제히 안경업에 덤비는 등 한국 사람끼리의 혈투로 자멸하는 일이 허다했다.

그런데 이런 이야기를 중국인들을 두고 100년 전 량치차오가 했다니 신기하고 뼈저릴 따름이다. 그럼 실상은 어떨까.

베이징에는 여러 곳의 이미테이션 등 관광객 상대 시장이 있다. 창안다제(長安大街)에 있는 시우수이(秀水) 시장을 비롯해 홍챠오(紅橋) 시장 등이 유명하다. 이곳에 가면 흥정은 필수다. 가령 짝퉁 지갑을 살 경우 여행자는 상인이 부르는 가격에 상관없이 마음대로 가격을 부를 수 있다. 가령 상인이 1000위안을 불러도 소비자가 50위안에 사겠다고 해도 큰 상관은 없다. 이런 흥정은 결국 150위안, 200위안에서 끝나기 마련이다. 한 가게에서 150위안에 흥정에 실패하고 나온 손님에게 옆 가게에서 그 가격에 팔아도 서로 큰 반응이 없다. 보통 한국의 가게라면 두 상인 간 감정이 격해지기 쉬운데, 중국인들은 상대적으로 큰 시각으로 앞날을 봐서인지 서로의 거래를 존중한다. 실제로 다른 손님에게는 반대의 상황도 벌어져 결국 각기 수익을 올린다. 반면에 가격을 낮추는 문제로 시비가 벌어지면 손님들의 인상이 찌푸려짐은 물론이고, 시장 분위기가 격해져 결국 공멸하는 결과가 나타날 것이다.

우리나라가 향후 가장 밀접하게 같이할 나라가 중국이라는 것을 부인하는 이는 많지 않다. 어떻게든 중국을 상대해야 하는데, 서로를 인정하는 중국 상인들이 득세할 것은 뻔한 일이다. 그런데 앞서 말했듯 기술격차가 없어지면서 한국과 중국 사람들은 한자리에서 경쟁을 해야 한다. 양국 간에 앞서 말한 자세의 차이가 있다면 결국 결과는 한가지일 것이다.

한국과 중국이 꿈꾸는 미래의 내용은 큰 차이가 없다. 바이오, 전기자동차 등은 물론이고 전략적으로 육성하는 산업이 거의 같다.

결과적으로 5천만 한국인들은 14억 명의 중국인과 정면으로 대결을 벌여야 한다. 게다가 한국인들은 치열함도 덜하다. 그러니 결과도 이미 예정되어 있다.

"제가 대학생도 아니고, 열정페이 정도라 할 수 있는 돈을 주면서 일을 시키려는 사람들의 심리를 잘 모르겠어요. 취업자들의 임금도 갈수록 줄고 있는 것 같아 걱정이에요."

얼마 전 길에서 우연히 만난 40대 중반의 사진작가 박민경 씨는 이렇게 말했다. 비슷한 입장인 나 역시 그 말에 100% 공감할 수밖에 없다. 홍콩에 잠시 체류하다 돌아온 그녀는 중국 잡지에서 연봉 1억 원 정도의 사진 책임자로 일해달라는 요청을 받았지만 한국에 다시 정착했다. 하지만 그녀는 한국이라는 틀에 이미 숨이 막혀 있었다. 국가나 지자체가 돈이 없다는 것은 세금을 낼 수 있는 계층이 먹고살 수 있는 것들이 사라진다는 의미이기도 하다. 결국 가장 보편적인 소비계층인 중산층의 몰락은 국가의 몰락으로 이어질 가능성이 크다. 열정페이와 저임금은 결국 사회를 원활하게 돌아가게 하는 톱니바퀴에 모래를 뿌리는 것과 같은 작용을 한다. 이런 분위기는 결국 이 나라의 미래를 망친다.
이런 상황에서 가장 필요한 것은 무엇일까. 제조업을 잃어버린 나라의 미래 경쟁력이 형편없어질 수 있다는 것은 누구나 안다. 세계 10위권의 경제에 도달한 한국은 여러모로 제조업의 강점을 가져야 한다. 다만 지금까지 한국 제조업의 공장 역할을 하던 중국의 변화는 주목할 수밖에 없다. 실제로 제조업에서 중국과 경쟁했을 때 장기적으로 생존할 수 있는 분야는 없다.
거기에 '알파고' 같은 인공지능까지 우리를 위협하고 있다. 우리나라의 미래 경쟁력은 어디에 있는 것일까. 그리고 한국인 개개인의 미래 경쟁력은 어디에 있는 것일까. 분명한 것은 이전과는 달라지리라는 것이다.

일본과 10~20년 정도 차이를 두고 진행되는 저출산 고령화는 우리 경제 전반의 구조는 물론이고 개인의 생활까지 완전히 바꾸는 결과를 낳을 것이다. 현재 60세가 정년이라면 20년 후에는 65세가 정년이 될지, 70세가 정년이 될지 모르는 상황이다.

> "사람은 결코 일하기 위해 살지 않는다. 일 말고도 결혼, 출산, 육아나 취미, 봉사 활동 등 우리 인생에서 중요한 것은 아주 많다."
> _히노 에이타로, 『아, 보람 따위 됐으니 야근수당이나 주세요』 중에서

06 한중 경제의 패러다임이 바뀐다

"한국은 중국 등과의 국제관계를 더 넓게 봐야 한다. 전체 맥락을 보지 않고, 국제관계에 큰 영향을 미치는 미사일 방어체제에 가입하는 것을 발표하는 것은 위험한 일이다. 1992년 한중수교도 우리 외교의 쾌거처럼 생각하지만, 미국과 중국 간에 데탕트(긴장 완화 정책)가 없었다면 불가능한 일이었다."

얼마 전 모임에서 만난 전태동 전 베이징 총영사는 한중관계를 큰 흐름에서 보라고 말했다.
1992년 한중수교 이후 10여 년간 중국은 주로 신발, 봉제, 피혁 등에서 중국의 저렴한 인건비를 이용하려는 진출자로 넘쳤다. 2000년대 들어서는 삼성전자, 현대자동차 등 대기업을 중심으로 중국에 진출해 다양한 성과를 봤다. 그런데 2010년대에 들어서면서 이상한 상황이 발생했다. 전자레인지와 냉장고 제조와 같은 단순 제조공장으로 중국 내수 시장을 바라보던 대기업들에게까지 위기가 찾아오기 시작됐다. 중국 기업의 기술 경쟁력과 가격 경쟁력이 급속히 올라 한국 기업을 대부분 대체한 것이다.

2015년부터는 이런 상황에서 벗어난 기업이 없었다. 삼성전자나 현대자동차 등 대규모로 신규 투자한 기업들까지 중국 내수 시장 진출 성적이 떨어지는 것이 명확하게 보였다. 상하이를 중심으로 유통업에 진출한 이마트도 곤란을 겪기는 마찬가지다. 이미 베이징 왕푸징의 '인타이 롯데백화점' 사업에서 1000억 원가량의 손실을 보고 철수한 롯데도 상업 부동산 개발의 실패와 롯데마트의 경영난으로 매년 1조 원가량 손실을 보고 있다. 이런 상황은 앞으로 나아질 가능성이 거의 없다. 그런데 최근에 생긴 우리나라에게도 불리하지 않은 상황 변화를 잘 관찰할 필요가 있다.

우선 중국 인건비의 상승이다. 중국의 1인당 국민소득이 1만 달러에 도달하는 순간 한국과 중국의 인건비 차이는 큰 의미가 없어질 것으로 보인다. 현재 중국의 실질구매력이 한국보다 높기 때문에 결과적으로 한중이 비슷한 소득수준에 도달했다고 볼 수 있다. 이제 더 이상 외국 기업이 중국에 들어와 제조업을 할 이유가 없다. 그런 기회가 있다면 중국 정부가 상대적으로 소외된 서부지역(신장, 시장, 쓰촨, 산시 등)이다. 이곳에서 신(新)실크로드가 활발해질 경우 인도, 유럽으로 갈 수 있는 물류망이 빠르게 만들어진다. 상대적으로 인건비도 저렴한 지역이다. 하지만 이곳에서 한국 기업이 중국 기업과 경쟁하는 것은 쉽지 않기 때문에 많은 것을 고려해야 한다. 때문에 많은 기업이 베트남이나 동남아, 인도로 공장을 옮긴다. 하지만 이곳은 중국에 비해 문화적 차이가 많아 한국 기업이 대처하는 데 한계가 많다. 더욱이 노동 생산성이나 한국 기업에 대한 노동 친밀성에서 한국이 중국보다는 훨씬 유리하다. 따라서 다시 한국으로 복귀하는 것이 유리할 수 있다.

그리고 이미 이런 흐름은 대세가 됐다.

"후배가 있을 때만 해도 10만 명을 바라보던 톈진에 사는 한국 사람이 이제 2~3만 명 정도밖에 안될거야. 아파트 렌트비는 물론이고 공기까지 나빠지니 그곳에서 버틸 이유가 별로 없는 거지."

1999년에 중국으로 건너가 5년을 살면서 친하게 지내던 대학 모임의 선배가 얼마 전 모임에서 한탄스럽게 말했다. 베이징이나 상하이가 중국 진출의 공무, 상업, 유학 등 다양한 면모를 가진 반면에 톈진은 한국 대기업 공장이 주로 운영되는 곳이다. 이런 톈진이 과거에 비해 이 정도로 위축됐다는 것은 이미 이런 흐름을 피할 수 없다는 것을 말해준다.
반면에 한국 기업의 중국 복귀를 긍정적으로 바라보게 해주는 요소도 많다.

"우리는 큰 투자를 통해 한국의 동대문처럼 오프라인 시장은 물론이고, 징동이나 타오바오 같은 전자상거래 분야도 시스템을 갖추고 있다. 우리는 한국의 안전하고, 경쟁력 있는 상품들이 이곳에 많이 들어오길 바란다. '메이드 인 코리아'인 만큼 가격이 좀 비싼 것은 문제가 아니다. 또 상품만 있다면 달려가서 직접 구매할 것이다. 통관, 물류도 우리가 직접 해결할 것이기 때문이다."

2016년 1월 산둥성 지모(即墨)에서 만난 한중상품교역회사의 부사장은 자신 있게 말했다. 그는 이미 수백 평 규모의 한국 상품을 만들고 입주 지자체, 입주 기업, 입주 분야를 찾고 있었다. 맞은편에는 3000억 원 규모의 비슷한 콘셉트(온오프라인 시장)를 가진 전자상거래 전문 상가의 공정이 60% 가량 진행되고 있었다. 그 옆으로도 푸싱(FOSUN)그룹이 투자한 3000억 원 규모의 비슷한 상가가 기반 정지작업을 하고 있었다.

가짜우유 파동과 같은 많은 식품 안전 문제를 겪은 중국인들에게 한국 식품과 한류의 영향을 받은 화장품 등 헬스케어 관련 제품 등은 큰 인기를 끌고 있다. 한국에서는 알려지지 않은 마스크팩 상품들도 한국산이라는 이유로 불티나게 팔려 기업가치의 상승을 경험했다.

또 한국산에 관심을 갖는 이들에게 브랜드는 별로 중요하지 않다. 실제로 중국 마스크팩 시장에서 위세를 떨치는 L&P코스메틱이나 메디힐, SNP 같은 기업을 아는 한국 사람이 많지 않은 것이 이를 보여준다. 앞으로도 한국산은 '메이드인 코리아'라는 브랜드가 될 것이기 때문에 누구나 중국 시장을 상대로 기획할 수도 있고, 진출할 수도 있는 것이다.

이런 흐름에 날개를 달아주는 것이 중국 관광객의 증가다. 2010년 187만 명 수준이던 중국 관광객은 매년 50% 이상 증가해 2014년에는 600만 명을 넘었다. 2015년을 흔든 메르스 사태가 있었지만 이해에도 598만 명이 방문해 큰 차이가 없었다. 2016년에는 사드라는 악재가 있었지만 9월까지 633만 명을 기록했다. 더 큰 악재가 없다면 지난해 달성에 실패한 1000만 명 중국 관광객 시대가 도래할 가능성도 있다.

과거엔 명품 소비를 좋아하는 중국 관광객이 많았지만 자유여행객이나 실속 있게 관광하려는 사람들이 늘어가면서 한국 상품에 대한 인식이 쌓여 가고 있다. 이들 사이에선 이미 실용성 높은 화장품 브랜드나 조미김, 홍삼

등 가격에 상관없이 안전하고, 품질 높은 한국 제품을 원하는 경향이 뚜렷하다.

과거 한중 간 무역과 경제교류의 중심이 대기업이었다면 이제는 실속 있는 중소기업과 친환경농업을 하는 지역 업체들이 중심이 될 수 있다. 물론 산업의 가장 큰 수익은 유통이나 물류, e비즈니스에서 나온다. 그러나 대규모 자본과 정보의 접근이 어려운 중국 시장에 진출할 필요 없이 중국과 파트너십을 만들 수 있는 환경이 만들어지고 있다는 것은 큰 장점이다.

정치나 경제를 보는 이들에게 꼭 필요한 부분 가운데 하나가 통찰력(insight)이다. 중장기적인 맥을 읽어 그 틀을 예측할 수 있는 능력이 통찰력이다. 중국에서 통찰력을 가진 가장 대표적인 인물로는 제갈량이나 루쉰을 들 수 있다.

제갈량은 한낱 작은 세력에 지나지 않았던 유비를 주군으로 받들면서 '천하삼분지계'를 내놓는다. 당시 중국 에너지의 90%를 가진 조조와 10%를 가진 손권의 힘을 정리해 3개로 나누겠다는 것이다. 그리고 이런 그의 통찰력은 적벽대전 등을 통해 현실이 되었고 유비는 촉나라를 세울 수 있었다.

당대 중국 지성인 루쉰 역시 개인의 병을 치료하기 위해 의사가 되려 했지만 중국인들의 무너진 정신을 깨닫고, 몸의 병이 아닌 마음의 병을 치료해야 한다는 것을 읽었다. 그리고 중국이 근대의 미몽을 벗고 새로운 세계를 여는 데 극적인 역할을 했다.

그럼 한중 관계에 있어 깊게 읽어야 할 것은 무엇일까. 바로 머잖아 다가올 한중 경제 관계의 흐름이다. 그리고 필자는 그 대표적인 단어로 '한중 산업 골든크로스'를 들고 싶다.

지난 30여 년간 한국 기업이나 한국 사람이 중국을 생각할 때 가장 먼저 떠올린 것은 중국의 싼 인건비였다. 십수 년 전만 해도 톈진이나 산둥반도에서 중국 노동자들의 인건비는 200~300달러여서 중국 노동자들로 가공공장을 운영했다.

하지만 지난 기간 동안 중국 노동자들의 인건비는 매년 20% 넘게 급등했다. 이제 한국 노동자 인건비의 60%에 근접했다는 게 일반적인 여론이다.

2014년 12월 베이징현대를 방문했을 때 들은 당시 현지 생산직 노동자들의 평균 임금은 한화 150만 원을 넘었다. 그리고 중국 정부의 직간접적인 영향으로 인해 평균 임금은 매년 15% 이상 증가하는데, 앞으로도 10여 년간 이 정도 수준을 유지할 것이다.

이럴 경우 실질적인 임금 수준은 한국과 별반 차이가 없다. 더욱이 중국 동부지역 노동자들은 외지에서 온 이들이 많아, 한 직장에 근무할 가능성이 높지 않고 훈련하는 데 시간이 걸린다는 점에서 다양한 한계를 갖고 있다.

이 때문에 지난해 3월 영국의 경제분석기관인 옥스퍼드이코노믹스(OE)는 중국의 단위노동비용이 미국 노동비용보다 고작 4% 정도 낮은 것으로 조사됐다고 밝혔다.

이런 상황은 한국에게 어떤 미래를 보여줄까. 우선 앞으로 한국과 중국의 노동 비용 차이는 없어진다는 것을 의미한다. 게다가 한중 FTA가 발효되면서 실질적으로 두 나라 간 관세나 무역 장벽은 하나둘씩 허물어져 가고 있다.

상대적으로 물류비용과 시스템은 개선되었다. 상하이로 물건이 갈 때 톈진이나 다롄, 칭다오에 비해 인천이나 부산 등이 비용 면에서 별로 떨어지지 않는다.
이런 상황 변화 전반을 '한중 산업 골든크로스'로 규정한다. '골든크로스'는 주식 시장이나 여론조사에서 기존의 판도가 바뀌는 시점을 말한다. 지난 대통령 선거에서 박근혜 후보와 문재인 후보의 지지도가 역전되는 상황을 두고 이 단어가 많이 쓰였다.

"한국 노동자의 월급은 100만 원대 후반으로 연 2~3% 오릅니다. 중국 노동자의 비용은 100만 원 정도지만 매년 15% 정도 오릅니다. 또 중국 노동자들은 춘지에(설날) 귀성 이후 이직률이 높은 등 노동 충성도는 높지 않습니다. 당신이 공장을 짓는다면 한국에 짓겠습니까, 중국에 짓겠습니까?"

지금 이런 질문을 하면 많은 경영자들이 쉽게 결정을 하지 못할 것이다. 실제로 미국이나 일본, 유럽 등은 순수한 생산비 절약을 위해 중국으로 가자는 판단을 하지 않는다. '한중 산업 골든크로스'는 이미 지났는지 모른다.
재작년 중국의 1인당 GDP는 8016달러 정도였지만, 톈진, 베이징, 상하이, 장쑤, 저장, 네이멍구, 랴오닝, 광둥, 푸젠, 산둥은 1인당 GDP가 만 달러를 넘었다. 이 지역에 사는 인구는 4억 5천만 명가량으로 대부분 한국과 바다가 맞닿은 동부 해안 지역 사람들이다.
특히 톈진의 경우 이미 1인당 GDP가 2만 달러 수준으로 한국과 별반 차이가 없다. 한국의 절반밖에 되지 않는 실질구매력을 감안하면 한국보다 훨씬 잘사는 상황이라고 할 수 있다.
이런 상황에서 한중 산업의 미래는 어떨까. 최근 한국 제조업과 조선, 철강 등의 위기는 널리 알려져 있다. 위기에 빠진 산업을 위해 구조조정을 하자는 등 갖가지 말들이 나오고 있다. 문제는 산업의 미래에 대한 신중한 연구를 전제하지 않고 노동자 축소를 통한 규모 줄이기에 치중하는 등 앞을 내다보는 계획이 없다는 것이다. 이런 상황에서 무조건적인 구조조정을 통한 노동자 줄이기는 한국 경제의 미래를 갉아먹는 독소가 될 수 있다.

한국은 지난 경제 성장 과정에서 일본과 같은 세계 최고 수준의 기술 국가를 상대하면서 조선과 철강 등에서 경쟁력을 키워왔다. 상황의 차이가 없다면 중국은 물론이고 인도, 베트남 등 주변 국가들과 경쟁하면서 다시 제조업의 기반을 살릴 수 있다.

한중 간 산업의 골든크로스가 지나간 후 두 나라 간 산업구조는 어떻게 될까. 우선 중국은 상대적으로 임금이 높은 동부 연안 지역보다는 인구가 많은 쓰촨이나 산시 등 내륙으로 산업기지를 이동할 것이다.

시진핑 정부가 의욕적으로 추진하는 일대일로(一帶一路, 신실크로드)가 활성화되면 기차와 육로로 인도나 유럽 지역으로 손쉽게 건너갈 수 있기 때문에 서부개척에는 큰 문제가 없다.

반면에 상당 수준의 경제수준에 올라선 동부 연안 지역은 고부가 가치 산업이나 저탄소 중심의 친환경 산업으로 흘러갈 가능성이 높다. 이럴 경우 한국은 다양한 부분에서 경쟁력을 갖추게 된다.

우선 한국의 안전한 국가 브랜드를 활용해 중국 동부의 하이엔드층을 대상으로 한 다양한 사업 기회가 열린다.

최근 중국 대도시는 물론이고 산둥성 등에서 돼지고기 값은 1kg에 30위안을 넘었다. 지역에 따라 좋은 부위는 50위안을 호가한다. 중국 50위안은 한화 9천 원가량으로 한중 간에 돼지고기 값이 차이가 없다는 것을 보여준다. 높은 돼지고기 값은 생산 농가의 감소 등 구조적인 원인도 있지만 한중 간 생산 원가가 별반 차이가 없다는 것을 실제로 보여주는 사례다.

이런 상황은 한중 무역에 다양한 새 풍경을 낳게 할 것으로 보인다. 이런 상황도 오래된 이야기는 아니다. 2012년에 중국의 대표적인 수산 기업인 장자도그룹은 1억 달러 이상을 투자해 진도 인근에서 해삼, 전복을 양식하겠다는 투자 계획을 밝혔다.

하지만 이 투자는 중국 시장 진출을 노리는 한국 기업 등의 반대 등으로 난항을 겪었다. 최근에야 조도면 대마도 해역에 해삼씨를 뿌리는 등 사업을 본격화하고 있다. 갈등을 피할 수 있었던 것은 지자체에서 노력하기도 했지만 현지 주민들도 이 사업에 참여할 수 있는 틈을 마련해 주었기 때문이다.

이를 통해 중국 전복의 주산지들과 대적할 수 있게 됐다. 중국 해삼은 다롄 창하이 현(长海县)이나 웨이하이 등지에서 주로 생산된다. 수질 등을 고려할 때 한국산이 이 지역을 능가할 가능성이 높다.

한중 간 무역 통로가 열리면 어떤 결과를 낳을까. 우선 국내에서 브랜드 지명도가 높은 대기업보다는 선명한 스토리를 가진 협동조합 등이 중국 시장에 통할 수 있는 가능성이 높다. 물론 이는 정부나 지자체, 혹은 선진적인 협동조합이 이 역할을 해주었을 때다. 영세한 한국 기업은 스토리텔링은 물론이고, 유통, 물류, 마케팅 등 중국 시장 진출에 한계가 있기 때문이다.

지난 4월에는 담양한과가 중국 최대 온라인 쇼핑몰인 알리바바 쇼핑몰(1688.com)과 200만 달러 수출 계약을 맺었다. 한국에서조차 제대로 알려지지 않은 담양한과의 알라바바 수출에는 오랫동안 중국을 기반으로 활동하던 김구정 고차이나 대표의 역할이 컸다. 김 대표는 담양지역이 가진 청정한 환경과 한국산이라는 안전한 가치 등을 바탕으로 가장 한국적인 한과의 중국 수출을 추진했고, 초기지만 수출 계약이 성사된 것이다.

이런 흐름은 알리바바만이 아니다. 중국 대표 국영 곡물 기업인 중량그룹이 운영하는 온라인 쇼핑몰인 워마이왕(我买网) 사이트와 오프라인 매장에는 한국 유자차가 그 목록에 있다.

1kg에 44.9위안(한화 8천 원가량)에 팔리는 한국 수입 유자차는 124명의 평가자 가운데 한 사용자를 제외하고는 모두 좋다는 평가를 내릴 만큼 좋은 평가를 받고 있다.

마스크팩으로 대표되는 한국 미용제품의 중국 진출은 이미 최고점을 넘었다고 할 만큼 현지에 뿌리내리고 있다. 문제는 비슷한 아이템을 가지고 무차별적으로 중국에 진출할 경우 제 살 깎아 먹기라는 것이다.

반면에 한국의 가치를 활용한 제품들은 중국에서 지속적인 가능성을 갖고 있다. 한류라는 후원을 얻은 마스크팩 등 미용제품이 여전히 가치를 갖고 있는 것과 마찬가지다. 대표적인 제품이 인삼 관련 제품이다. 중국은 지속적으로 한국 인삼의 노하우를 찾기 위해 노력했지만 아직까지 그 답을 찾지 못했다. 다름 아닌 한반도라는 땅이 가진 기운을 대체할 중국 땅이 없기 때문이다. 인삼과 인삼을 활용한 홍삼제품 등은 물량 공세를 하기보다는 제품 가치를 높여 하이엔드층을 공략해야 한다.

최근 부진을 겪고 있는 제조업 역시 '한중 산업 골든크로스' 상황에 맞추어 체질을 개선해야 한다.

첫째, 한국 노동력이 가진 장점을 활용한 중장기적 생존 방향을 찾아야 한다. 가령 조선 산업의 경우 한중 간 노동력 격차는 거의 줄어들었지만 단순 선박 중심의 중국에 비해 한국은 다양한 경쟁력을 갖고 있다.

문제는 그간 저가수주와 미완의 기술을 바탕으로 한 과도한 수주경쟁 문제를 해결해야 한다는 것이다. 이런 문제를 해결하고 나면 중국 선박 기업들과 경쟁하는 것도 가능하다. 향후 가장 중요한 것은 선박 기능인들의 세대교체다. 무리한 인력감축으로 중장기적 경쟁력을 잃으면 일본에 밀리고, 중국에 쫓기는 상황이 될 것이 뻔하다.

또한 중요한 기술을 보유한 중소기업들이 이번 위기를 버티지 못할 경우 한국 조선업의 거대한 기반을 잃는 결과를 빚을 수도 있으므로 대기업뿐만 아니라 중견, 중소기업에도 관심을 쏟아야 한다.

둘째, 중국 산업 구조를 주시해야 한다. 한국과 중국의 중장기적 미래 산업은 별반 차이가 없다. 특별한 계기가 없는 한 두 나라는 경쟁할 수밖에 없다. 이런 상황에서 기초과학 분야의 발전이 필요한 산업은 한국이 중국에 밀릴 가능성이 많다.

특히 이과의 우수한 인재들이 의대에 몰리는 상황은 한국의 미래를 암울하게 만든다. 기초과학 분야는 기본을 다지는 것에 중심을 두고, 한국인들만의 장점이 있는 응용이나 융합 분야에서 미래를 찾을 필요가 있다.

셋째는 중국에 대한 관점을 바꾸는 것이다. 지난 20~30년간 중국은 우리나라 기업들에게 제조공장이었다. 하지만 한중 간 노동비 격차가 사라지면 경쟁상대이자 거대한 소비 시장이 되었다.

무역환경이 개선되고, 중국의 물류 유통 기반이 발전하면서 우수한 한국제품이 중국 대도시에 하루 이틀이면 도달할 수 있는 시대다. 그런 만큼 기존

제조업뿐만 아니라 하이엔드층을 대상으로 한 소비재 시장에도 본격적으로 관심을 가져야 한다.

'한중 산업 골든크로스'는 향후 몇 년간 계속될 한국 경제의 호재다. 대중국 산업 경쟁력을 바탕으로 체질을 개선하고, 미래를 만들어가야 한다. 특히 덴마크, 스웨덴, 핀란드 등 북유럽 모델을 벤치마킹하며, 북유럽 강소국들이 어떻게 환경을 극복하고 자생하는지를 배워야 한다.

복지에 대한 개념을 재정립하고, 협력하는 국가모델을 만들어갈 수 있는 시기다. 하지만 이 시기를 놓치고 전환의 계기로 삼지 못한다면 한국은 일본이 겪은 '잃어버린 20~30년'이 아닌 최대의 위기를 맞을 수도 있다. 그간 우려했던 '넛 크래커 현상'(혹은 샌드위치 현상)의 희생자가 될 가능성이 크기 때문이다.

반면에 중국을 잘 활용해 그 등에 올라탄다면 세계 양대 헤게모니 사이를 조율하는 산업 국가로도 부각할 수 있다. 우수한 사람들의 자질과 교육에 대한 열정, 위기 때마다 발휘되는 국민들의 정치적 판단이 해방 후 한국의 발전에 중요하게 작용했다.

다만 이 과정을 거치면서 출산율의 저하, 지나친 재벌 위주의 정책, 계층 간의 장벽 등 문제점을 만들어냈다. 그런데 향후 다가올 대중국 환경의 변화는 이런 구조적 모순을 해결할 수 있는 바탕이 될 수도 있다.

> "중국 인건비가 이제 싸지도 않고 중국이 소비주도성장으로 성장전략을 전환한 만큼 내수 시장에 적극적으로 진출하는 것이 핵심이다."
>
> _김극수 국제무역연구원장

07 새로운 시대, 새로운 인재

2002년 한일 월드컵 4강을 이끈 히딩크는 한때 우리나라에서 가장 흥미로운 인물 코드였다.『세계가 놀란 히딩크의 힘』,『CEO 히딩크』등 수십여 종의 히딩크 관련 서적도 출간됐다. 그로 인해 그의 고국인 네덜란드는 한국 사람들 사이에서 꼭 가보고 싶은 나라가 됐다.

네덜란드는 인구 1700만 명 가량으로 세계 인구 67위의 그리 크지 않은 나라다. 그런데 이 나라는 세계 수출대국이며, 1인당 국민소득도 4만 달러가 넘는다. 네덜란드의 가장 큰 특징은 히딩크처럼 융합형 인재가 많다는 것이다. 네덜란드뿐만 아니다. 북유럽 국가인 핀란드, 노르웨이, 스웨덴, 덴마크, 벨기에 등도 작지만 강한 강소국으로 알려졌다. 이런 강소국들은 근대에 복잡한 정치 변화를 겪었지만 스스로 융합형 인재를 키워내 독일, 프랑스, 영국 같은 강대국 사이에서 독자적인 국가를 만들었다. 큰 혼란이 없다면 이런 흐름은 지속할 것으로 보인다.

강대국 사이에 끼인 한국이 이런 나라를 그냥 보지는 않았다.『상록수』를 쓴 심훈도 덴마크의 교육 영웅 니콜라이 그룬트비(Nikolai Fredrik Severin

Grundt´vig, 1783~1872)의 영향을 받았다. 하지만 우리나라는 근대기에 강소국으로의 전환에 실패하고 일본 제국주의에 희생당하는 아픈 역사를 경험했다.

이런 강소국들에는 모두 그룬트비 같은 교육정신의 영웅들이 있었다. 그룬트비는 시민대학으로 불리는 '폴케호이스콜레'를 만들어 창의적, 자율적, 협동적 실천이 가능한 교육을 했다. 결국 이런 정신이 사회 전반에 뿌리내려 지금과 같은 복지국가 모델이 가능하게 된 것이다.

7명이나 되는 내 남매에게는 20명의 조카가 있다. 이 조카들의 대부분은 인문계 고등학교를 나오고 대학에 가는 게 일반적인 수순이었다. 그런데 큰누나의 아들 찬홍이는 인문계 대신에 관심이 있는 제빵 전문학교에 입학했다. 누나는 대학 학비를 저축해 아들의 가용 자산을 만들어 줬다. 졸업 후 제과 프랜차이즈 기술자로 들어간 찬홍이가 결혼할 때, 누나는 저축한 비용들로 집을 구매하는 것을 도와줬고 찬홍이는 안정적으로 이 사회의 일원이 될 수 있었다.

큰누나 집은 아이의 재능과 관심을 중시했기 때문에 그에 맞추어 중장기적인 자산을 잘 운용할 수 있었다. 한중뿐만 아니라 이 시대는 이제 새로운 인재를 요구한다. 기존처럼 제조업을 진행할 필요가 있기 때문에 이공계 출신 테크노크라트는 지속적으로 쓰임이 있을 것이다. 한국 기업도 이제 경쟁자인 중국을 떠나 베트남, 인도 등에서 중국과 경쟁하면서 상생해야 하는 시대다.

반면에 금융, 마케팅, 디자인 등에서 탁월한 감각을 갖춘 고급 인재의 역할은 더 커질 것이다. 특히 금융 분야가 중국이나 미국에게 지배당할 경우 국가 경쟁력이 치명적으로 떨어지기 때문에 훌륭한 인재들을 길러야 한다. 금융 역시 기존 월 가가 지배하던 시대를 넘어 미국과 중국이 핀테크 등을 두고 양강 대결을 벌일 것이 명확하다. 중국 역시 달러를 가진 미국의 기축통화에 도전하기 보다는 핀테크 등 전자금융을 통해 자신들의 영역을 확보하려 할 것이다.

우리와 경쟁할 중국은 '중국 특색 사회주의'를 포기할 수 없다. 앞서 말한 량치차오의 우려처럼 중국이 자유주의를 선택하면 중국이 다양하게 갈라질 수 있기 때문이다. 2015년 출간된 시진핑의 정책발표집인 『시진핑, 국정 운영을 말하다』에서 첫 장이 '중국 특색 사회주의를 견지하고 발전시키다'인 것은 이런 이유다. 역사적으로 봤을 때도 과실이 많았던 마오쩌둥이 신격화 되는 이유는 그가 중국 특색 사회주의를 만들었기 때문이다. 그러나 사회주의 국가는 아무리 국가가 장려한다고 해도 문화 등 창조, 창의 산업이 발전하는 데 많은 어려움이 있다.

정청래 의원이 2009년 1년 동안 중국을 다녀와서 쓴 『거침없이 정청래』에서 김하중 대사가 그에게 해줬다는 말에 나도 공감한다.

"한국의 기술과 중국의 시장이 적절한 지점에서 만나야 한다. 한국의 기술과 문화 콘텐츠 산업은 중국이 넘을 수 없다. 그 이유는 문화 산업이라는 것은 자유민주주의 토양에서 자라는 열매인데 중국은 무한한 자유민주주의를 줄 수가 없다. 중국 국가체제 자체가 흔들리기 때문이다. 일정하게 통제되고 조직화된 사회라서 자유는 제한될 수밖에 없다. 문화콘텐츠 산업이 커질 수가 없는 구조다."

이런 상황을 가장 잘 헤쳐 가는 이들 가운데는 「일요일 일요일 밤에」의 스타 피디인 김영희 피디가 있다. 스타 피디지만 MBC의 한계를 절감한 김영희 피디는 사표를 내고 2015년 4월 중국으로 건너가 한중합작회사를 만든다. 그는 중국 후난위성TV에서 예능 프로그램 「폭풍효자」를 제작하는 한편 다른 피디들의 중국 진출을 같이해 2016년에는 5명의 중견 피디가 중국행을 결정했다. 중국 방송 시장의 가능성은 무한하다. 한국에서 포맷을 수입해 방송한 후난위성TV의 「아빠 어디가」는 3번째 시즌 광고 수입만 15억 위안(약 2836억 원)에 달했다. 이 방송으로 인한 광고 시장 등을 감안하면 이 프로그램이 창출한 부가가치는 1조 원이 넘을 수 있다고 보는 게 무리가 아니다. 중국에서 이익을 나누는 구조로 진행되는 한중 콘텐츠 합작은 중국이 커 갈수록 미래가 담보되는 분야다.

전문 인재들도 필요하지만 실용적인 능력을 가진 인재들도 많이 필요하다. 2014년에 나는 태권도진흥재단 관계자들과 중국을 방문했다. 그때 베이징 태권도 협회와 허난성 태권도 협회를 방문했는데, 두 지역 모두 태권도인이 각각 30만 명에 달할 만큼 큰 시장을 갖고 있었다. 허난성의 경우 소림무술의 본고장임에도 태권도가 인기를 끄는 것은 태권도가 가진 교육 정신을 높이 보기 때문이다. 때문에 한국인 태권도 전문인은 무한한 경쟁력을 가진다. 산둥성 칭다오에는 한국 태권도 지도자 협회가 있어 중국 진출을 돕기 때문에 중국어가 가능한 태권도 인재는 중국 어디서라도 자리 잡을 수 있다. 중국뿐만 아니라 세계 어디를 가도 경쟁력 있는 인재가 될 수 있는 것이다.

한식 전문 셰프들은 한국뿐만 아니라 해외에서도 경쟁력을 갖고 있다. 중국 사람들은 식의주(食衣住)라 할 만큼 먹는 것을 앞에 둔다. 큰 한정식집이든 떡볶이집이든 한국 음식점은 가장 경쟁력을 가진 분야다.

민간 기업과 공공 기업에서 중국 관련 업무를 하다 보면 가장 아쉬운 것은 중국 문화의 내면을 아는 전문가가 많지 않다는 것이다. 또한 중국어는 잘해도 자신을 낮추면서 그들에게 깊은 신뢰를 이끌어 낼 만한 품성을 가진 인재도 많지 않다. 이미 중국 유학을 마친 수십만 명의 사람들이 있지만 우리나라의 중국 사업이 여전히 빛을 발하지 못하는 것도 이런 상황 때문이다.

대기업 역시 국내에서 채용한 인력을 중시하고, 중국 현지 채용을 등한시하면서 고통의 시간이 더 길었다. 수년 전부터는 중국 현지 채용의 차별을 없애려 하고 있다. 그러나 내부에서의 격차는 여전해 중국 전문가가 큰 역할을 맡는 일은 많지 않다.

2000년대 들어서는 '중국 전문가 십만양병설' 같은 주장도 있었다. 실제로 오영호 공학한림원 회장이 무역협회 상근부회장으로 재직 중에는 이를 위해 노력도 했다. 하지만 단기적인 시도로 끝나고 지속하지 못했다. 때문에 능력 있는 중국 전문가들이 한목소리를 내지 못하는 것은 물론이고, 뿔뿔이 흩어져 쓸모없는 고학력 실업자가 되는 게 부지기수다.

> "과거 한국경제 고도성장의 주역은 과감한 투자로 대량육성한 산업화 맞춤형 인재들이었지만 미래를 이끌 핵심은 유연하고 창의적인 사고를 하는 인재들이다."
>
> _정운찬 전 총리

08 분노하라, 저항하라

얼마 전 우리나라 치과계 선진화를 이끈 한 원로 의료인과 강남 논현동에서 저녁 식사를 했다. 그분은 병원을 나서서 식당으로 가면서 말했다.

"저 자리에는 얼마 전까지 고급 일식당이 있었는데 문을 닫았어요. 이곳도 완전히 분위기가 예전 같지 않네요."

식사를 하면서 귀에 맺힌 이야기가 더 있다.

"이렇게 가면 아마 청년들의 폭동이 일어날 것 같아요. 정치도 경제도 사람이 없이 괴물들이 하는 상황이라니."

그분은 이 땅의 기득권층을 모두 합친 분인데, 그런 사람의 입에서 이런 말이 나왔다는 게 신기했다. 태어난 곳이 종로 가회동이고 할아버지가 고종 때 참판을 지냈다고 했다. 스스로는 경기고, 서울대, 하버드대, 보스턴대를 거쳤다. 재벌가 2세의 상당수를 진료했고, 여당의 대표와도 친하다는 이에게 나온 말로는 너무 절망스러웠다.

하지만 청년들은 조용하다. 청년실업률은 지속해서 최고치를 찍는다. 경제는 망가졌고, 정치도 망가졌다. 그런데 왜 청년들과 서민들은 조용할까. 인문학계의 원로인 김병익도 「분노의 봄」이라는 칼럼(《한겨레》 2016.3.25)에서 절망의 언어를 던진다.

"이미 20대는 '잉여'가 됐고, 30대는 '포기'했다. 이미 포기했는데 희망이 없는 이유를 찾는다고 해서 무슨 의미가 있는가. … 지난 15년 동안 소득균형은 완전히 상실되었고 한국은 이제 세계에서 가장 불평등이 심해진 나라가 되었다. 소득 계층 상위 10%가 차지하는 비중은 1995년 29.2%였지만 2012년에는 44.9%로 급격히 증가했고 … 장하성의 뜨거운 목소리는 … 청년세대여, 자신을 탓하지 말라. 기성세대가 만들어 놓은 틀에 순응하지 말고 거부해라. 청년세대의 반역이 부재한 시대는 어둠의 시대에 지나지 않는다. 한국에 드리워진 어둠을 거두고 희망을 다시 세울 자는 젊은이들이다."

보수는 물론이고 진보의 원로들도 이렇게 절망하고 있는데, 투표를 통한 완전한 개혁은 멀어 보인다.

왜 그럴까. 젊은이들 역시 수구꼴통이 짜놓은 프레임에서 벗어나고 있지 못하고 있기 때문이다. 중고등학생은 부모들의 대리전을 치르느라 자기 생각을 만들 수 없다. 대학생은 안전한 일자리를 찾아 스펙을 쌓고 등록금을 마련하기 위해 눈코 뜰 새 없다. 중년들은 남은 자리에서 버텨보려고 자신을 버린 지 오래다. 노년들은 보수언론의 논리를 선전하는 종편에 눈을 박고 있다. 지하철에서 책을 읽는 이들을 만나면 반갑다. 특히 사회과학서적이나 진보서적을 읽는 이를 보면 안아주고 싶을 정도다. 하지만 그럴 일은 거의 없다. 대부분 게임과 방송콘텐츠에 빠져 있다.

김병익 선생이 분노하라고 한 청년들을 보자. 1980년대 민주화운동 시에 가장 활발하게 움직인 이들이 대학생들이다. 지식채널 e 「대학에 가면」(2016.3.23)은 지금 대학의 상황을 잘 설명한다.

2001년부터 10년간 등록금 인상률은 국립대 70.3%, 사립대 55.8%로 물가보다 1.5~2배 상승했다. 100명 중 86명의 대학생이 등록금 마련으로 스트레스를 받고, 2명 중 한 명이 빚을 안고 졸업한다. 정부의 학자금 대출을 갚지 못한 신용유의자가 2007년에 비해 2014년에는 10배가 증가했다. 학자금을 갚지 못한 학자금 푸어도 2만 명이다.

이렇게 나와도 취업은 어렵다. "최선의 대학교육은 학생들에게 직업훈련을 시키는 것이 아니다. 공동체의 구성원으로서 가치 있는 삶을 살아갈 수 있도록 도와주는 일이다"라고 말한 닐 루덴스타인 전 하버드대 총장의 말은 말 그대로 남의 나라 이야기다.

모든 것이 꼬였다. 한국에 들어온 다음 해부터 한 대학에서 외래교수로 강의했다. 나는 강의를 하고 한 시간에 7만 원 정도의 강의료를 받았다. 한 학기에 500만 원의 등록금을 내고 30학점을 듣는 학생에게 한 학점의 가치는 17만 원에 해당한다. 보통 한 학기에 4달 정도니 한 학생이 한 시간 강의에 1만 원 정도를 낸 것이다. 7명이 들으면 교육의 원가인 셈인데, 내 강의는 보통 30~40명이 수강했다. 대학 교육에서는 교육비는 원가의 1/5 정도라고 보면 맞다. 그런데 학생들은 올라가는 등록금에 대한 저항은 포기한 것 같았다.

하지만 이런 무저항에 항변하는 철학자들도 많이 생겨났다. 스테판 에셀과 슬라보예 지젝이 대표적인 지식인이다. 한국에도 가끔 들러 강의할 때, 구름 관중을 불러들이는 슬라보예 지젝은 1949년생 슬로베니아 출신으로 라캉과 마르크스, 헤겔을 접목한 철학으로 서유럽 학자들이 '동유럽의 기적'으로 부를 만큼 유명한 당대 석학이다.

그에 의하면 이 시대를 가장 많이 설명하는 단어는 '잉여쾌락'이다. 이 단어를 알기 위해서는 마르크스의 상품 분석에 나오는 '잉여가치'를 알아야 한다. 잉여가치는 자본과 노동력의 '평등한 교환'이란 형식을 통해 자본가가 취하는 잉여의 내용물이다. 자본주의적 교환은 잉여가치에 의해 지속한다. 잉여가치를 쾌락(즐거움)에 대비해도 비슷하다. 인간 감성도 지속적으로 욕망을 추구한다. 그런데 막상 대상을 손에 넣는 순간 그 실체는 텅 빈 껍데기로 남아 '욕망과 미끄러지면서' 결핍을 낳는다. 영원히 채워지지 않는 이 결핍은 곧 '잉여쾌락'이며 인간이 살아가는 에너지이다.

그런데 이 세계는 결국 자본주의라는 거짓된 구조 속에서 진행된다고 한다. 언론을 보면 인간은 모든 것이 가능한 상황인데, 정작 현실에선 그렇지 않다. 그는 "부자들의 세금을 약간 인상하고자 하면 그들은 불가능하다고 말한다. 경쟁력을 잃을 것이란 이유로 말이다. 의료보험료를 인상하고자 하면 …"(지젝, 『멈춰라 생각하라』 서문 중에서)라고 말하는 현실을 꼬집는다.

결국 모든 것이 가능할 것 같은 세계에 살지만 정작 세상의 주인인 일반 대중은 잔인하게 살해당한 사람들의 위에 심은 꽃을 보면서 황홀해 한다는 것이다. 이런 상황에 대해 지젝보다 더 강하게 말한 사람이 스테판 에셀이다. 2013년 2월 96살에 작고한 그는 운명하기 전까지 가장 실천적인 지식인이었다. 세계적으로 400만 부 이상 팔린 『분노하라』 등을 통해 이 시대 원로로 자리했다. 1939년에 독일인에서 프랑스 국민으로 귀화한 그는 제2차 세계대전이 일어나 프랑스가 나치에 함락되자 레지스탕스 활동을 한다. 활동 중 체포된 그는 강제수용소인 부헨발트로 보내졌으나, 구사일생으로 탈출했다. 종전 후 그는 드골이 이끄는 프랑스 정부의 외교관으로 활동하며 전 세계 인권문제에 큰 업적을 쌓았다. 공직생활 이후에도 그는 사회운동가로 활동하며 이 시대를 적극적으로 헤쳐 나가라고 항상 강조했다. 그의 책 『분노하라』, 『참여하라』, 『국경 없는 시민-장 미셸 엘비그와의 대화』는 전 세계 노마드들에게 지침서 같은 글이다.

그런데 현실에서 사람들은 참여는 물론이고 분노조차 포기당하기 일쑤다. 그 대신에 언론을 장악하는 것은 재벌 2~3세의 탐욕스러운 모습들이다. 1년에 40명의 운전기사를 갈아 치웠다는 한 대기업 부회장 아래에 있는 노동자의 운명은 『천일야화』 속에서 샤리아 왕에게 들어가는 셰헤라자데와 다르지 않다. 흥미로운 이야기를 통해 왕의 마음을 빼앗아야 하듯이 이 미친 지배자들의 비위를 맞추어야 한다. 그러나 운전에는 셰헤라자데가 없다.

이런 뉴스의 후면에는 새로운 면세점 사업장 앞에서 환하게 웃는 재벌 3세들의 모습이 있다. 2015년 기준으로 봤을 때, 9조 2000억 원에 달하는 면세점 사업권을 갖고 몇 재벌이 나눠 먹는다. 서민들은 반대편에서 그 면세점 일자리가 없어질 수 있으니 사업권을 더 길게 보장해달라는 시위도 해야 할 판이다.

우리의 분노와 참여는 불가능한 것일까. 그리고 그 분노와 참여는 마치 체제 전복을 시도하는 것처럼 위험한 것일까. 또 분노와 참여의 방법은 없는 것일까.

필자가 생각하는 최고의 분노와 참여는 지금 이 세계를 지배하려 하는 세력에 대한 저항이다. 그리고 그 저항 방법은 그들이 만든 성안에 들어가는 것이 아니라 성 밖에서 주유하는 노마드가 되는 것이라고 생각한다. 노동자를 자신들의 도구로 생각하는 사업자를 피해야 한다. 그런 사업자들로 이미 장악된 대학을 피하는 것도 그 방법이다.

이미 대학은 엘리트 혹은 공동체의 구성원으로 가치 있는 삶을 살아갈 수 있는 사람을 기르는 것과 멀다. 때문에 대학에 들어가도 배울 것이 없다. 금수저나 은수저를 물고 나지 않았다면 남는 것은 학자금 융자일 가능성이 높다.

대신에 스스로가 세상 어디에서나 살아갈 수 있는 노마드로 가는 길을 고민해 봐야 한다.

> "1623년 인조반정 이후로 노론 세력들은 지금까지 지배 권력으로 군림하고 있습니다. 조선 후기, 일제강점기, 그리고 해방 이후 군사정권에 이어 오늘에 이르기까지 막강한 보수 구조를 완성해 놓고 있습니다. 물론 배후에 외세의 압도적 지원을 업고 있는 것 역시 그때와 다르지 않습니다."
>
> _신영복, 『담론』 중에서

09 노마드는 누구인가

'유목민'을 뜻하는 노마드란 말은 프랑스 철학자 질 들뢰즈(Gilles Deleuze, 1925~1995)가 1968년 출간한 저서 『차이와 반복(Difference and Repetition)』에서 처음 언급했다.

"자기 자신을 부정하는 일과는 거리가 멀며 주어진 존재에 대한 긍정과 기쁨으로 차 있다. 이런 삶에 대한 찬가"라고 정의되는 들뢰즈의 철학(서동욱 서강대 철학자의 '네이버캐스트' 중에서)에서 이 말이 나왔지만 노마디즘을 더 체계화한 것은 역시 프랑스 철학자인 자크 아탈리다.

1943년생으로 당대 최고의 석학으로 불리는 자크 아탈리는 2003년 첫 출간된 그의 저서 『호모 노마드 유목하는 인간』에서 노마디즘을 중심 사상으로 공포한다. '오스트랄로피테쿠스에서 하이퍼 노마드까지, 유목민은 어떻게 세상을 바꾸었는가'라는 부제가 달린 이 책에서 아탈리는 21세기의 새로운 패러다임을 6천 년의 정착민 역사가 아닌 6백만 년의 노마드 역사에서 찾고자 했다. 그는 "불, 언어, 민주주의, 시장 등 끊임없는 질주와 생성을 통해 얻어낸 노마드의 발명품에 비하면 정착민의 것은 하찮은 것에 불과하다"

고 말한다. 그는 "세계 인구의 1/6이 이동을 하며 살고 있고 그들은 기존의 가치와 삶의 방식을 넘어 새 것을 창조하는 삶을 살아갈 것이다. 국경은 허물어지고 마지막 정착민 제국은 시장, 민주주의, 이슬람이란 새로운 노마드 세력 앞에서 마지막 몸부림과 함께 사라질 것이다"라고 말한다.

그럼 우리 민족에게 노마디즘적 자질은 있는 것일까. 필자는 분명히 있다고 생각한다. 유전자에서부터 그런 자질이 있다고 믿는다. 그리고 역사상 가장 뛰어났던 노마드들도 많이 알고 있다.

우리 역사에서 내가 꼽은 가장 위대한 노마드는 김교각(金喬覺, 696~794) 스님이다. 신라왕가에서 태어난 김교각은 그가 18세인 714년에 숙위학생으로 당나라 수도인 장안으로 유학을 간다. 당나라에서도 신라 왕자 자격으로 현종 등과 교류를 하면서 좋은 인상을 준다. 그러던 중 4년 만에 모친의 급전을 받고 고국으로 돌아온다. 그런데 고국으로 돌아오니 아버지가 사망한 후 왕위를 놓고 형제간에 혈투를 벌이고 있었다. 이것에 염증을 느낀 김교각은 출가한 후 흰 개 한 마리만 데리고 혈혈단신으로 배를 타고 중국으로 건너간다. 처음 배를 닿은 푸퉈산을 시작으로 항저우 만불사, 석문촌을 거친 후 지우화산에 정착한다.

그는 그곳에서 수많은 능력과 공덕을 쌓았다. 99세인 794년에 대중을 모아 놓고 입적한다. 일 년 후 시신을 꺼냈는데, 너무 생전의 모습과 같아 금으로 몸을 감싸서 육신보전에 모셨다. 이후 지우화산은 김교각 스님의 출가명인 김지장보살의 정신을 따르고 있으며 중국 4대 불교 명산 중에 하나로 불린다.

삼국시대에는 김교각뿐만 아니라 고선지, 흑치상지, 혜초, 최치원 등 수많은 노마드 인재가 중국에서 활동하며 이름을 날렸다. 그러나 고려시대 이후부터는 북방 민족이 육로를 막으면서 한중 간에 교류가 활발하지 못했다. 조선 성종 때인 1488년, 노비를 감독하는 관직으로 제주도에 갔다가 부친상을 당해 돌아오던 중 저장까지 표류한 최부(崔溥, 1454~1504)가 쓴 『표해록(漂海錄)』과 1780년에 건륭제의 70세 생일잔치 사절로 베이징을 방문한 박지원의 『열하일기』 정도가 대표적인 저작이자 노마디즘을 보여준 사례라 할 수 있다.

그런데 중국에서 다시 한국 노마드들이 존재를 빛낼 시간이 있었다. 바로 일제 강점기를 맞아 의지와 상관없이 조국을 떠나야 했던 우리 선조들의 시기다. 그 대표적인 사례로 광둥코뮌에서 활동한 우리나라 사람을 들고 싶다.

1927년 4월 4.12정변을 통해 난징정부를 세운 장제스(蔣介石)는 군벌 등과 연합해 대대적인 공산당 처형에 나선다. 이 결과 8월 1일에는 난창(南昌), 9월에는 마오쩌둥의 추수봉기가 일어난다. 그리고 12월 11일에는 광저우 황포군관학교를 중심으로 광저우기의(广州起义, 흔히 광둥코뮌)가 발생한다. 그런데 이곳에서 희생된 우리나라 사람은 150명이다. 광저우는 홍콩에서 멀지 않은 곳으로 지금도 비행기를 타면 한국에서 3시간 반이 걸리는 먼 지역이다. 당시 교통도 나쁜데 돈도 풍족하지 않은 많은 이들이 이 시간에 만나서 목숨을 같이했다는 것이 주는 의미는 자못 크다. 이 때문에 1964년, 중국 군대의 상징적인 인물인 예젠잉(叶剑英)이 주도해 '중조인민혈의정(中朝人民血谊亭)'을 만들었다. 비석 안에는 '중국과 조선 양국 인민의 전투 우정은 영원토록 푸르게 빛나리라(中朝两国人民的战斗友谊万古长青)'라는 예젠잉의 글씨가 새겨져 있다.

일제 강점기에 중국에서 이름을 날린 이들은 이뿐만이 아니었다. 임시정부를 이끌었던 김구 선생과 윤봉길 의사 등은 중국 사람들에게 깊은 존경을 받는다. 중국인과 교류가 깊었던 단재 신채호나 유자명, 주덕해, 김산 등도 이름이 알려졌다. 특히 문화계에서 한류는 이때 시작됐다고 할 수 있다. 광주 출신으로 '인민해방군가' 등을 작곡해 중국의 드뷔시라는 칭호를 받은 정율성, 중국 유일의 영화 황제 김염, 중국의 피카소로 불리는 한락연 등은 지금도 추앙받는 예술가들이다. 이중 김염은 한국 최초의 서양의사이자 독립운동가였던 김필순 선생의 아들이다. 김필순이 '이상촌'을 꾸리던 치치하얼에서 일본군 간첩이 준 우유를 마시고 운명한 뒤 김염은 고모(독립운동가 김순애, 1889~1976), 고모부(상하이 임시정부 초대외무총장을 지낸 김규식 박사, 1881~1950)가 있는 톈진으로 간다. 톈진 난카이중학에서 조선 학생을 골리는 이들과의 폭력사건으로 학교를 그만둔다. 김염은 당시 영화의 고장인 상하이로 건너가 1932년 「야초한화(野草閑花)」란 영화로 스타덤에 오른다. 이후 40여 편의 영화에 출연하며 이른바 '영화 황제'로 군림한다.

그 밖에도 1942년, 40만 일본군과의 전쟁에서 숨통을 열고 희생된 조선의 용군 윤세주, 동북항일운동의 선봉장 양세봉과 이홍광 등도 중국에 더 알려진 이들이다.

혼란의 시기였지만 그들은 정착하지 않고 중국을 주유하면서 조국 광복과 더 명징한 삶을 위해 노력했다. 다만 사회주의와 연계되었다는 이유로 많은 사람이 해방 후에도 이름조차 알려지지 않은 채 사람들의 기억 속에서 사라지는 것이 현실이다.

그럼 당대에 노마드로 부를 수 있는 사람들은 누구일까. 뒤에서 다양한 유형의 당대 노마드들을 소개할텐데, 필자가 생각하는 노마드의 가장 큰 특성은 이 세상에 안주하는 삶을 선택하지 않는다는 것이다. 노마드의 반대편에 있는 정착민의 가장 큰 특징은 안정이다. 가령 교수직이나 공무원같이 신분이 보장되는 삶에 대한 집착은 당대를 살아가는 누구나 갖는 마음이다. 하지만 이런 직장은 앞서 말한 것처럼 필수적으로 프로크루스테스의 침대 같은 일정한 틀을 요구한다. 진짜 노마드들은 이런 똑같은 모습을 원하지 않는다. 노마드는 이런 직장보다는 자신의 생각을 창조적으로 키우고, 실천할 수 있는 곳을 찾는 이다.

다음 노마드의 큰 요건은 지식에 대한 갈구다. 지식을 얻다 보면 자연스럽게 지혜에 대한 통찰력이 생긴다. 그리고 그것은 머잖아 다양한 활동으로도 나타난다. 가장 대표적인 것이 다양한 저술 활동이다. 이후 소개한 노마드들에게는 다양한 저술이 있다. 물론 책을 쓰지 않은 이도 있다.

> "트로컬의 삶이 은둔이나 도피가 아닌, 상호연대와 현실 참여의 성격임을 말해준다. … 유목민의 삶이 지역에 국한되었던 반면, 트로컬의 삶은 전 세계적으로 펼쳐지게 된다."
>
> _왕영호, 「여행하는 삶」 중에서

2장

칭기즈칸을 통해 읽는 노마디즘

> 중국의 역사는 이민족과 한족의 정권 교류사다. 한(漢, BC 202~AD 220)나라 이후 농경민족으로 정착한 한족은 용맹한 북방민족의 좋은 먹잇감이었다. 수나 송, 명 같은 한족 국가들의 가장 큰 고민은 북방민족의 부흥을 막는 것이었다. 반면에 변방 유목민족은 짧은 순간에 부흥해 10배, 20배가 넘는 인구를 가진 중원을 장악하는 능력을 보여줬다. 하지만 중원을 장악한 이후 노마드 근성을 버리고 모두 정착민이 되었고, 왕조는 멸망했다.
> 송을 몰아내고 중원을 장악한 것은 역시 소수민족이던 금나라(金, 1115~1234)다. 금 태조 아골타의 부흥으로 시작된 여진족은 처음에는 유목민족 특유의 힘으로 부흥했지만, 중원에 안착하면서 힘을 잃기 시작했다. 이미 정착민이 된 금의 힘을 본 칭기즈칸은 1211년 쿠릴타이(부족 지도자들의 회의)를 소집해 원정을 결정하고 만리장성으로 진군을 개시했다. 칭기즈칸은 1215년 금나라 수도 중도(中都, 오늘날의 베이징)를 포위해 항복을 받아냈다. 금나라는 변경(汴京, 지금의 카이펑)으로 수도를 옮겼지만 곧 멸망했다.
> 중원을 장악한 몽골은 유목 근성을 잃지 말라는 칭기즈칸의 유훈을 비교적 잘 지켰다. 원나라는 중국에서 1368년에 주원장(朱元璋)에 의해 밀려난다. 반면에 중앙아시아에서는 1500년대까지 다양한 국가로 존재하며, 몽골의 정치력을 이어갔다.
> 중국의 경우 한 왕조의 평균 나이는 100년여 정도밖에 되지 않는다. 그런데도 몽골은 적게는 150년, 많게는 300년간 이민족이 주류인 나라를 다스렸다. 그 힘의 근간에는 칭기즈칸의 정신이 있다는 것을 부인할 사람은 없다. 스스로는 문자를 모를 만큼 공부를 하지 못했지만 세상의 지혜를 얻는데 주저하지 않고, 인재를 아끼는 등 놀라운 통치력으로 자신은 물론이고 후세에도 큰 힘이 됐다. 이런 칭기즈칸이야말로 노마드의 가장 위대한 전설이라 할 수 있다. 칭기즈칸을 통해 중원을 장악하고, 이후에도 근원을 잃지 않았던 그 지혜를 배워본다.

01 왜 칭기즈칸인가

"내 자손들이 비단옷을 입고 벽돌집에 사는 날 내 제국은 망할 것이다."

47살 생일을 하루 앞둔 2015년 10월 23일 나는 5년여의 공직이라는 거추장스러운 옷을 벗었다. 그리고 이틀 후인 25일에는 베이징을 거쳐 네이멍구 어얼둬쓰(鄂尔多斯)에 도착했다. 한 사업가의 자문차 그곳에 도착했다가 나는 시간을 내어 칭기즈칸 묘에 들렀다.

칭기즈칸 묘는 시내에서 40분 정도 떨어진 초원의 한가운데에 있다. 다른 이들은 날씨가 추워 차에 있겠다 해서 나만 혼자 옷을 여미고 묘원에 들어섰다. 칭기즈칸이 죽은 간쑤성 칭수이현(清水縣) 시장(西江) 강변에서 지금 있는 묘원까지는 고속도로를 타고 달려도 900킬로미터의 먼 길이다.

칭기즈칸의 시신은 당시 수도인 카라코룸으로 가는 초원에서 조용히 매장되어 흔적이 지워졌다. 대신에 이곳에 상징적인 묘역이 조성되어 관리되고 있다. 그런데 왜 칭기즈칸은 이곳에 묻혔을까. 1226년 늦가을, 칭기즈칸은 몽골 병사들을 이끌고 서하 정벌에 나섰다. 카라코룸에서 서하로 가는 길에 어얼둬쓰의 간더리(甘德利) 초원을 지날 때 아름다운 초원을 보며 칭기즈칸은 시를 읊었다.

"매화 피고 어린 사슴 뛰노는 곳, 후투티가 둥지 튼 보금자리, 무너진 왕조 부흥하는 땅, 나 백발노인 편히 쉴 곳이로다(梅花幼鹿栖息之所 戴勝鳥兒孵化之鄕 哀亡之朝復興之地 白髮吾翁安息之邦)."

그리고서 칭기즈칸은 들고 있던 말채찍을 땅에 떨어뜨렸다. 당시 몽골 사람들은 말채찍을 떨어뜨린 곳이 죽으면 묻힐 곳이라고 생각했다. 칭기즈칸도 같은 생각이었는지 수행하던 병사에게 말채찍을 그대로 잘 보존하라 명하고 아오바오(敖包)를 만들어 따로 표시하게 했다. 그런데 다음 해 칭기즈칸이 죽어 그의 영구차가 이곳을 통과할 때 진흙탕 길에서 바퀴가 구르지 않아 더는 앞으로 나아가지 못했다. 그래서 여러 사람이 무릎을 꿇고 "기련(起輦·가마여 떠나자)!"이라고 소리쳤더니 바퀴가 구르기 시작했다. 이런 연유로 사람들은 바로 그 자리에 칭기즈칸을 묻고, 그곳을 '기련곡'이라 불렀다고 한다. 이 이야기를 믿는 많은 몽골인은 칭기즈칸이 어얼둬쓰의 간더리 초원에 묻혀 있다고 주장한다.

한문을 배우지 않았던 칭기즈칸이 한시를 지었을 리도 없고, 무덤을 숨기는 매장 습관이 있으니 이곳은 중국의 판단대로 의관총이 맞을 것이다. 하지만 실제 무덤이 발견되지 않은 상황에서는 이곳이 무덤으로서 주도권을 갖는다.

40미터가량 솟은 낮은 구릉에 만들어진 칭기즈칸의 가묘는 몽골의 전통인

아오바오를 따랐다. 몽골 지역의 구릉에는 어김없이 아오바오가 있다. 이것은 우리의 서낭당과 비슷한 것으로, 몽골인들이 흙·돌·풀 등으로 쌓아올려 경계나 이정표로 삼은 무더기다. 하지만 이곳의 기능은 다양하다. 먼 길을 이동할 때는 눈 밝은 몽골인들에게 이정표 역할을 하고 모여서 군사작전을 펴는 곳이기도 하다.

입구에서 본당까지는 700여 미터쯤 되는 적지 않은 거리였다. 말을 탄 칭기즈칸의 동상을 지나자 많은 계단이 나타났다. 그런데 계단의 양옆에는 칭기즈칸의 명언을 새긴 99개의 조형물이 있었다. 나는 천천히 그 글들을 읽으면서 칭기즈칸을 더 깊게 만났다.

꼭대기에 도착했을 때, 나는 칭기즈칸을 제대로 공부해야겠다고 마음먹었다. 중국에서 방송한 CCTV 드라마를 봤고 칭기즈칸에 관한 10여 권의 책을 사서 읽었다. 허영만 작가의 명작 만화 『말에서 내리지 않는 무사』도 한꺼번에 읽었다. 그런 과정에서 가장 많이 든 생각은 칭기즈칸이야말로 제대로 된 노마드라는 것이었다.

그는 현실에 안주하지 않고 끊임없이 서쪽으로 달렸다. 파키스탄의 중부에서 돌아왔지만, 제배와 수부타이가 이끈 별동군이 카스피 해와 흑해 사이 러시아 남부지역까지 정벌했으니 그의 영토가 얼마나 컸는지 알 수 있다. 그는 이동하는 데 익숙했지만 인재 등용과 제도 정비 같은 노마드들이 갖춰야 할 자질도 완벽히 갖추고 실제에 사용했다.

노마드 학자 자크 아탈리도 그의 책에서 칭기즈칸을 다음과 같이 평했다.

"그의 상상력으로는 유일하게 존재하는 세계인 유라시아의 최고권자가 되기를 꿈꾸었다. 성실하고 이해를 초월한 성격의 칭기즈칸은 전설과는 달리 파괴자가 아니었다. 그는 자신이 이끌던 부족들에게 문화적이고 과학적인 놀라운 발전을 가져온 인물이다. … 그는 20만에 달하는 기마병으로 조직된 군대를 지휘했는데, 이 기마병들은 노마드적 전쟁을 치른 바 있는 기술자들로 … 그들의 모습이 불러일으키는 두려움과 선전 효과만으로도 승리를 보장하기에 충분했다."(자크 아탈리, 『호모 노마드 유목하는 인간』 중에서)

칭기즈칸의 책 가운데는 그의 진수를 뽑은 책들이 많았다. 그리고 그 책들 대부분이 칭기즈칸 사상이 가진 노마디즘에 주목하고 있었다. 그래서 나는 내가 만났던 칭기즈칸의 명언을 중심으로 그의 핵심사상을 정리하기로 마음먹었다.

돌이켜 보면 나 역시 어설픈 노마드로서의 삶을 살았다. 대학 4학년이던 1995년 가을, 기자로 세상에 첫발을 내디뎠다. 이후 다양한 일들을 했지만 글은 항상 내 옆에 있었다. 1999년 가을, 중국으로 떠나면서 내 글과 사고의 중심에는 중국이라는 요소가 굳건히 자리하기 시작했다.

현지 신문의 편집국장으로 일하며 여론을 만들었고, 수많은 기고글을 통해 정보와 분석을 전달했다. 중국으로 간 지 2년 후부터는 방송을 통해 중국을 알리는 일도 했다. 대부분의 커뮤니케이션 방식으로 중국을 한국에 알리는 역할을 한 것이다. 이런 역할의 가장 큰 결과물은 13권으로 펴낸 중국 관련서일 것이다. 정보 중심의 여행 책이 많았지만 단순한 정보 전달이 아닌 중국을 이해하는 방법의 여행을 제안했다.

그러다가 2008년에 갑자기 귀국해 한신대에서 외래교수로서 가르쳤고 다양한 강의를 통해 중국을 알리는 일을 했다. 2년 후에는 공직에 들어가 5년 여를 중국 관련 업무를 봤다. 글을 쓸 기회는 적었지만 중국과 더 깊게 만났다. 그리고 2015년 10월에는 공직을 접었다. 2016년은 다른 사람들에게는 그냥 데면데면한 한 해일 수 있지만 나에게 가장 절실한 한 해였다. 이 나라가 잘못된 길로 가고 있다는 것을 더 많은 사람이 알도록 끊임없이 짖는 역할을 할 수밖에 없다는 숙명을 느꼈기 때문이다. 특히 중국 문제에 관해 사람들에게 더 많은 생각을 던지고 사람들이 알 수 있게 하는 게 내 사명이라는 생각을 했다.

중국에 기대고 산 이후부터 나는 중국에 관한 많은 예측을 했다. 황사나 미세먼지 같은 환경과 관련된 이야기부터 한중관계, 중국의 변화에 관한 예측이었다. 그리고 그 예측은 비교적 맞아떨어졌다. 해마다 그해 황사가 얼마나 올지 예측해 글을 썼는데, 기상청이 인정할 만큼 정확하게 황사를 예측했다. 황사에서 현재 논란이 되는 미세먼지로 대상이 바뀐 후에도 나는 비교적 정확히 앞날을 예측했다. 권력의 부침이나 경제 등도 나름대로 큰 이치를 벗어나지 않았다. 물론 필자가 유일하게 잘못된 예측을 하였던 부동산 문제가 있지만, 이 문제를 제외하고는 비교적 정확히 맞췄다.

그런데 이런 필자는 이번에 한국과 중국의 미래에 관해 가장 암울한 전망을 내놓는다. 한국은 2017년을 기점으로 중국과 정치, 경제, 외교, 문화에서 다양한 어려움에 직면할 것으로 보인다. 중국은 세계 양대 강국으로 부각되어 모든 면에서 경쟁력을 갖고 세계를 주도하고 있는데 한국은 그간 안주해 전혀 발전해 나가지 못했기 때문이다. 거대한 해일이 닥치고 있는데 우리는 바닷가에서 물놀이에 정신이 없었던 셈이다. 문제는 이런 위기를 국민들이 제대로 인식하지도 못할 것이며 이 곤란을 풀어낼 카드도 없다는 점이다.

이런 상황에서 필자에게 가장 깊게 다가온 인물은 칭기즈칸이었다. 역사의 수많은 인물 중에서 왜 칭기즈칸이었을까. 역사에서 중국을 상대로 해 승리한 인물이 몇 있다. 금 태조 아골타, 칭기즈칸, 청 태종 홍타이지 등이다.

그런 인물 가운데 필자가 칭기즈칸에 주목한 것은 그가 가진 인식과 태도가 이 시대 한민족에게 가장 적합하기 때문이다. 가장 큰 이유는 여진족이 역사를 통해 중국의 한 부분으로 흡수되어 버린 반면에 칭기즈칸의 몽골족은 조상들의 유훈을 지켜서 독립된 국가를 갖고 있다는 것이다.

남북으로 갈라져 복잡하기 그지없는 한민족에게 앞날은 가시밭길과 같다. 그 길을 헤쳐 나갈 수 있는 열쇠를 칭기즈칸의 족적과 성숙한 말들을 통해 찾아갈 것이다.

"디지털 시대에 800년 전의 칭기즈칸과 함께 지금의 우리가 나아가야 할 모습을 바라보는 가장 큰 이유는 그의 도전정신과 의지, 그리고 철학과 노하우를 통해서 자신의 모습이나, 기업을 꾸려나갈 때에 도움이 되기 위함이다."

_이강석, 정경채, 권희춘 공저, 『칭기즈칸 리더십』 중에서

02 칭기즈칸의 삶, 전반부

"단지 초원만 있다면 몽골인은 생존할 수 있다."

"집안이 나쁘다고 탓하지 마라. 나는 아홉 살에 아버지를 잃고 마을에서 쫓겨났다."

"가난하다고 말하지 마라. 나는 들쥐를 잡아 연명했고, 목숨을 건 전쟁이 내 직업이었고 일이었다."

많은 영웅이 그러하듯 어린 날의 칭기즈칸을 상징하는 말은 고난이다. '영원히 이글거리는 불꽃'이라는 뜻의 '몽올(蒙兀)'이라는 말에서 유래한 몽골족에게도 신화가 있다. 몽골의 시조는 푸른 늑대와 흰 사슴의 후손으로 태어난 도분 메르겐이다. 도분 메르겐은 초원에서 만난 알랑고아와 혼인을 해 두 아들을 낳고 일찍 세상을 뜬다. 그런데 알랑고아는 이후에도 세 아들을 낳는다. 다른 남자와 자서 낳은 것이 아니라 영롱한 기운이 자신의 텐트에 들어와서 임신한 것이다. 그 때문에 나중에 낳은 세 아들은 몽골의 왕이 될 수 있는 '황금부족'으로 불리게 된다. 칭기즈칸 역시 이 가운데 가장 총명했던 막내아들 보돈차르의 10대손이다. 알랑고아는 죽음을 앞두고 자식들을 불러 5개의 화살을 준다. 힘으로 화살을 꺾어보라 하지만 아무도 꺾지 못한다. 그런데 한 사람에게 한 대의 화살을 주고 꺾으라 하자 모두들 자연스럽게 꺾는다. 이런 비유를 통해 형제간의 우애와 화합을 부탁하고 알랑고아는 죽는다. 이후 어려운 자연환경 속에서 몽골족은 큰 국가를 이루지 못하고 타타르, 금나라 등 주변 민족과의 대결 속에서 어려운 시기를 보낸다.

당시 몽골고원에선 몽골, 타타르, 메르키트, 옹고트, 케레이트, 나이만 여섯 집단의 세력이 컸다. 그중 몽골족은 암바카이칸과 쿠툴라칸을 거치면서 힘을 길렀다. 쿠툴라칸은 아들 대신에 뛰어난 능력을 갖춘 예수게이에게 후계 자리를 물려줬다. 부족을 이끌던 예수게이는 우연히 만난 메르키트족 결혼 행렬을 습격한다. 그는 메르키트족 전사의 아내가 되어야 했을 옹기라트족 출신의 미녀 후엘룬을 빼앗는다.

그 후엘룬이 1162년에 바로 테무진, 즉 칭기즈칸을 낳는다. 예수게이와 첫째 부인인 소치겔 사이에서 낳은 벡테르라는 이복형이 있었지만 테무진이 장자의 역할을 했다. 후엘룬에게는 테무진 외에도 카사르, 카치운, 테무게 등 아들과 딸 테무룬이 있었고, 소치겔에도 벨구테이라는 아들이 하나 더 있었다.

칭기즈칸은 어릴 적에 체격이 크지 않았고 무예 등에서 발군의 실력이 있지는 않았다. 오히려 개를 무서워하는 소심한 아이에 가까웠다. 예수게이는 테무진이 9살이 되자, 며느릿감을 찾기 위해 아이를 데리고 미인이 많기로 소문난 옹기라트로 향한다. 다행히 데이세친을 만나 그의 딸 부르테를 며느리로 삼기로 하고, 테무진을 그 집에 남겨 두고 집으로 돌아간다.

당시에 이런 혼사를 위한 길에선 한두 명의 시종만 데리고 다녔는데, 예수게이는 돌아오는 길에 오랜 적대감을 가진 타타르족의 잔치를 만난다. 지나는 객을 대접하는 관습에 따라 타타르족이 건넨 마유주를 마시는데, 그 안에는 치명적인 독이 들어 있었다.

부락으로 돌아온 예수게이는 생명이 얼마 남지 않은 것을 알고, 하인 몽닉을 시켜서 테무진을 데려오게 한다. 예수게이는 안타깝게도 숨을 거둔다. 예수게이의 죽음은 보르지긴족과 타이치우드족의 분열을 곧바로 불러온다. 예수세이의 보르지긴족은 타이치우드족에 의탁해 살고 있었다. 그러나 1년 후 있는 부족 제사에서 타리후타이가 이끄는 타이치우드족은 테무진 가족을 배제한다. 이 갈등으로 씨족 연합은 무너지고, 테무진의 가족은 최악의 위기를 맞는다. 하지만 후엘룬은 현명했다. 최대한 소비를 줄이고, 들쥐인 타르박이나 물고기를 잡아먹으면서 가족을 이끈다. 그러던 중 지나치게 욕심을 부리는 이복형 벡테르를 테무진이 죽이는 일이 벌어진다.

거친 초원에서 테무진 가족이 살아남자 일부 씨족민들은 다시 그들에게 돌아와 테무진 가족은 세력을 갖추어 간다. 그러자 성장하는 테무진에 위협을 느낀 타이치우드족은 테무진 마을을 공격해 그를 포로로 끌고 간다. 처형당할 뻔했지만 그를 아끼는 소르칸 시라 집안의 도움으로 살아나 어머니가 숨어 지내는 곳으로 돌아온다. 테무진이 16살인 1178년에는 부르테를 데려와 정식으로 혼인도 하고 안정을 찾는다.

당시 여섯 세력이 몽골을 지배했다. 중앙에 보르지긴족과 타이치우드족이

속한 몽골 부족이 있었다. 몽골은 동쪽의 타타르족, 북쪽의 메르키트족, 남쪽의 옹고트족, 서쪽의 케레이트족과 나이만족에 둘러싸인 상태였다.

이 가운데 테무진의 보르지긴족과 인연이 깊은 인물은 케레이트족의 족장인 토릴칸(후에 옹칸)이다. 테무진의 아버지 예수게이가 그를 구해 주고 아무런 보상도 받지 않은 좋은 기억이 있었기 때문이다. 후엘룬은 그것을 기억하고, 테무진에게 며느리가 가져온 귀한 흑표범 가죽옷을 주며 토릴칸과의 연합을 권했다.

테무진이 21살이던 1183년, 행복한 신혼 생활을 즐기던 테무진의 마을에 갑자기 메르키트족의 군대가 쳐들어와 부르테를 납치해간다. 예전에 예수게이가 후엘룬을 납치한 것을 그대로 갚은 것이다. 단독으로 전쟁이 어려운 테무진은 안다(의형제)를 맺은 자지라트족의 수장 자무카, 토릴칸과 연합한다. 메르키트족을 공격해 부르테를 되찾고, 그의 인생 첫 승전을 맛본다. 그리고 의형제인 자무카 부대의 보호를 받으면서 지낸다.

이 싸움에서 돌아온 부르테는 아이를 낳았다. 아들 주치가 테무진의 아들인지 혹은 부르테를 납치하고 범한 칠게르의 아들인지 많은 논란이 있었다. 훗날 주치는 이 상황을 계기로 서방 정벌에 가서 돌아오지 않은 채 그곳에 정착한다.

어릴 적에 의형제를 맺었던 자무카는 초원을 대표하는 위대한 전사가 됐다. 상대적으로 테무진은 아직 세력과 능력이 자무카에 미치지 못했다. 그러나 테무진에게는 사람을 끄는 힘이 있었다. 결국 참모들은 둘이 같이 있을 수 없다는 것을 각성시켜 결국 23살인 1185년에 둘은 갈라선다.

이후 둘은 몇 차례의 싸움을 벌인다. 처음에는 테무진이 패했지만 시간이 지날수록 테무진의 힘이 더 강해졌다. 한때 아저씨로 모셨던 토릴칸과도 사이가 나빠졌다. 토릴칸이 테무진의 세력이 너무 커지는 것을 경계했기 때문이다. 토릴칸은 오히려 자무카와 힘을 합쳐 테무진을 공격했다. 케레이트족과 자무카의 연합군을 막기에 테무진의 힘은 너무 약했다. 테무진은 주르체디와 쿠일다르를 소집해 막으려 했지만 전세는 패전 직전이었다. 그때 옹칸의 아들 셍쿰의 볼에 화살이 날아와 맞았다. 옹칸은 일단 퇴각을 결정했다. 테무진도 처가와 같은 옹기라트에서 힘을 회복했다.

1196년에는 옹칸과 함께 타타르 원정에 나서 대승을 거두었다. 이 전쟁을 통해 테무진은 금나라가 몽골의 여러 부족들을 서로 싸우게 한다는 사실을 분명하게 인식했다. 1197년, 테무진은 주르킨족을 공격해 무너뜨리고 케룰렌 강과 쳉게르 강이 만나는 곳 근처에 새로운 근거지를 만들었다.

1201년, 새롭게 떠오르는 테무진 세력에 반감을 지닌 씨족들이 자무카를 구르칸으로 추대해 옹칸과 테무진에 도전했다. 옹칸은 자무카와, 테무진은 타이치우드족과 맞서 승리했으나 자무카는 달아났다. 1202년, 옹칸은 메르키트족을 공격하고 테무진은 타타르족을 공격했다. 타타르족을 정복한 테무진은 수레바퀴 비녀장보다 키가 큰 타타르 남성들은 모두 죽이고 나머지는 자기 부족의 구성원으로 융합시켰다. 그리고 이듬해 몽골 군대와 부족을 아르반(10호), 자군(100호), 밍간(1000호), 투멘(10000호) 체제로 재편했다.

"찬란한 별이 탄생하기 위해서는 자기 안에 혼란이 존재해야 한다."
_니체, 『짜라투스트라는 이렇게 말했다』 중에서

03 칭기즈칸의 삶, 후반부

테무진은 맏아들 주치와 옹칸의 딸을 혼인시키려 했다. 이미 몇 차례 있었던 배신에 대한 대처였다. 그런데 옹칸의 아들 셍쿰은 아버지에게 자신이 케레이트족을 책임지겠다고 나섰다. 결국 옹칸도 아들의 편에 섰다. 그러나 테무진의 군사력을 당해내기 힘든 상황이었기 때문에 옹칸은 계략을 세웠다. 그는 혼인을 수락하고 축하 잔치에 테무진을 초대해 제거하려 했다. 소수의 병사만 이끌고 옹칸에게 가던 테무진은 계략을 알아채고 돌아가버렸다.

도망간 테무진은 1203년 봄, 옹칸과 자무카 연합군을 마주했다. 여기서 테무진은 다시 한 번 치명적인 피해를 입었다. 한때 옹칸의 추격을 피해 살아남은 자는 불과 19명이었다. 이들은 흙탕물을 마시며 테무진에게 충성을 서약했다. 이들 19명은 아홉 부족 출신으로 전통적인 씨족이나 부족 관계에서 벗어나 새로운 결사체를 형성했다. 이는 몽골제국 내 통일의 기초나 마찬가지였다. 차츰 패잔병들이 모여 3천 명의 군사가 됐다. 칭기즈칸의 동생 카사르도 복귀해 힘이 쌓였다. 그해 가을 케룰렌 강 상류 제르 캅찰에서 칭기즈칸과 옹칸의 군대는 사흘 밤낮을 싸웠다. 칭기즈칸의 승리였다.

도망간 옹칸은 나이만족 사람들에게 죽임을 당했고, 셍쿰도 노략질을 하는 처지가 됐다가 죽었다. 1204년에 테무진은 곧바로 나이만족을 정복했다. 이후 의형제에서 적이 된 자무카가 부하들에게 체포되어 테무진 앞에 끌려왔다. 테무진은 자무카를 배신한 부하들의 목을 쳤다. 자무카의 요구대로 피를 흘리지 않게 처형하고, 성대하게 경쟁자를 보냈다.

1206년 봄, 성스러운 오논 강의 상류에서 쿠릴타이를 열고 테무진은 '칭기즈칸'에 등극했다. 칭기즈칸이 48세가 된 1210년, 금나라 사신이 몽골의 복종을 요구하러 왔다. 그러나 칭기즈칸은 땅에 침을 뱉고 금나라를 욕했다. 전쟁 선포였다. 1211년에 쿠릴타이를 소집해 원정을 결정하고 진군을 개시한 칭기즈칸은 1215년에 금나라 수도 중도(中都, 오늘날의 베이징)를 포위해 항복을 받아냈다.

당시 원정에서 몽골군의 병력은 기병 6만 5천이었다. 지구력 강한 몽골 말과 보급부대를 두지 않는 간편함(육포와 마른 젖 덩어리를 휴대했다), 고도로 조직화된 부대 편재는 몽골군의 기동력을 세계 최강으로 만들어 주었다. 여기에 포로들을 통해 익힌 공성전(攻城戰) 전술과 무기, 굳은 충성심과 규율, 적에게 불안과 공포를 불러일으키는 선전전, 적이 제대로 대응하기 전에 전격적으로 기습하는 전술, 적의 영토 전역에 걸쳐 작전을 펼쳐 혼란을 일으키는 전술 등으로 몽골군은 위세를 떨쳤다.

칭기즈칸은 넓어진 영역을 다스리며 교역과 상업에 큰 관심을 기울였다. 그는 오늘날의 아프가니스탄에서 흑해에 이르는 광대한 지역을 차지한 호라즘과 교역 조건을 협상하고 관계를 공식화하기 위해 사신을 보냈다. 호라즘의 지배자인 투르크족 술탄 무함마드 2세가 칭기즈칸의 제의를 받아들여 칭기즈칸은 많은 물자와 함께 상인들을 보냈다. 그러나 호라즘의 북서쪽 오트라트(카자흐스탄 남부)의 총독이 상인들을 죽이고 물자를 빼앗았다. 칭기즈칸은 사신을 보내 총독을 처벌해줄 것을 요구했지만 무함마드 2세는 오히려 사신들을 죽였다. 남은 것은 전쟁이었다. 1219년에 원정을 떠난 칭기즈칸은 이듬해 봄, 호라즘 영역에 도착하여 그해가 끝나기 전에 호라즘의 주요 도시들을 속속 점령했다. 무함마드 2세는 몽골군에 쫓기다가 카스피해의 작은 섬에서 죽었다. 무함마드 2세의 아들 잘랄 웃딘이 인더스 강변에서 몽골군과 맞서기도 했지만 칭기즈칸에게 패했다. 중앙아시아 대부분을 휩쓴 칭기즈칸의 원정은 1222년 여름, 오늘날의 파키스탄 중심부에서 멈추었다(1223년에는 제배와 수부타이가 이끈 별동군이 카스피 해와 흑해 사이 러시아 남부지역과 이란 일부 지역 여러 도시를 공략했다).

칭기즈칸은 인도 북부를 모두 점령하고 히말라야 남쪽을 돌아 중국 송나라 영토를 가로지를 생각을 했지만, 더위와 습기가 커다란 장벽이 되었다. 본거지로 돌아온 칭기즈칸은 이제 서하, 즉 탕구트 공격을 준비했다. 탕구트는 이미 항복했지만 호라즘 원정 때 병력을 보내지 않았다. 탕구트 원정을 위해 고비 사막을 건너던 1227년 겨울, 칭기즈칸은 진군을 멈추고 야생마를 사냥했다. 갑자기 야생마들이 돌진해 오자 칭기즈칸이 탄 말이 놀라 뛰어올랐다. 말에서 떨어져 크게 다쳤지만 칭기즈칸은 탕구트와 전쟁을 계속했다. 수도를 포위하고 마지막 승리를 얼마 앞둔 1227년 8월에 칭기즈칸은 세상을 떠났다. 오늘날 중국 간쑤성(甘肅省) 칭수이 현(淸水縣) 시장(西江) 강변이었다.

그의 시신은 나무에 잘 봉해져 돌아오는 길을 밟았다. 그의 장례지는 몽골의 한 초원이다. 몽골 전통에 따라 봉분을 만들지 않기 때문에 그의 묘는 여전히 발굴되지 않고 있다. 당연히 그의 묘 작업에 참여했던 모든 사람은 죽임을 당했다는 것이 정설에 가까울 것이다.

칭기즈칸이 죽은 지 7년 후인 1234년, 칭기즈칸의 손자인 쿠빌라이칸이 세운 원나라는 여진족의 금나라(金国)를 물리쳤다. 1246년에는 토번(吐蕃)국이 투항했다. 1253년에는 대리(大理)국도 정벌해 남방 상당 지역도 원나라의 강역에 넣었다. 특히 원 세조 쿠빌라이칸(1215년~1294년)은 세계에 중국을 알리는 역할을 했다. 하지만 그가 1256년 화북에 세운 상도(上都, 지금의 베이징)는 한족과 몽골을 가까워지게 하는 역할을 했다. 몽골인들은 서서히 한족 문화에 빠져들었다. 황제들도 말 위보다 정치를 하기 위해 보좌에서 보내는 시간이 늘었다. 혜종(惠宗, 토곤 테무르) 때인 1368년에는 수도 상도를 명나라에게 빼앗긴다. 혜종은 몽골고원으로 달아나고 중원을 잃는다. 이후 얼마 동안 명군과 항쟁을 계속하였으나 원나라는 쇠퇴하고 내분으로 멸망한다.

> "세상을 살되 한 뼘이라도 더 넓게 살고, 사람을 사귀되 한 명이라도 더 사귀며 기술을 배우되 한 가지라도 더 배워라."
>
> _쿠빌라이 칸 명언집에서

04 칭기즈칸 키워드, 인내와 극복

'헬조선(지옥과 한국을 합성한 신조어)'과 '흙수저(부모의 능력이나 형편이 넉넉지 못한 어려운 상황에 경제적인 도움을 전혀 못 받고 있는 자녀를 지칭하는 신조어)' 같은 부정적인 신조어가 난무한다. 그럴 수밖에 없는 것이 청년들이 일자리를 구하기 어렵고 사회적 신분 상승의 기회도 잃어버린 것이 명확하게 보이기 때문이다. 그러면 위 세대들은 말한다.

"위 세대 때는 좋았는지 알았냐. 80, 90년대까지만 해도, 우리의 누나들은 구로공단에서 저가의 노동으로 일했고, 70년대 선배들은 월남전에서, 60년대 선배는 파독 광부나 간호사 … 한국전쟁, 일본의 병합 …."

맞는 말이다. 다만 억울한 것도 있다. 정작 피와 땀을 흘린 이들은 민중들인데, 정작 지금도 부를 가진 이들은 항상 권력만 추구하던 조선 시대 노론 귀족층과 별로 다르지 않다는 것이다. 토마 피케티는 『21세기 자본』에서 자본주의로 인해 소득 불평등이 심화되고 있는데 총 경제성장의 70%가 상위

10%의 몫이 됐고, 또 그 대부분이 상위 1%의 품에 들어갔다고 말한다.

얼마 전 작고한 신영복 선생은 저서 『담론』에서 "1623년 인조반정 이후로 노론 세력들은 지금까지 지배 권력으로 군림하고 있습니다. 조선 후기, 일제 강점기, 그리고 해방 이후 군사정권에 이어 오늘에 이르기까지 막강한 보수 구조를 완성해 놓고 있습니다"라는 말로 그 상황을 보여준다.

그럼 이 상황에서 주저앉을 것인가. 이럴 때 우리는 어린 칭기즈칸을 만날 필요가 있다. 칭기즈칸은 몽골의 왕족인 황금씨족의 일원으로, 훌륭한 아버지인 예수게이에게서 태어났지만 아버지가 죽으면서 큰 위기를 맞는다.

"집안이 나쁘다고 탓하지 말라. 나는 어려서 아버지를 잃고 고향에서 쫓겨났다. 어려서는 이복형제와 싸우면서 자랐고, 커서는 육촌의 배신 속에서 두려워했다."

"가난하다고 말하지 마라. 나는 들쥐를 잡아 연명했고, 목숨을 건 전쟁이 내 직업이었고 일이었다."

"너무 막막하다고 포기하겠다고 말하지 마라. 나는 목에 칼을 쓰고도 탈출했고, 뺨에 화살을 맞아 죽었다 살아나기도 했다."

그의 이 세 격언은 그가 겪은 곤란을 상징하는 말이다. 아버지가 죽은 후 1년 만에 같은 황금씨족이던 타이치우드족은 칭기즈칸 가족을 버리고 떠나버린다. 말과 양도 턱없이 부족해 이 가족은 들쥐인 타르박이나 물고기로 연명한다. 자신을 지켜줄 사람들이 떠난 상태에서 후엘룬은 가족이 뭉치면 살 수 있다는 것을 강조하고 가족을 지킨다.

그런데 이때 또 다른 이복형제인 벡테르가 힘을 믿고 가족들에게 오만하게 군림한다. 칭기즈칸으로서는 큰 판단을 해야 한다. 결국 동생 카사르와 같이 벡테르를 화살로 쏘아 죽인다.

후엘룬은 그 소식을 듣고 크게 분노한다. 초원에도 소식이 퍼져 칭기즈칸에 대한 나쁜 소문도 돈다. 칭기즈칸 역시 자신의 행동을 진심으로 후회하고, 남은 이복동생 벨구테이와는 평생을 우애롭게 지낸다.

이런 사건이 있고 나서 칭기즈칸 가족은 조금씩 안정을 찾는다. 그런데 그의 성장을 두려워한 타이치우드족의 지도자 타리후타이는 그를 죽이려 한다. 칭기즈칸에게 인생 최대 위기가 찾아온다.

그를 죽이려는 타이치우드족을 피해 숲에 숨었지만 결국에는 잡혀 칼을 찬 포로가 된다. 칭기즈칸은 감시가 소홀한 틈을 타 도망쳐 물속에 숨는다. 그런데 수색 중이던 소르칸 시라가 그를 발견한다. 칭기즈칸의 눈을 본 소르칸 시라는 그를 붙잡지 않고, 다시 도망갈 틈을 마련해 준다. 하지만 도망갈 방법이 없다. 칭기즈칸은 그에게 호의적인 소르칸 시라의 집을 찾아들어가 수색을 피한다. 이후 소르칸 시라의 기지로 목숨을 건져 다시 마을로 돌아와 숨는다.

몽골의 부족들은 경쟁이 되는 이들은 애당초 싹을 자르는 문화가 있었다. 칭기즈칸 스스로도 이복형 벡테르를 죽였다. 타타르를 정벌했을 때는 수레바퀴보다 큰 사람은 모조리 죽이는 잔혹함을 보였다. 때문에 타이치우드족에게 잡힌 것이 얼마나 절망적인 상황인지 알고 있었다. 하지만 칭기즈칸은 참고 견뎌내어 목숨을 구할 수 있었다.

"걸림돌을 징검다리로 만들어라."

"넘어졌을 때 멀리 보고 크게 보라."

청년들에게 자신에게 다가온 위기를 발전의 디딤돌로 삼으라는 말을 하면 그저 뻔한 충고로 생각하는 이들이 많다. 그런데 지금까지 위대한 업적을 이룬 대부분의 선인들 가운데 위기 없이 순탄하게 최고의 경지에 이른 사람은 거의 없다. 많은 이들로부터 비난을 받는 기득권층 역시 고인 물은 썩는다는 진리를 알고 있다. 때문에 자식 교훈부터 가풍 등 다양한 안전장치를 만들기 위해 노력한다.

그렇다고 이런 안전장치가 모두 유효한 것은 아니다. 따라서 3대를 넘기는 부자와 권력자를 찾기가 쉽지 않다. 그리고 누군가 새로운 사람이 그 자리를 차지하게 된다. 이런 자리를 차지하기 위해 가장 필수적인 것이 위기를 기회로 만들고, 먼 미래를 내다보는 능력이다.

어린 시절부터 칭기즈칸과 안다(의형제)를 맺은 자무카는 그의 가장 큰 조력자였다. 하지만 '십삼익전투'에서 칭기즈칸은 자무카가 끌어모은 3만 대군에게 크게 참패한다. 그러나 칭기즈칸은 덕으로 주변을 이끌어 세력을 넓혔고 이후 자무카를 물리친다.

"내 역량이 아직 부족할 때에는 나는 오로지 참았으며, 본의 아니게 양보할 때도 있었다."

"밝은 대낮에는 세심한 늑대처럼 세심하게 살피고, 어두운 밤에는 까마귀처럼 굳은 인내심을 가져야 한다."

칭기즈칸의 가장 큰 위기 가운데 하나는 신혼 1년 만에 메르키트족의 습격을 받아 아내인 부르테가 납치당한 것이다. 메르키트족은 칭기즈칸의 아버지 예수게이가 아내 후엘룬을 납치할 때 피해를 본 부족으로 부르테 납치는 복수에 가까운 행동이다. 바로 메르키트족을 공격할 수도 있었지만 칭기즈칸은 토릴칸(후에 옹칸)과 자무카의 연합군을 얻은 후에야 복수전을 벌여 아내 부르테를 찾아온다. 이후 돌아온 아내가 낳은 아이가 주치인데, 주치는 아버지가 칭기즈칸인지 아닌지 확신을 할 수 없었다. 하지만 칭기즈칸은 주치를 크게 차별하지 않았다.

칭기즈칸을 만든 데 가장 큰 도움을 준 사람이 어머니 후엘룬과 아내 부르테라는 것을 부인할 이들은 많지 않다. 실제로 위대한 인물에게는 위대한 여성의 힘이 적지 않다. 이런 상황에서 칭기즈칸이 어머니에 대한 존경과 아내에 대한 배려가 없었다면 그는 더 이상 발전이 불가능했을 것이다. 때문에 칭기즈칸은 이후에도 부르테를 왕후로 끝까지 같이했다. 다만 부르테의 납치는 여성에 대한 집착을 불러오기도 했다.

"실수와 실패를 두려워하지 마라."

"용기 있는 사람은 운명의 길을 개척한다."

"다른 사람이 너를 보호하기를 바라지 마라. 너의 길을 다른 사람이 대신하는 것을 구걸하지 마라. 단지 배움을 통한 자기의 역량으로 죽음에서 벗어나야 한다."

"단지 초원만 있다면 몽골인은 생존할 수 있다."

칭기즈칸 삶의 가장 큰 교훈 중 하나는 실패에 대한 두려움을 버리는 것이다. 몽골이 다스린 영역이 몽골에서 직선거리로 4000km가 넘는 카스피해, 더 멀리는 헝가리 동부에 이르렀으니 그 영역이 얼마나 큰지 감안하기 어렵다. 교통이나 통신이 발달하지 않은 당시에 전체 인구 100만 명, 군대 20만 명의 몽골이 이 거대한 제국을 다스릴 수 있었던 것은 실패에 대한 두려움을 잊어버린 나라이기 때문에 가능했다.

몽골은 지역에 따라 다르지만 사람들이 살기에 적당한 땅은 아니다. 때로는 가진 가축 전부를 얼려 죽이는 강력한 한파와 사막 토지 등으로 인해 농사가 거의 불가능하다. 사실 이런 땅이 역으로 그를 유목민으로 만들기도 했다. 그러나 칭기즈칸은 초원만 있으면 자신들의 땅으로 만들 수 있다고 자신한다.

그에 비하면 이 시대 우리 젊은이들이 가진 꿈은 공무원이나 대기업 취업이다. 칭기즈칸에게 있어 이런 직업은 '너의 길을 다른 사람이 대신하는 것을 구걸하는 것'에 지나지 않는다. 자율적인 역량보다는 안전하다는 이유로 그

시스템을 지키는 역할을 하는 것이기 때문이다.
하지만 그런 수동적인 자세로 이 세상을 대처하는 것에는 위험이 따를 수밖에 없다. 스스로 노마드가 될 수 있는 용기를 가지고, 참고 견디는 것이 무엇보다 중요하다.

"구원이 이미 우리 손안에 있고 힘들여 찾지 않아도 된다면 거의 모든 인간은 구원을 등한시할 것이다. 훌륭한 것은 드문 만큼 어렵기도 한 것이다."

_스피노자 명언 중에서

05 칭기즈칸 키워드, 자기통제

"적은 밖에 있는 것이 아니라, 내 안에 있다."

"만약 몸을 다스리고 싶거든 먼저 마음을 닦고, 책임지는 일을 맡기 전에는 자기 자신을 닦아라."

적은 밖에 있는 것이 아니라 자기 자신에 있다는 말은 아무리 말해도 과언이 아니다. 2016년 3월, 이세돌과 알파고의 한국을 흔든 대결이 이뤄졌다. 컴퓨터 1000대의 CPU를 가진 알파고를 맞서면서 시종일관 '자기와의 싸움'이라는 말이 나왔다. 3연패 끝에 포기할 법도 한데, 그는 결국 4국에서 승리를 이끌어냈다. 아무리 기계의 수학적 계산 능력이 뛰어나도 인간의 의지는 초인적인 힘을 이끌어낼 수 있다는 것은 익히 알려져 있다. 이런 과정에서 가장 중요한 것은 자기통제 능력이다. 그리고 이세돌은 3판이 끝난 후 포기하는 등 다양한 경우의 수가 있었지만 스스로 "인간이 진 것이 아니라 이세돌이 졌다"는 말로 철저한 자기통제 능력을 보여줬고, 4국에서 승리했다.

특히 마지막 대국에서도 스스로 불리하게 느끼는 흑돌을 잡아 테스트하는 모습을 보여줬다.

칭기즈칸을 포함한 몽골인은 그런 자기통제 능력을 어려서부터 철저히 교육받는다. 몽골의 성년의식은 익히 알려져 있다. 10살의 아이들은 일 년에 가장 추운 날, 눈밭에서 말타기 경기를 시작한다. 아무것도 걸치지 않은 아이는 영하 40도의 추위에서 고삐를 놓지 않고 목적지로 돌아와야만 어른으로 대우받을 수 있다. 아이들은 극단의 추위 속에서 동료들을 달래며 여정을 마치고 돌아오면 차가운 손을 눈 속에 넣어 녹인다. 칭기즈칸 역시 마찬가지였다. 부족 내부 경기에서 많은 이들이 자신을 경계하여 죽이려는 시도를 하기도 한다.

'수신제가치국평천하'는 동양에서 기초 교육만 받으면 대부분 아는 이야기다. 이 말의 처음은 한 몸 한 몸을 닦는다는 의미의 수신(修身)이다. 칭기즈칸도 책임지는 일을 맡기 전에 꼭 자기 자신을 닦으라고 말했다.

중국 역사에서 무너진 사람들의 공통점은 지나치게 자기 자신을 믿다가 외부의 공격을 막아낼 힘을 잃었다는 것이다. 삼황오제 시기도 하나라 우왕이 세습을 시작한 후부터는 대부분이 자기통제에 실패해 끝났다. 하나라 17대 이규(履癸), 즉 걸(桀)은 말희(妹喜)와 더불어 주지육림(酒池肉林)에 빠졌고, 상나라 마지막 왕 주(紂) 역시 천하를 다스릴 힘을 가진 호걸이었지만 달기(妲己)에 빠져 망했다. 역대 가장 이상국가를 자처했던 주나라 유왕(幽王) 역시 포사(褒姒)로 인해 서주(西周, BC 1134~BC 771)시대를 마치게 된다.

황제와 왕은 물론이고 개개인들에게 자기통제는 인생의 성패를 나누는 기준이다. 자기통제의 첫째는 자신을 아는 것이다. 원대한 목표를 세우는 것은 나쁘지 않다. 하지만 그 목표가 너무 높다면 도달하는 것도 어려울 뿐만 아니라 중요한 청춘의 시간을 낭비할 수 있다. 요즘 많은 사람이 공무원 시험을 본다. 다른 나라에는 고급 공무원을 선발하는 고시제도가 있는 경우가 드물지만 한국은 일본의 영향으로 고시제도를 채용한다. 그런데 고시 합격이라는 목표에 도달하기 어려우면서 시험을 본다는 행위 자체에 빠지는 경우가 종종 있다.

나 역시 20살에 행정고시에 응시한 적이 있다. 고등학교 때, 이과를 다니다가 이과가 적성에 맞지 않은 것을 알았다. 문과로 바꾸어 공부하다가 고시 합격 수기인 『다시 태어난다 해도 이 길을』을 읽게 됐다. 그 책 속에는 학력이 낮아도 고시에 응시해 보기 좋게 붙은 이들이 많이 소개된다. 훗날 대통령이 된 상업고등학교 출신의 노무현 대통령도 소개돼 있다. 최근까지도 이런 합격자가 나타나니 나 역시 가능할 듯 보였다. 힘들 때마다 이 책을 읽으면 의지가 솟는다. 헌법이나 민법, 행정법 같은 두툼한 고시책을 들고 있으면 스스로에게 위로가 된다.

하지만 현실에서 고시에 합격한다는 것은 다양한 벽을 넘어서는 일이다. 그 벽을 넘는 과정은 수많은 자기한계를 넘는 것이다. 많은 이들이 영어나 경제학 등에서 벽에 부딪히듯 인생은 벽의 연속이다.

혹시 그 벽을 넘었다고 해서 그 앞에 자신이 생각하는 이상의 땅만이 있는 것은 아니다. 고시를 붙거나 7급, 혹은 9급 공채를 통해 공무원이 되면 행복할까. 나는 늦었지만 40대 초반에 4급에 상당하는 공무원으로 새로운 길을 시작했다. 그 과정에서 지방공무원부터, 중앙공무원까지 다양한 사람을 만났다. 그런데 내가 만난 사람들 가운데 스스로의 삶에 만족하고 자존감 높은 삶을 사는 사람을 본 적은 별로 없다. 말했듯이 '프로크루스테스의 침대'에 맞추어 살아 창의력을 잃어버린 자신을 안타까워하는 이들도 많이 봤다. 그들 가운데는 수백을 호령할 수 있는 자질이 있는 이도 있고, 수천, 수만을 호령할 수 있는 자질을 가진 이들도 있었다. 하지만 그들은 이미 안락한 구조에 들어가서 그곳에서 뛰어나올 용기를 낼 수 없었다. 가족, 체면 등 모든 것이 그들을 가로막고 있었다. 진정한 자기통제는 자기의 삶을 인내하는 것이 아니라 도전할 수 있는 용기를 잃지 않는 것이다.

"배운 게 없다고, 힘이 없다고 탓하지 마라. 나는 내 이름도 쓸 줄 몰랐으나, 남의 말에 귀 기울이면서 현명해지는 법을 배웠다."

"긴 길의 끝을 찾다 보면 그 길 가장 깊은 곳에 도달할 수 있다."

일반인들 중에 칭기즈칸을 그저 무식하게 유럽까지 싸우러 갔다가 사라진 한 영웅으로 기억하는 이들이 있다. 그러나 칭기즈칸이 인류사에 끼친 영향은 상상을 초월한다. 그는 원나라가 유럽으로 가는 길에 있던 강대한 국가 호라즘을 멸망시켰다. 또 실크로드가 본격적인 길의 역할을 한 것도 칭기즈칸을 통해서다. 이 실크로드를 통해 수많은 교류가 이루어졌다. 원나라의 후반기에는 마르코 폴로(Marco Polo, 1254~1324.1.8) 같은 인물이 서방을 동양에 알리는 저작을 남기기도 했다.
그런 칭기즈칸이 남긴 가장 중요한 교훈 중의 하나는 경청을 통해 현명함을 얻는 것이다. 나이가 들어갈수록 남의 말을 듣는 일이 쉽지 않다는 것을 느낀다. 경청은 정신과 의사는 물론이고 사회생활을 하는 이들이 가질 수 있는 최고의 재능이다. 경영의 구루인 스티븐 코비는 성공하는 사람과 그렇지 않은 사람의 가장 큰 차이를 주저 없이 '경청하는 습관'으로 꼽았다. 피터 드러커나 톰 피터스 같은 경영의 구루들도 '경청'을 가장 중요한 요소로 꼽는다.

이 책을 읽다가 남의 말을 조용히 가장 잘 들어주는 이가 누구인지를 생각해보라. 다른 사람들이 모두 자기 목소리로 자신의 주장을 펼칠 때, 조용히 들어주고 자신의 의견을 정리해주는 사람. 아마 그런 사람으로 떠오른 사람이 있다면 그는 분명히 성공한 사람일 것이다. 필자의 지인 가운데 부산에서 정신과 의사로 근무하는 이가 있다. 나와 비슷한 또래로 청년 시절에 만났을 무렵 그는 여느 친구들과 똑같이 이야기하는 모습이었다. 그런데 지난해 부산에 들렀다가 그 친구를 만났다. 오랜만에 술을 마시고 이야기하면서 나는 그가 더없이 내 이야기를 잘 듣는다는 생각이 들었다. 당연히 마음 편안하게 그간에 있었던 속 깊은 이야기도 했다. 나름대로 강한 개성을 갖고 살아온 내 이야기를 잘 듣는 그를 보면서 경청의 중요성을 실감했다. 이제 마흔 후반인 만큼 그는 더욱더 좋은 의사가 되어 많은 영혼들에게 도움이 될 수 있을 것 같다는 확신이 들었다.

칭기즈칸은 남의 말을 들으며 현명해지는 법을 배웠다고 말한다. 노마드는 정주민에 비해 필연적으로 더 많은 생각을 만나게 된다. 그것이 때로는 다양한 종교나 철학일 수도 있고, 혈연 지연 등 정의주의적인 관습일 수 있다. 이런 주장 앞에서 사람들은 일반적으로 벽을 쌓고 자기 주장을 관철하기 위해 노력한다. 그런데 칭기즈칸은 최고의 강자이면서 어떻게 경청을 통해 배웠을까. 특히 자신이 강자라면 더욱더 경청을 통해 다양한 정보를 수집하고 스스로 판단을 내릴 수 있어야한다. 그래야 그 조직을 성공적으로 이끌어 갈 수 있다.

"어린 독수리는 비행을 통해서만 날개를 단단하게 할 수 있고, 아이는 부모와 떨어져 능히 배움과 생활을 할 수 있다."

"자기 내부를 깨끗하게 할 수 있는 자는 그 땅의 도적을 깨끗하게 할 수 있다."

"술에 중독된 자의 혼은 귀머거리나 맹인과 같아 마음의 주인이 없고, 업무를 수행함에 있어 쓸모없다."

칭기즈칸은 자기통제 능력이 저절로 길러지는 것이 아니라 철저한 자기학습을 통해서 가능하다고 알려준다. 우리 젊은이들의 대부분은 부모의 지나친 배려 속에서 자란다. 때문에 대학생은 물론이고, 직장인에 이르기까지 부모의 배려 속에서 자란 이들이 많아 '캥거루족'이라는 단어가 있다. 이런 상황은 앞으로 한 세대가 지날 때까지 상당히 강하게 남을 수밖에 없다. 일단 이 세대는 안정적인 일자리를 통한 자기 독립의 기회를 상실하기 때문이다.
이 시대 가장 인기 있는 멘토로 꼽히는 법륜 스님의 강의와 책을 접하다 보면 하나의 확실한 원칙을 만날 수 있다. '자식이 스무 살이 되면 더 이상 간섭하거나 도와주려 하지 마라. 다 독립된 개체이니 그저 지켜보면서 잘되길 기도하라'는 원칙이다.

우리나라에서 20세면 대학을 가거나 군대에 갈 나이, 혹은 직장생활을 막 시작할 나이다. 일반 가정에서는 여전히 아이의 등록금을 걱정하고, 결혼을 걱정하고, 직장생활을 걱정한다. 이런 생각에 대해 법륜 스님은 제발 아이들에게 관심을 끊고 그들이 스스로 성장하도록 내버려두라고 충고한다.

당대 우리를 지배하고 있는 사고를 형성하는 교육과 종교에서는 이런 이야기를 많이 하지 않는다. 반면에 재벌은 재벌대로, 가난한 이는 가난한 이대로 자식을 영원히 걱정한다. 그러나 이렇게 큰 재벌가의 아이들은 일반적으로 통제력을 잃고 거대한 기업을 엉뚱하게 이끈다. 가난한 이의 아이들도 전전긍긍하면서 자신의 길을 찾지 못하는 게 일반적이다.

이런 아이들에게 칭기즈칸의 교훈은 시사하는 바가 크다. 10살이면 영하 40도의 추위에서 말을 달려 성인식을 치르는 몽골의 아이들처럼, 때가 되면 아이를 벼랑에서 밀어 올라오게 하는 사자처럼 아이들은 스스로를 지킬 수 있는 정신을 가져야만 그 다음 단계로 성장하는 게 당연한 생명의 질서다. 반면에 보호만 하면 나중에는 작은 외풍에도 무너지고, 쓰러지고, 말라 죽어버린다.

이 땅에서도 이런 상황은 수많은 문제를 낳는다. 우선 한 세대의 결핍은 그 나라 자체의 성숙을 막는다. 캥거루처럼 자란 세대가 아이를 낳아서 과연 언제 건강하고 독립적인 아이를 만들어낼 수 있을까. 또 자식에게 힘 대부분을 소진하는 아버지 세대는 노년을 준비할 기회를 잃어버린다. 결국 나중에는 자신도 자식도 의지할 곳 없는 절망에 빠질 수밖에 없게 되는 것이다. 결국 이런 과정이 없는 국가는 사상누각이 될 수밖에 없다. 그래서 필요한 것이 젊은이들이 노마드가 되는 것이다.

노마드가 되는 것은 자기통제를 할 수 있다는 것이다. 몽골인들은 술을 많이 마시기로 유명하다. 필자가 처음 네이멍구를 찾았을 때도 가자마자 손님맞이를 위해 술을 내놓았는데, 알콜 도수가 낮게는 50도에서 높게는 70도에 이르는 술이었다. 몽골인들은 무슨 간을 가졌는지 이런 술을 먹고도 끄떡없었다. 실제로 몽골의 축제 풍습은 이런 높은 도수의 술에 잔뜩 취해서 접신의 영역까지 범접하는 흥이 나는 잔치를 벌이는 것이다. 그런데 칭기즈칸은 절주를 강조한다. 술을 마실 때는 마시지만, 술의 노예가 되지 말라는 뜻을 담고 있다.

"비록 눈보라가 있다 해도 약속을 어기지 말고, 비록 큰비를 만나도 때를 어기지 마라."

"승리로 인해 절대 오만해져서는 안 된다."

자기통제의 또 다른 모습은 철저하게 약속을 지키는 것이다. 목숨을 건 전장에서 약속을 지키지 못하면 한 군대가 몰살되는 것은 당연하다. 칭기즈칸에겐 의형제에서 적으로 변한 자무카라는 무서운 인물이 있었다. 이 자무카에 맞서서 칭기즈칸이 편 전술이 흩어졌다가 뭉쳐서 적을 물리치는 전법이다. 이때 같이 공격해야 할 부대의 일부가 빠진다면 전력에 차질이 생길 수밖에 없어서 칭기즈칸은 이 부분을 철저히 다루었다. 다행히 이 전술의 가치를 안 칭기즈칸의 부하들은 철저히 이 원칙을 따랐다. 대몽골국을 건설할 때뿐만이 아니라 유럽으로 향하는 길에서도 마찬가지였다. 칭기즈칸의 부하들은 처음 주유하는 아랍과 유럽에서조차 자신들을 잃지 않고, 이런 대형을 유지해 전쟁에서 승리할 수 있었다.

"최고의 대화술은 듣는 것이다."

_스테판 M. 폴란

06 칭기즈칸 키워드, 지혜를 넘어선 통찰력

"만약 지혜와 기교가 없다면 발아래 양도 잡아먹을 수가 없고, 만약 지혜가 넓고 기교하다면 깊은 산속의 가축도 능히 요리해 먹을 수 있다."

"몸의 힘은 한계가 있지만 지혜는 무궁하다."

"사람이 크면 영리해지지만 배우지 않는다면 지혜는 없다."

지식과 지혜는 다르다. 지식은 아는 것이라면 지혜는 앎의 원리를 아는 것이다. 지식은 한곳에 적용되는 것이라면, 지혜는 세상 어디에나 적용할 수 있는 통찰력이다.

칭기즈칸은 앞서 말했듯이 지식의 양이 많지 않았다. 초원민족에게 책이 있을 리 없기 때문이다. 하지만 칭기즈칸에게는 지혜가 있었다. 그는 교육의 가치를 무시하지 않았다. 그는 다양한 지식을 흡입해 자신에게 맞는 것을 찾고, 필요한 것은 고칠 줄 알았다. 자신은 공부할 기회가 없었지만 자식들에게는 공부를 강조했다.

우리 시대 노마드를 꿈꾸는 이들도 지혜에 대해 많은 고민을 해야 한다. 그 지혜는 세상을 읽을 수 있는 통찰력(insight)이다. 칭기즈칸은 27살인 1189년, 부족회의인 쿠릴타이를 소집해 '칸'의 지위에 오른다.

이후 처음에는 쿠릴칸 및 금나라와 연합해 타타르를 원정한다. 이후 몽골의 사대 세력들을 차례대로 복속하거나 연합한다. 외가인 옹기라트족은 연합하고, 메르키트족, 케레이트족 등을 차례로 정복한다. 이후 1206년에는 다시 '칭기즈칸'으로 추대되고 몽골의 통합을 완성한 후 국가 조직 정비를 시작한다. 이후에도 금나라는 물론이고 서하, 유럽에 이르는 원정을 통해 몽골의 전투력이 살아있도록 만든다.

그의 통찰력을 가장 잘 보여주는 것은 그의 중국에 대한 이해다. 칭기즈칸은 젊은 날 토릴칸의 동생을 찾기 위해 금나라 국경에 갔다가 포로가 된 적이 있다. 그때 칭기즈칸은 금나라 등 중원이 결코 절대적인 힘이 아니라 조금만 노력하면 쉽게 정복할 수 있는 곳이라는 것을 알아낸다.

1211년에 마침내 금나라를 공격해, 1215년에는 중도(中都, 지금의 베이징)를 점령한다. 여진족이 세운 금나라 역시 한족 문화를 받아들여 이미 학문적으로나 군사적으로 상당히 현대화되었기 때문에 칭기즈칸의 기가 죽을 수 있었다. 그러나 오히려 그는 그 속에서 정착민이 되어 나약해진 그들에게서 기회를 보았고, 그걸 극복해낸 것이다.

필자 역시 살면서 통찰력의 중요성을 직접 체감하고 있다. 중국에 있을 때 나는 '황사 전문기자'라는 별칭을 갖고 있었다. 이런 종류의 전문 기자도 생소하지만, 기상청 관계자도 아닌데 이런 별칭을 가진 계기는 이렇다.

중국에 가서 다양한 활동을 하던 2002년 겨울, 중국에서는 이상 고온으로 다양한 기사가 나오고 있었다. 나 역시 이 소식을 정리해 2월 23일 「중국 이상 기온 한국도 위협한다 : 40년 만의 '따뜻한 겨울' … 황사의 조기·장기화 우려」라는 기사를 《오마이뉴스》에 썼다. 그런데 그해 3월 20일 전후에 베이징, 톈진 등 화베이지방은 물론이고 한국에도 하늘을 누렇게 뒤덮은 황사가 왔다. 나름대로 정확한 예측기사를 썼다는 자부심으로 당시 방송하던 KBS 「세계는 지금」을 통해 관련 보도를 계속했다.

이후 나는 황사철이 시작될 무렵이면 황사를 예측하는 기사를 썼다. 이 기사를 위해 우리나라 황사에 60%가량 영향을 주는 네이멍구 사막이나 사막화 지대에서 수천 킬로미터를 헤맸다. 칭기즈칸이 몽골의 통합을 위해 다니던 길을 나는 황사 예측을 위해 다닌 셈이다. 이 활동은 내가 귀국하던 2008년까지 지속됐다. 그동안 기상 전문가들도 인정할 정도로 정확하게 예측해 주변에서 '황사 전문 기자'라는 칭호를 준 것이다.

그런데 이런 탐사를 통해서 나는 네이멍구 초원 등 자연의 거대한 변화를 읽었다. 우선 황사철이면 꼭 불던 편서풍 등 거대한 바람이 이제는 바뀌고 있었다. 이후 나는 황사를 예측할 수도 없고 예측이 맞을 수도 없다는 것을 이야기하고, 공식적인 황사 예측 보도를 마쳤다.

실제로 지난 수년간은 황사 근원지의 상황이 나쁘든 좋든 큰 황사는 일어나고 있지 않다. 대신에 자연현상을 바꿀 만큼 크게 변모한 지구 대기의 변화, 황사보다 건강에 치명적인 미세먼지의 위험성을 말하는 데 초점을 맞췄다. 나름대로 황사를 읽으면서 기후에 대한 통찰이 생긴 경우다.

이런 통찰이 필요한 곳은 자연현상만이 아니다. 경제, 정치, 문화 등도 제대로 된 통찰력이 있어야 당장 현실은 물론이고 미래를 예측할 수 있다. 칭기즈칸은 끝없는 전쟁과 여행 속에서 그런 통찰력을 키웠다.

"철의 기강이 없다면 전차는 멀리 가지 못한다."

"적의 적은 우리의 친구가 될 수 있다."

"오만한 기운을 통제한다면 지혜를 더 키울 수 있다."

칭기즈칸의 지혜를 볼 수 있는 것 가운데 하나가 부대를 꾸리는 능력이다. 칭기즈칸은 몽골의 말이 순간적인 폭발력은 약해도 더 오래 가고, 멀리 갈 수 있다는 것을 알았다. 그래서 그는 한 사람이 말을 교환하면서 달려 적을 기습하게 했다. 그래서 적이 상상하는 이상의 거리를 달려 기습할 수 있었다.
또 가볍고 열량이 많은 육포와 마른 젖을 통해 식량 휴대를 간편하게 했다. 적은 밥을 해 먹는 시간과 긴 보급라인을 가져야 했지만 몽골 부대는 말 한 마리면 수개월의 식량을 휴대했기 때문에 먼 유럽원정도 가능했다. 그 밖에 고도로 조직화한 부대편제를 갖추고 있었으며, 몽골에서 전술을 갖추기 시작한 것도 칭기즈칸의 군대였다.
반면에 한때 적이었던 자무카는 용감했고 영리했지만 통찰력과 지혜는 갖고 있지 않았다. 자무카는 십삼익전투에서 칭기즈칸에게 대승한 이후 칭기즈칸에 대한 카인 콤플렉스로 인해 포로를 무참하게 학살했다. 특히 포로

70명을 솥에 삶아 죽이자 그를 따랐던 부족들도 그를 두렵게 보았고 결국 자무카를 떠나 칭기즈칸의 옆으로 왔다.

노마드를 꿈꾸는 젊은이들은 통찰력과 덕을 갖추어야만 한다. 세상엔 혼자서 완성해낼 수 있는 일은 극히 드물다. 있다 해도 작은 일이다. 반면에 자신의 우군을 만들고, 연합하면 못 해낼 일이 없다.

많은 청년이 다양한 이유로 오스트레일리아로 워킹홀리데이를 떠난다. 젊은 날의 1년은 결코 짧은 시간이 아니다. 워킹홀리데이의 가장 큰 목적은 영어권에서 생활해보기 위함이 크다. 그런데 많은 이들이 어느 순간 영어를 배우는 게 아니라 돈을 벌기 위한 노무자로 전락한다.

이런 상황이 문제가 아니라 문제는 영어를 익힌다는 본질을 놓아버리는 것이다. 지혜로운 노마드라면 영어를 익힌다는 본질을 버리지 않아야 한다. 또 그곳에서 만나는 사람 하나하나도 자신의 미래 가치로 만들기 위해 노력해야 한다.

"몸이 단단하면 적을 이기고, 수족의 힘은 단지 한둘을 이길 수 있다. 마음의 힘은 능히 세계를 정복할 수 있다."

"영웅의 몸은 한 대에 우러르지만, 영웅의 지혜는 만대를 간다."

"적이 작다고 얕보지 말고, 독사의 몸이 가늘다고 무시하지 마라."

칭기즈칸은 특히 '마음의 힘'을 강조했다. 칭기즈칸은 어려서부터 개를 무서

위할 만큼 겁이 많았다. 그런데 아버지가 죽고 그는 가장으로서 살아야 했다. 그는 이복형 벡테르를 살해하고 타이치우드족의 포로가 되는 등 여러 고비를 맞았다. 십삼익전투의 패배도 뼈아팠다. 하지만 그는 이겨냈다. 그게 가능했던 것은 스스로 포로가 되기를 마다하지 않은 용기와 추진력이 있었기 때문이다.

칭기즈칸은 36계 중에서도 자신과 적을 잘 알고 계책을 모의하여 직접 공격하는 공전계(攻戰計)에 강했다. 공전계에는 적을 읽고 적극적으로 자극하여 승리하는 타초경사(打草驚蛇, 풀을 두들겨 뱀을 놀라게 하다)와 가능한 모든 것을 동원해 자신의 뜻을 이루는 차시환혼(借屍還魂, 주검을 빌려 영혼을 찾다) 등이 있다.

칭기즈칸 전문가 김종래는 그가 정보 마인드로 무장하고 첩보전과 심리전을 자유자재로 구사했다고 평가한다. 이를 위해 칭기즈칸군은 누구보다 먼저 정보를 수집했다. 적의 지형, 지모, 무기, 항전상황, 병사의 의지까지 읽었으니 실패할 이유는 없다. 그리고 칭기즈칸의 이런 정신은 후대에도 계속됐다. 특히 이런 전쟁 습관은 유럽 페스트의 창궐을 불러일으켜 세계사 전환의 계기가 됐다.

1346년에 크리미아 반도 교역 중심지 카파를 공략하던 몽골군은 페스트(흑사병)에 걸린 시체를 투석기로 성안에 던져 넣었다. 페스트는 급속히 유럽에 퍼졌고, 4년 사이에 유럽인구의 30%에서 절반이 사망했다. 타르박과 같은 설치류에 익숙한 몽골 민족은 항체가 이미 형성됐지만 유럽인들은 이 균에 저항할 힘이 없는 상태에서 어마어마한 세균전이 벌어진 셈이다.

노마드들에게도 생존은 가장 치열한 목적이다. 하지만 이미 알려졌듯이 세계는 거대한 기득권층과 권력 등으로 뭉쳐져 있다. 이들은 자본을 바탕으로 언론을 장악해, 그들의 논리에 반하는 활동은 물론이고 사고까지 장악한다. 노마드는 우선 이런 세계 전반을 읽을 수 있어야 한다.

"통찰력이란 미미한 조짐만 가지고도 전체를 꿰뚫어 보는 능력이다."

_사오위, 『주역에서 경영을 만나다』 중에서

07 칭기즈칸 키워드, 인재와 협력

"나는 일단 현명하고 능력 있는 사람을 얻어 그들을 내 옆에 두었다. 멀리 가게 하지 않았다."

"지혜로운 친구가 없는 것보다는 악독한 적이 없는 게 나쁘다."

살아가면서 우리는 진정한 친구가 얼마나 되는가를 곰곰이 묻게 된다. 적적할 때 부르면 만나서 소주 한잔 편하게 나눌 수 있는 친구, 자신이 경제적으로 너무 힘들 때 작은 도움을 주면서 뒤를 생각하지 않는 친구 등등. 안타깝게도 요즘 젊은이들이 말하는 포기 가운데는 '친구(인간관계)'도 포함되어 있다. 사실 시간과 경제적 여유가 없다면 친구를 만나는 일도 쉬운 일은 아니다. 하지만 친구는 그렇게 만들어지지 않는다. 앞서 말한 것처럼 친구는 긴 시간 동안 진정한 인간적 유대를 통해 만들어진다. 물론 한 번 만들어진 우정이 영원히 지속하면 좋지만 그렇지 않을 수도 있다는 것을 깨닫는 것도 인생의 큰 공부다. 친구의 확장은 인재를 만나는 것이다.

아버지의 죽음으로 인해 고립무원의 초원에서 졸지에 가장이 된 칭기즈칸은 친구의 가치를 깨달았다. 나중에 적이 되긴 하지만 자무카를 만나면서 경쟁이라는 단어를 익힌다. 그는 정복전쟁 때마다 유능하게 보이는 이들을 만나면 데려와 어머니 후엘룬에게 맡겨 형제나 자식으로 키웠다. 메르키트족 공격 시 데려온 몽골제국 건설에 큰 공헌을 한 쿠추와 타이치우드족의 코코추, 타타르족 출신의 쿠두쿠 등이 그렇다. 거대한 몽골제국이 150년을 갈 수 있던 것도 이런 과정을 통해 얻은 인재 때문이다. 전쟁의 가장 큰 인재인 장수로부터 발굴된 인재가 많다. 우선 '화살'이라 불리는 제베 등 수많은 전사가 있다. 칭기즈칸은 적이었어도 마음에 들면 그의 사람으로 만들었다. 또 그의 사람이 되면 신뢰하고 의심하지 않았다. 칭기즈칸이 말을 찾는 것을 도와준 보르추도 어릴 적에 만난 친구인데, 보르추는 참모로 끝까지 함께했다. 칭기즈칸은 나이만을 공격할 때 잡은 포로 타타통가에게 문자를 만들게 해 몽골어가 탄생했다.

칭기즈칸의 인문적 친구로 대표되는 인물은 야율아해(耶律阿海)와 야율초재(耶律楚材, 1190~1244)다. 거란족 출신으로 금나라 귀족이던 야율아해는 옹칸에게 사신으로 갔다가 칭기즈칸을 보고 감화해 그의 부하가 됐다. 그는 중원의 발전된 행정, 법률, 전략을 칭기즈칸군에 심는 데 많은 공헌을 했다. 반면에 야율초재는 칭기즈칸이 중도를 함락할 때 포로 중에 발탁되어 호라즘 정벌 때부터 두각을 나타냈다.

100만 명의 몽골족으로 거대한 제국을 지배한 데는 칭기즈칸의 이런 인재경영이 효력을 나타냈다. 민족, 인종, 종교가 달라도 항복하고 복종을 서약하면 몽골제국의 백성이 될 수 있었다. 포로나 노예도 신분 상승할 기회를 가질 수 있었다. 테무진은 어릴 적에 찾아온 대장장이 자르치우다이를 귀하게 대접해 무기 분야를 누구보다 빠르게 발전시킬 수 있었다.

천민 출신의 대장군 모칼리도 몽골족이 아니었지만 '좌(左) 모칼리, 우(右) 보오르초'라고 불릴 만큼 칭기즈칸의 양대 측근으로 큰 신임을 얻었다. 칭기즈칸은 서역 원정을 떠날 때 모칼리에게 금나라의 통치를 맡길 정도로 그를 아꼈다.

"한 대의 화살이 약하다면 합쳐야 하며, 다른 화살의 지원을 받아야 한다. 설령 장사라 해도 적을 무너뜨리지 못할 상황에 빠져 속수무책이 될 수 있다. 그래서 형제지간에 서로 도와야 하며, 서로 지원하면 강대한 적이라도 너희들이 전승할 수 있다."

"개는 새끼를 많이 낳는다. 매번 네다섯을 낳는다. 하지만 서로 머리를 물어뜯어 무리를 이루지 못한다. 양은 비록 한둘을 낳지만 서로 화목해 천만의 무리를 이룰 수 있다."

칭기즈칸이 인재들에게 가장 강조한 것 가운데 하나가 협업(collaboration)이다. 몽골의 대표적인 신화는 '알랑고아의 화살 서약'이다. 몽골족의 할머니라 할 수 있는 알랑고아는 죽기 전에 막내아들 보돈차르에게 화살 다섯 개를 가져오게 한다. 화살을 줄로 묶은 다음에 화살을 부러뜨려 보라고 첫째 아들에게 말한다. 하지만 아들 중 누구도 다섯 개 묶음의 화살을 부러뜨리지 못한다. 그러자 알랑고아가 아들에게 화살을 한 개씩 나눠 주고 부러뜨려 보라고 하자 쉽게 부러뜨린다. 알랑고아는 이것을 보고 유언한다.

"너희 오 형제는 함께 묶인 다섯 개의 화살처럼 합심하여 힘을 모아야 한다. 그래야만 우리 씨족이 번창하고 부락이 강대해질 수 있다. 오늘 내가 한 말을 절대 잊으면 안 된다."

알랑고아의 화살 서약은 '화살 하나하나는 부러뜨리기 쉽지만, 뭉친 화살은 부러뜨리기 어렵다'는 로스차일드가의 창립자 마이어 암셸 로스차일드가 다섯 아들에게 남긴 유언과 유사하다.
칭기즈칸도 이 유언에 충실하여 무기를 합쳐야만 강대한 적을 무너뜨릴 수 있다고 강조한다. 그러나 각자의 능력이 강조되는 세상에서 협업을 하기는 쉽지 않다. 공무원 조직에 있으면서 각 국 간은 물론이고, 각 과, 혹은 각 계간도 협업이 이뤄지는 사례를 만나기 극히 어려웠다. 이는 우리 공무원 조직의 구조와 평가체계에 협업에 관한 부분이 거의 없다는 것이 가장 큰 이유지만 공무원 사이에서도 이 협업의 가치를 전혀 알지 못한다는 이유도 있다.
하지만 노마드에게 협업의 마인드가 없는 것은 아주 위험하다. 세계적인 IT 기업인 구글과 페이스북, 애플에서도 한 사람의 절대적인 선구자가 이룬 것은 없다. 래리 페이지나 주커버그, 스티브 잡스 같은 걸출한 영웅이 있었지만, 그들이 팀을 이루어 전문가들과 호흡을 맞추는 데 성공했기 때문에 그런 기업이 가능했다. 동양고사에는 '계명구도(鷄鳴狗盜)'라는 재미있는 고사가 있다. 이 고사는 전국시대 말기 정치가인 맹상군(孟嘗君)이 가신들과 어떻게 협업했는지를 잘 보여준다. 많은 식객을 거느린 맹상군을 진(秦)나라 소왕(昭王)이 죽이려 하자 그의 식객 가운데 도둑이 황실에서 여우 목도리를 훔치고 닭소리를 내어 성문을 열게 해 맹상군을 빠져나가게 해줬다는 고사가 있다. 노마드는 맹상군이라기보다는 자신의 재능으로 위기를 극복해 나가는 재주를 가진 특성 있는 인물들이다.

"적을 이겼을 때 재물을 탐하지 말고, 어떤 재물도 공동분배하라."

"만부장, 천부장, 백부장은 매 한 사람도 자기의 군대를 보유해 질서정연하게 하라. 수시로 좋은 작전을 준비하라. 일단 소집령이 내리면 밤낮을 가리지 말고 하달한 시점에 출정해야 한다."

칭기즈칸은 평생 욕심을 부리지 않았다. 욕심을 부렸다면 여자에 관해서일 것이다. 젊은 날에 부인인 부르테가 다른 부족에 납치된 것이 자존심이 상해서인지 그는 정복지의 여자를 취했고, 법령인 대자사크에 모든 딸을 지도자가 가질 수 있게 해놓았다. 실제로 칭기즈칸이 적게는 44명, 많게는 500명에 달하는 처첩을 거느렸다는 말이 있다. 이 가운데는 나이만의 황후 구루베수를 비롯해 쿠란 황후 등 현명한 이들이 많아서 큰 화가 되지 않았다. 반면에 전장에서 얻는 모든 것은 부하들과 공평하게 나누었다. 타타르족을 공격한 후 당숙인 알탄과 숙부 다리타이 등이 이 규율을 어기자 처음에는 처형하려 했다. 주위의 만류로 처형은 하지 않지만 재물을 돌려받아 부하들과 나누면서 공평함에 관한 믿음은 더 확실해졌다. 이런 과정을 통해 칭기즈칸은 기존의 족장 일인체제의 국가에서 체계를 가진 국가로 탈바꿈시킨다. 이런 흐름은 지금도 살아있다고 칭기즈칸 전문 연구가 김종래 작가는 말한다.

"원대한 비전 제시와 개인별 약탈금지로 칭기즈칸의 병사들은 성취욕에 불탔다. 전쟁에서 승리하면 기여한 만큼 반드시 돌아온다는 믿음도 갖게 됐다. … 지금도 이 전통이 남아있다. … 몽골 나담축제의 꽃은 말타기이다. 그런데 놀라운 것은 경주에서 우승하면 기수보다 말 조련사에게 더 많은 포상이 돌아간다. 음지에서 일하는 사람의 공을 아는 탓이다."(김종래, 『CEO 칭기즈칸』 중에서)

칭기즈칸은 백 명을 다스리는 백부장, 천 명을 다스리는 천부장, 만 명을 다스리는 만부장 등 공과 직위에 따라 통치하는 규정을 만들었다. 칭기즈칸을 존경했던 인물 가운데 한 사람이 나폴레옹 보나파르트다. "몽골 대군의 유럽 침략을 오합지졸의 맹목적인 이동이라 여기지 마라. 이들 유목민족에게는 엄격한 군사규율과 심사숙고하는 지휘관이 있었고, 그들은 자신의 적수보다 훨씬 영리하고 노련했다"고 나폴레옹은 말했다. 1800년 이후 유럽 전쟁사에서 걸출한 발자국을 남긴 나폴레옹 역시 가장 고민스러운 것이 군사규율과 지휘관들의 능력이었다. 이 부분에서 칭기즈칸은 독보적인 능력을 보여줬다. 물론 칭기즈칸에게도 실수가 있었다. 칭기즈칸이 사냥을 갔다가 목이 말라 바위 아래에서 물을 모아서 마시려 했다. 그런데 자신이 아끼던 매가 그 물을 엎질렀다. 두 번을 참은 후 세 번째엔 매를 칼로 베어 버렸다.

그런데 이상한 느낌에 물이 나오는 곳의 위를 봤는데, 맹독사가 배가 터진 채 죽어 있었다. 칭기즈칸은 자신의 잘못을 뉘우치고 돌아와 그 매의 형상을 금으로 만들었다. 그리고 한쪽 날개에는 '분개하여 판단하면 반드시 패하리라'를 다른 한쪽에는 '조금 잘못한 것이 있더라도 벗은 벗이다'는 글을 써넣어서 그 미안함을 달랬다. 그리고 이후에는 누가 어떤 잘못을 저질러도 순간의 감정으로 판단하지 않고 신중하게 행동하는 지도자의 덕을 갖추게 됐다.

노마드는 결국 세상을 주유하는 사람이다. 그러다 보면 수많은 판단을 하기 마련이다. 이때 지나치게 성급하게 판단하면 큰 잘못을 저지를 수 있다. 필자가 처음 중국을 만난 것은 1998년 10월 1일 전후 창장(長江, 양쯔 강) 대홍수를 이겨내 가는 르포기사를 쓰기 위해서다. 현장에서 처음 만나는 중국은 쉽지 않았다. 베이징 톈안먼 광장의 인산인해, 더럽고 불편한 중국 기차, 특히 불편한 화장실 등. 그런데 나는 귀국해《사회평론 길》(1998년 11월호)에 원고를 쓰면서 마지막을 이렇게 썼다.

"변방 민족들의 끊임없는 침입을 자신들에게 동화시킬 힘은 중국인들의 정신에서 나왔을 것이다. 물론 급격한 자본주의의 도입으로 본연의 인정을 잃어가는 중국인들도 만날 수 있다. 하지만 그것은 중원의 힘이 아니다. 중원의 힘은 창장의 대홍수를 너끈하게 이겨내고 이방인을 품어 안는 창장 강변의 그 민초들 마음속에서 우러나오는 것이다."

만약 내가 그 길에 만난 중국을 다양한 불친절과 나쁜 기억으로만 생각했다면 다음 해에 나는 중국으로 향하지 않았을 것이다. 물론 이런 판단이 궁극적으로 좋은 결과를 만들지 나쁜 결과를 만들지 누구도 장담할 수 없다. 하지만 다양한 방편을 통해 우리나라와 중국을 이어주는 긍정적인 역할을 할 것이라고는 자부할 수 있다. 그런 내 경험이 있어서라도 나는 노마드를 꿈꾸는 이들에게 꼭 말해주고 싶다.

"내려갈 때 보았네
올라갈 때 못 본
그 꽃"(고은, 「그 꽃」)

"도요타가 갖가지 난관에도 번영을 누리는 것은 "사람만이 생각하고 문제를 해결하고 개선을 이루어 낼 수 있다"라는 핵심 철학 덕분이다. 그들은 사람을 사업 확장과 경쟁력 강화의 열쇠로 본다. 그들은 사람이 성공의 열쇠라고 굳게 믿을 뿐 아니라 그러한 믿음을 실천하기 위해 사람을 지원할 지원 시스템 개발에 주력하고 있다."

_제프리 라이커, 데이비드 마이어 공저, 『도요타 인재 경영』 중에서

08 칭기즈칸 키워드, 사상의 개방과 비전

"몽골의 핵심사상은 다원이다."

"한 국가, 민족을 정복하는 것은 그들의 언어를 정복함만 못하다. 자기를 알고 적을 알면 너는 영원히 이길 수 있다."

"내가 몽골인을 데리고 중국을 통치했다. 하지만 본래 민족의 언어를 전파할 의도가 없다. 명심하라."

칭기즈칸은 몽골의 법률이자 헌법인 대자사크를 만들어 통치했다. 이 속에 "모든 종교는 차별 없이 존중해야 한다"는 말과 더불어 "승려 · 법관 · 의사 · 학자에게 조세를 받거나 부역을 시켜서는 안 된다"는 조항을 넣었다. 몽골지역은 전통적으로 샤먼인 당골을 섬겼지만 불교, 기독교, 이슬람, 도교 등 다양한 종교가 공존했다. 이 때문에 원나라 시기에 상인과 학자들은 동서양을 마음대로 넘나들었고 몽골의 수도 카라코룸은 문화적 부흥을 이룰 수 있었다. 보통 한 민족이 다른 민족을 지배하면 종교는 물론이고 언어까지도 통합하려 했다. 그러나 칭기즈칸은 다원성에 그 중심을 맞추고, 각자의 것을 지킬 수 있게 했다.

만약 원나라가 중원에 들어가 몽골의 언어를 대륙에 주입하려 했다면 그 성공 가능성도 없지만, 결과적으로는 한족 문화에 흡수되어 지금은 흔적도 없어졌을 수 있다. 하지만 칭기즈칸은 다원성 그 자체에 중요한 의미를 두었고, 지금도 몽골은 자기의 다양한 민족성을 유지할 수 있다.

노마드는 다원성의 인정을 근본으로 삼고 있다. 우리나라는 동아시아 3국 가운데 사상을 받아들이는 방식에서 다원성을 인정하지 않는 편이다. 삼국시대와 고려시대에는 덜했지만 조선시대에 유교는 성리학을 절대 사상으로 받아들여 일체의 다른 사상을 받아들이는 데 주저했다. 같은 유학의 일파인 양명학조차 거부했다. 근대 이후에 기독교가 들어와서도 비슷했다. 한국 기독교의 폐쇄성은 유명한데, 한국 기독교는 유일신 사상을 철저히 따라 일체 다른 종교를 배척했다.

그런데 노마드에게 이런 유일신 신앙에 대한 지나친 신뢰는 큰 위험을 불러올 수 있다. 당대를 위협하는 최악의 문제는 이슬람을 중심으로 진행되는 '지하드(Jihad, 이슬람 성전주의자)'다.

자본주의가 팽배하면서 기독교 역시 신뢰를 잃기는 마찬가지다. 종교가 기득권자를 옹호하기 시작하면서 정치적, 경제적으로 소외되는 젊은층은 종교를 떠나는 것이 현실이다. 천주교는 2005년 이후 사제 수가 이전 시기의 1/3 정도 늘어나는 데 그쳤다고 본다. 교회도 마찬가지다. 대형 교회를 제외한 일반 교회에는 청년부가 사라졌고, 이에 따라 주일학교도 명맥을 유지하기가 어렵다. 이는 불교도 마찬가지이다. 한국 최대 종단인 조계종은 출가인의 감소로 인해 출가 제한 나이를 50살에서 65살로 연장했다.

이렇게 한 종교에 대한 고집은 노마드들에게 치명적인 한계를 가져올 수 있다. 때문에 한 종교에 몰입하기 보다는 자신의 신념을 따르되 다양한 사상을 수용하는 것이 좋다.

"담을 수만 있다면 세계가 네 것이다."

"백성을 행복하게 하는 것은 지도자의 가장 큰 의무다."

"천하의 땅은 넓고, 물은 많다. 너희가 각자의 군영을 확대한다면 많은 나라를 정복할 수 있다."

또한 칭기즈칸은 몽골인들뿐만 아니라 그의 나라에 참여하는 이들에게 비전을 제시할 수 있는 지도자였다. 그는 호라즘 정벌을 마친 후 돌아와 1226년 봄에 다시 남방 정벌을 시작했다. 물론 이 길에서 칭기즈칸은 놀란 말에서 떨어져 치명적인 상황에 이른다. 그리고 다음 해인 1227년 8월 25일에 사망한다.

칭기즈칸의 자식들은 아버지가 세운 나라를 먹기 위해서 헤매지 않고, 아버지가 가르쳐준 용기와 지혜로 새로운 땅을 정복해 군림했다. 칭기즈칸의 친아들이 아닐 수 있다는 의심을 받았던 첫아들 조치는 스스로 서방의 땅에 군림해 그곳에 정착했다. 그 나라가 킵차크 칸국(1243~1502)이다. 외래 민족이 세운 나라가 서방에서 약 260년을 존속했다는 것은 몽골의 힘을 보여주는 대표적인 사례다.

그러면서도 백성에 대한 사랑이 칭기즈칸에게는 존재했으니 사람들이 따를 수 있는 여지가 충분했다.

노마드는 칭기즈칸의 말대로 세상 어디에서나 자신의 군영을 만드는 이다. 그러니 외로움은 타고난 본성이다. 2000년 즈음에 칭기즈칸의 땅 몽골로 가서 산 지 7년 만에 기록(『몽골바람에서 길을 찾다』)을 남긴 한성호는 이렇게 말했다.

"나는 살기 위해 길을 떠나야 했다. 남들이 살기 위해 머무는 것과는 조금은 다른 인생길이었다. 그런 나를 두고 세상은 방랑이라 하였으며 방황이라고 하였다. 나는 길을 보낼 때마다 삶의 버거움을 오롯이 홀로 겪어내야 했다. 그것은 무척이나 괴로웠고 힘든 일이었다. 같은 길 위에서 같은 배낭을 멨건만 나는 길 위에서조차 그들과 다른 길을 택해야 했다."(에필로그에서)

사실 시대의 흐름 속에서 노마드로서의 삶이 약간은 강요될 수밖에 없는 경우가 많다. 신라 시대 견당사처럼 귀족층이 중심이 되어 당을 선택한 이도 있지만 장보고처럼 다양한 이유로 중국에 건너가 자신을 세운 이도 있다. 일제강점기에 중국으로 건너가 족적을 남긴 이들 중 스스로 중국으로 가기를 선택한 사람들도 있지만 식민 치하에 들어간 조국을 떠나야 했던 이들도 많았다. 몽골의 작가 한성호도 그렇지만 당대 젊은이들도 비슷한 상황이다. 하지만 떠남은 중요하다.

그런데 노마드의 떠남을 두고 칭기즈칸의 '백성을 행복하게 하는 것'이라는 어려운 주문이 있다. 사람들을 행복하게 하는 것. 사실 행복이라는 단어만큼 복잡한 것은 없다. 당대를 사는 사람들 가운데 돈 한 푼은 물론이고 권력과는 상관이 없어도 행복한 이가 있고, 국가 최고 지도자여도 행복과는 무관한 사람이 있다. 실제로 사람의 성격과 상관없이 권력이 그 사람을 힘들게 하는 측면도 많다.

이런 길을 떠나는 이들에게 칭기즈칸은 비전을 주었다. 칭기즈칸에겐 옹칸의 공격으로 인해 발주나 강에 집결했을 때 19명만 남았던 비참한 시기도 있었다. 하지만 야생마를 잡아서 배를 채우고 흙탕물을 마시며 미래를 같이 하자는 맹세를 했다. 그리고 다시 힘을 회복해 몽골을 세계적인 국가로 만들었다.

칭기즈칸에게 세계 정복 같은 꿈이 있었을 리 만무하다. 그가 호라즘을 치고 유럽까지 내달린 것은 자신의 백성들이 자유로운 교역을 진행할 때 방해하는 이들을 막기 위해서였다. 지금도 수많은 노마드들이 세계를 주유하면서 살아간다. 그런 자들의 앞에는 칭기즈칸의 보호가 존재할 것이다.

"맹인으로 태어난 것보다 불행한 것은 시력은 있으나 비전이 없는 것이다."

_헬렌 켈러

3장

노마드가
되는 법

"구덩이를 팠다. 아내의 품 안에서 아들을 떼어내 구덩이에 넣었다. 아들의 몸 위에 모래를 덮었다. 이제 떠나면, 아들의 무덤엔 풀들이 무성할 것이다. 그는 며칠 전에 새끼를 낳은 어미 낙타를 끌고 왔다. 어미 옆에 졸랑졸랑 새끼 낙타가 따라왔다. 아들의 무덤 위에서 새끼 낙타의 목덜미를 움켜쥐었다.
큰 칼로 새끼 낙타의 목을 내리쳤다.
순식간에 새끼 낙타의 목이 잘렸다. 짧은 비명도 없었다. 새끼 낙타의 잘린 목에서 피가 콸콸 쏟아졌다. 그는 새끼 낙타의 잘린 목을 아들의 무덤 위로 기울였다. 느닷없는 새끼의 죽음에 어미 낙타는 어쩔 줄 몰라하더니 곧 굵은 눈물을 흘리며 울기 시작했다. 아들의 무덤은 새끼 낙타의 피로 붉게 물들었다. 어미 낙타는 새끼의 흥건한 핏물 위에서 몸부림치며 뒹굴었다. 몇 년 뒤에 다시 돌아와도 어미는 새끼의 피를 뿌린 이 자리를 기억할 것이다."

(정도상, 「낙타」 중에서)

며칠을 달려도 풀과 언덕밖에 알 수 없는 초원에서 장소를 기억하는 것은 본능뿐이다. 초원에 만든 무덤의 장소를 기억하기 위해 몽골인들은 새끼 낙타를 죽여 어미에게 나중에 그 장소에 찾아오게 한다. 너무 잡다한 인간의 본능 대신에 몽골 사람들은 낙타의 가장 처절한 모성 본능을 이용한 것이다.

이 시대 노마드들은 인류의 마지막을 예감하면서 세상을 주유할 수밖에 없는 운명을 타고났다고 생각한다. 그런데 노마드는 그냥 만들어지는 것이 아니다. 스스로 노마드의 기질들을 갖추어 가야 한다. 그러므로 이 책에서 이 이야기는 가장 소중하다.

내가 고미숙을 처음 만났을 때 들었던 강의보다는 지금의 강의에서 훨씬 유연한 힘이 느껴진다. 유튜브에서 쉽게 들을 수 있는 그의 '인문학강의 [Who am I] – 고미숙 : 우리시대 인문학의 세 가지 키워드, 돈, 몸, 사랑'을 들으면 강의 전체가 확실히 노마디즘으로 잘 뭉쳐져 있음을 알 수 있다.

이런 경지는 하루아침에 이뤄지지 않는다. 하지만 노마드 라이프를 알고 실천하는 사람이라면 누구라도 노력하면 도달할 수 있는 곳이기도 하다. 그 노마드 기질을 갖추는 방법으로 내가 든 것은 책 읽기, 글쓰기, 기획력, 전문 능력, 외국어, 인맥관리, 회복탄력성 등이다. 어찌 보면 좋은 사람 되라는 이야기와 차이가 없다. 하지만 흔히 말하는 스펙과는 많이 다를 것이다.

사실 노마드들은 자신이 묻힌 장소를 파헤치는 것을 수치로 여긴다. 그래서 칭기즈칸도 무덤의 조성자들을 모조리 죽여 그 장소를 망각시켰다. 그래서 지금도 그의 몸은 인류에게 보여지지 않고 있다. 궁극적인 노마드의 삶은 하나의 흔적조차 남기지 않고 아름답게 사라지는 것이라고 생각한다. 그런 삶을 만들기 위해서는 골치 아프지만 노마드가 되는 방법들을 하나하나 실천해 가야 한다고 생각한다.

01 독서로 너를 만들어라

노마드는 유목민이다. 유목민의 가장 큰 특징은 정착민과 달리 매번 다른 환경을 만난다는 것이다. 몽골에서 출발해 말을 타고 유럽을 향해 내닫는 칭기즈칸 군대는 기온, 강수, 바람 등 수많은 기온현상은 물론이고 새로운 식물, 동물 등 수없이 다른 환경을 만나야 한다. 또 그들이 부딪쳐야 하는 상대 군인들은 그들과 전혀 다른 방식의 무기와 전술, 대형을 갖춘 군인들이었음이 뻔하다.

현대의 디지털 노마드들도 마찬가지다. 오늘은 일본, 내일은 중국, 모레는 유럽이나 미국에 갈 수 있다. 그런데 문제는 그들을 상대로 목숨을 건 대결과 협상을 하는 게 일상이라는 것이다.

그럼 어떻게 상대를 알아가고, 상대를 극복할 힘을 얻을까. 가장 보편적이고 편리한 방식은 책을 읽는 것이다.

'사람은 책을 만들고, 책은 사람을 만든다.'

국내 한 대형서점의 캐치프레이즈다. 앞에 표현된 '사람'은 도구와 지식을 가진 '인간'이고, 뒤의 '사람'은 '된 사람'을 말한다. '된 사람'의 다른 표현은 '인격적으로 성숙한 사람'이다.

책 읽기의 가장 큰 두 가지 기능은 지식을 주고 사람을 지혜롭게 한다는 것이다. 지혜는 지식을 단편적으로 보는 것이 아니라 큰 맥락에서 읽어내는 능력이다.

우리나라 생태자원을 결합해 만든 '국립생태원'에 가면 '하다람'이라는 공간이 있다. 이곳을 대표하는 시설이 '한반도의 숲'과 '고산생태원'이다. 이곳은 작은 구역 안에 토양과 온도 조건을 달리해 한반도 각 산과 나무들의 모습을 그대로 구현한 곳이다. 이곳에서 만나는 나무들은 다른 모습일까. 또 시베리아를 대표하는 수종인 자작나무와 열대의 거대한 바오밥나무의 차이는 무엇일까. 환경에 따라 위기를 극복하는 방법의 차이일 뿐 나무는 뿌리, 줄기, 입이라는 같은 구조로 되어 있다. 현명한 사람이라면 어떤 나무를 만나든 이런 구조로 분석해낼 수 있다.

책은 우리가 만날 수 없는 다양한 정보와 삶의 지혜를 얻는 가장 보편적인 정확한 방법이다. 우리 제도권 교육에서 독서는 이미 사라진 지 오래다. 초등학교 때까지 책 읽기를 좋아했던 아이들도 중학생이 되면 영어나 수학 과외 등에 쫓겨 책을 읽을 시간을 만들어내기 어렵다.

이것은 최악의 교육 방법이다. 책을 통해 자신을 세우지 못하는 사람들이 그 사회의 엘리트가 되는 세상은 거름이 없는 흙으로 가득 찬 땅 위에 나무들을 세워 두는 것과 같다. 물론 물이 있다면 나무는 얼마간 생존하겠지만 결국에는 허깨비처럼 쓰러질 것이다. 한 개인만이 아니다. 책을 읽지 않는

나라의 미래도 마찬가지일 것이다.

반면에 학교 자체에서 책을 더 읽게 하는 곳이 있다. 전주에 있는 상산고다. 상산고는 1학년 때 헬레나 노르베리 호지의 『오래된 미래』 등 25권의 필독서를 지정해놓고 읽게 한다. 2학년도 칼 세이건의 『코스모스』 등 29권의 필독서를 읽어야 과정을 통과할 수 있다. 일반고지만 특성화고를 뛰어넘는 성적을 내는 안양에 위치한 신성고도 '신성독서3품제'를 운영하고 있다. 학생들에게 독서3품제 기록장을 나눠주고 독서지수를 평가해 1품 | 2품 | 3품을 받게 하는 제도다.

실제로 학생들은 독서 과정을 통해 책의 지식을 내면화하고, 지적 성숙을 이뤄낸다. 이런 과정을 거친 학생들은 지식 전반의 맥락을 이해해 더 큰 성장을 이뤄내는 데 도움을 받는다.

필자는 대학교에 들어간 후 얼마 되지 않아 나 스스로와 약속을 하나 했다. 하루에 한 권 이상의 책을 읽자는 약속이다. 고등학교 이후에 워낙 잡독을 하고 속독법에 관한 책도 몇 권 읽어 남들보다는 책을 빨리 읽으므로 한 약속이다.

두꺼운 인문서의 경우 빨리 읽어도 2~3일이 걸리기 때문에 소설책을 하루에 3~4권씩 읽는 방식으로라도 이 약속을 지켰다. 대학 4학년 때 PC 통신을 시작하면서는 하이텔 문학란에 독서일기를 연재했다. 단순한 책 이야기가 아닌 내 생활과 책 이야기를 연결하는 내용이어서 조회 수도 많았다.

특히 책을 읽은 후 서평을 쓰는 것만큼 소중한 것은 없다. 대학시절은 물론이고 그 이후에도 많은 책을 읽었지만 그 책의 내용이 얼마나 내 것이 됐는지는 알 수 없다. 다만 서평을 쓰면 책을 내면화하는 단계가 2~3단계쯤 높아진다고는 자신한다. 우선 서평을 쓰기 위해서 책의 중요한 내용을 기록하게 되는 것이 큰 소득이다. 다음은 책 전반을 자신의 머리 안에 넣어 구조를 다시 생각한다. 이것도 훗날 다른 구조를 짤 때 큰 도움이 된다. 세 번째는 책 내용을 자신의 지식과 경험에 반사해 그 가치를 되새김할 수 있다는 것이다. 기자라는 첫 직업도 그렇고, 최근까지 펴낸 많은 저작의 배경에는 이 독서 습관이 근원이었다고 해도 과언이 아니다.

책 읽기는 성공적인 삶과도 직결된다. 지금도 모임에서 만나는 한 선배는 나한테 말한다.

"내가 그때 너한테 제대로 홀렸다. 네가 대학 내내 하루에 한 권씩 책을 읽었다는 말에 진짜 놀랐거든. 무슨 내용보다 그 말이 인상적이라 좋은 점수를 줬거든."

이 말은 내 첫 직장인 《미디어오늘》에서 면접을 봤던 이광호 선배가 나에게 했던 말이다. 정말 나는 거짓말을 하지 않았을까. 당시는 도서관의 전산망이 좋지 않아 책을 대출하면 학생증 뒤에 대출번호를 적었다. 마지막 대학 학생증을 찾아서 확인해보니 한 번에 300권 정도를 빌리면 학생증에 빈칸이 없다. 대학시절에 빈칸이 없어서 4번 정도 학생증을 바꾸었으니 얼추 하루에 한 권은 넘게 읽었다. 물론 빌린 책을 다 읽은 것은 아니다. 반면에 대학생활이 끝날 때쯤 내 자취방에는 사 모은 책만 500여 권은 넘었으니 그 약속은 대강이나마 지켰다. 그런데 문제는 내 머릿속에 책의 기억은 별로 선연하지 않다는 것이다.

반면에 대학 4학년 때 PC 통신을 시작한 후에 쓴 독서일기는 내 독서의 명확한 기록이다. 4학년 후반부터 중국으로 떠나기 전까지 지속해서 올렸는데, 전자책 2권이 될 정도로 많은 양이었다. 좋아하는 문인은 아니지만 서정주 시인의 화법으로 말한다면 나를 키운 것의 팔 할이 책이었다.

이 시대 구루라고 할 수 있는 대부분의 선구자도 책을 가까이 했다. 당대 IT의 스승이라 할 수 있는 빌 게이츠는 "오늘의 나를 있게 한 것은 우리 마을의 도서관이었다. 하버드 졸업장보다 소중한 것은 독서하는 습관이다"라는 말을 했다. 애플의 스티브 잡스 역시 "세상에서 가장 좋아하는 것이 책과 초밥이다"라는 말로 책 읽기에 대한 사랑을 표현했다. 그들은 책을 통해 지난 길과 새로운 길을 여는 열쇠를 찾은 셈이다.

그런데도 일반인들이 책을 가까이 하는 일은 쉬운 것이 아니다. 실제로 지하철에서 책을 보는 사람을 만나면 너무나 반가워 인사라도 하고 싶을 정도다. 그러나 이런 시기도 잠시일 것이다. 사람들이 지적인 낙후가 자신의 삶을 얼마나 힘들게 할 수 있는지를 알면 독서습관은 다시 돌아올 것으로 생각된다.

그럼 어떻게 하면 독서습관을 다시 살릴 수 있을까. 기업에서 근무하다가 그만두고 독서멘토로 활동하는 안계환 씨가 쓴 『성공하는 사람들의 독서습관』 같은 책을 가이드로 삼는 것도 한 방법이다. 어떻게든 책 읽기를 시작했다면 지속해서 마음을 쏟을 수 있는 대상을 찾을 필요가 있다. 나 역시 어릴 적 독서의 대상에는 헤르만 헤세 책들이 있었다. 『크눌프』에서 『유리알 유희』까지 읽다가, 도스토옙스키 소설로 헤세를 극복했다. 헤세의 문학에는 성장이라는 과정이 고스란히 들어있다. 『수레바퀴 아래서』의 한스와 『데미안』의 데미안 등의 인물에선 방향을 찾지 못하는 젊은 날의 고민이 잘 담겨 있다. 이런 소년들이 자라서 『싯다르타』와 『유리알 유희』의 요제프 크네히트 같은 높은 경지에 이른 사람으로 변모하는 것을 알 수 있다.

하지만 성장소설에는 이 세상이 담고 있는 영혼의 흔들림이 약하다. 아무리 도덕적인 사람이라고 할지라도 죽음에 다다르면서 고통을 겪은 도스토옙스키와 같은 지고한 경지에 다다르기 어렵다. 도스토옙스키의 소설인 『카라마조프가의 형제들』에선 극단적인 인물들이 나온다. 어떤 극단의 인물들을 만나면서 독자들은 그 세계에 빠져들 수 있다.

헤세와 도스토옙스키가 문학적인 스승이 될 수 있다면 뒤에서 소개할 김용옥 같은 지식인은 한 사람의 지적 성숙을 가이드하는 역할을 해준다.

노마드에게 책 읽기는 선택이 아닌 필수다. 노마드의 필수 능력인 통찰력은 독서를 통해서 가장 빠르고, 정확하게 길러질 수 있다. 노마드라 해서 유랑자처럼 목적 없이 떠도는 것은 아니다. 어느 순간에든 자신의 역할이 있다면 그곳에 정주해 삶을 개척할 필요가 있다. 물론 그 안락에 안주한다면 노마드의 삶에서 벗어난 것이지만 정착한다고 해서 노마드의 삶을 벗어난 것이 아니기 때문이다.

> "독서(공부)의 처음에는 의문이 생기는지 알지 못한다. 조금 지나면 점차 의문이 생긴다. 중간쯤 가면 곳곳에서 의문이 생긴다. 이런 과정을 한바탕 치르고 나면 모든 것이 한데 모여 하나로 관통하게 되고 모든 의심이 없어진다."
>
> _주희

참고도서

▲독서는 절대 나를 배신하지 않는다(사이토 다카시 | 걷는나무) ▲청춘의 독서(유시민 | 웅진지식하우스) ▲리딩으로 리드하라(이지성 | 문학동네) ▲독서 천재가 된 홍대리(이지성, 정회일 공저 | 다산북스) ▲5백 년 명문가의 독서교육(최효찬 | 한솔수북)

상산고 1학년 필독서

▲파리대왕(윌리엄 골딩 | 민음사) ▲오래된 미래(헬레나 노르베리 호지 | 중앙북스) ▲내 영혼이 따뜻했던 날들(포리스트 카터 | 아름드리미디어) ▲엔트로피(제레미 리프킨 | 범우사) ▲학문의 즐거움(히로나카 헤이스케 | 김영사) ▲동양철학 에세이(김교빈, 이현구 공저 | 동녘) ▲서양화 자신있게 보기 2(이주헌 | 학고재) ▲자유론(존 스튜어트 밀 | 문예출판사) ▲변신(카프카 | 민음사) ▲소피의 세계(요슈타인 가아더 | 현암사) ▲시가 내게로 왔다(김용택 편저 | 마음산책) ▲처음 읽는 우주의 역사(이지유 | 휴머니스트) ▲나무야 나무야(신영복 | 돌베개) ▲체호프 단편선(안톤 체호프 | 민음사) ▲소유냐 존재냐(에리히 프롬 | 범우사) ▲국화와 칼(루스 베네딕트 | 을유문화사) ▲낯선 곳에서 나를 만나다(한국문화인류학회 | 일조각) ▲군주론(마키아벨리 | 까치) ▲열하일기, 웃음과 역설의 유쾌한 시공간(고미숙 | 북드라망) ▲철학과 굴뚝청소부(이진경 | 그린비) ▲정민 선생님이 들려주는 한시 이야기(정민 | 보림) ▲인간 본성에 관한 10가지 철학적 성찰(로저 트리그 | 자작나무) ▲미디어의 이해(마셜 맥루언 | 민음사) ▲자발적 진화(브루스 립튼, 스티브 베어맨 | 정신세계사) ▲1300년 디아스포라, 고구려 유민(김인희 | 푸른역사)

상산고 2학년 필독서

▲싯다르타(헤르만 헤세 | 문예출판사) ▲죽은 경제학자의 살아있는 아이디어(토드 부크홀츠 | 김영사) ▲정본 백석 시집(백석 | 문학동네) ▲당신들의 천국(이청준 | 문학과지성사) ▲오주석의 옛 그림 읽기의 즐거움 1(오주석 | 솔) ▲공부의 달인 호모 쿵푸스(고미숙 | 북드라망) ▲리어 왕(윌리엄 셰익스피어 | 민음사) ▲징비록(유성룡 | 서해문집) ▲월든(헨리 데이비드 소로 | 소담출판사) ▲달라이 라마의 행복론(달라이 라마 | 김영사) ▲엄마의 말뚝(박완서 | 세계사) ▲다윈 지능(최재천 | 사이언스북스) ▲페스트(알베르 카뮈 | 책세상) ▲침묵의 봄(레이첼 카슨 | 에코리브르) ▲쥐(아트 슈피겔만 | 아름드리미디어) ▲걸리버 여행기(조너선 스위프트 | 문학수첩) ▲작은 것이 아름답다(에른스트 슈마허 | 범우사) ▲행복의 정복(버트런드 러셀 | 사회평론) ▲방법서설(르네 데카르트 | 문예출판사) ▲삼국유사(일연 | 민음사) ▲파놉티콘(제러미 벤담 | 책세상) ▲군중심리학(귀스타브 르 봉 | 책세상) ▲인간의 그늘에서(제인 구달 | 사이언스북스) ▲피로사회(한병철 | 문학과지성사) ▲코스모스(칼 세이건 | 사이언스북스) ▲피로사회(한병철 | 문학과지성사) ▲타인의 고통(수전 손택 | 이후) ▲채근담(홍자성 | 자유네트) ▲아버지께 드리는 편지(프란츠 카프카 | 문학과지성사)

02 글로 쓰고, SNS로 소통하라

당대 노마드 전도사 고미숙은 『공부의 달인 호모 쿵푸스』에서 글쓰기를 이렇게 말한다.

"모든 공부가 귀환하는 최종심급, 그것은 바로 글쓰기다. 독서가 힘들다지만, 글쓰기는 그것과 또 차원이 다르다. 심할 경우, 산고에 비유될 만큼 힘들고 고통스럽다. 물론 그 열매는 달다. 산모가 갓난아기를 품에 안을 때처럼. 그러므로 지식인에게 있어 글이란 자신의 신체 혹은 삶의 특이성이 가장 적나라하게 드러나는 표현형식이다."

실제로 좋은 글을 쓰는 일은 정말 힘든 일이고, 노력이 필요하다. 그래서 글쓰기가 그 사람의 능력을 가늠한다는 것은 이미 정설에 가깝다. 일반 회사이든 공무원이든 글쓰기 능력이 동반된 이들은 그가 속한 무리에서 가장 빨리 발전한다. 그러나 현장에서 글을 쓰는 능력을 갖춘 이는 만나기 어렵다. 더욱이 글쓰기에 자신감을 가진 이들은 만나기 더욱 어렵다.

이 책을 읽는 분들도 스스로에게 물어볼 필요가 있다.

"나는 필요한 글을 쓸 수 있으며, 그 글에 대한 자신감을 느끼고 있는가?"

여기서 세계적인 경영학자 피터 드러커의 한마디를 들어보자.

"대학에서는 학생들이 장차 회사에 취직하면 가장 가치 있을 한 가지를 가르치고 있다. 그런데 극소수의 학생들만이 그것을 열심히 배운다. 그것은 다름 아닌 아주 기초적인 기술로, 어떤 아이디어를 정리하여 글로 쓰거나 말로 표현하는 능력이다."

'글로 쓰거나 말로 표현하는 능력'. 이는 사회생활에서 가장 중요한 두 가지다. 하지만 대부분의 사람은 글쓰기에 자신이 없다. 그럼 이 부분을 외면할 수 있는가. 물론 상당수의 조직이 글쓰기가 아닌 페이퍼워크로 불리는 '서류작업, 문서 업무'만으로도 일을 수행할 수 있다. 물론 이 페이퍼워크도 상당한 능력을 요한다. 업무에 대한 정확한 이해와 핵심을 잡고 있어야만 보고서를 쓸 수 있다.

공무원은 이 페이퍼워크에 가장 필요한 조직이다. 꼭 그런 것은 아니지만 보통 공무원의 수준은 그가 일하는 곳에서 나온다. 보통 페이퍼워크를 잘하는 사람들은 동사무소와 같은 가장 하부단위에서부터 일을 시작해 시청(이나 구청), 도청(이나 광역시청)순으로 올라간다. 이와 별도로 중앙공무원들은 따로 선발되어 각 부서에서 차례대로 올라가는 게 일반적이다. 난 도청과 중앙부서에서 진행되는 페이퍼워크를 현장에서 경험했다. 그리고 정말로 보고서를 잘 만드는 사람들이 일을 잘하고, 또 그것에 맞게 대우받는 것을 봐왔다. 어떤 공무원은 퇴직할 때까지 군수나 시장이 볼 보고서를 만들지 않는다. 반면에 공무원을 시작한 지 수년 만에 도지사에게 가는 보고서를 만드는 공무원들이 있다.

또 공무원 사회에서 가장 거대하고 큰 고시조직도 이 보고서를 훈련하고, 가르치는 것으로써 다른 직원들과의 경계를 만든다.

하지만 보고서가 가진 페이퍼워크는 한계가 있다. 어떤 일의 맥락을 읽고 전체를 바꿀 수 있는 창의적인 보고서를 만들 수 있는가에 더 큰 의미가 있다고 생각한다. 가령 이 사회의 중요한 쟁점이 됐던 '금융실명제'와 같은 큰 제도도 누군가의 생각을 통해 보고서로 기획됐고, 사회를 바꾸는 정책으로 현장에 나와 큰 변화를 이끌었다.

글을 쓰는 능력을 갖췄다면 그는 조직에서 가장 인정받으면서 길게는 인생 전반을 풍요롭게 설계할 수 있다. 한국무역협회에 근무하는 K 형은 글쓰기로 조직 안에서 인정받은 사람이다. 몇 년 전, 새로운 상근부회장은 그런 K 형의 능력을 높게 샀다. 상근부회장에게 결재받을 일이 있으면 먼저 K 형에게 조언을 받는 일이 많아졌다. 그는 동기 중에서 가장 먼저 승진했다. 그를 아꼈던 상근부회장은 다른 데로 옮겼지만 이후에도 보고자들은 K 형에게 원고를 먼저 보여주는 경우가 많고, 그는 계속해서 승승장구하고 있다.

그럼 글 쓰는 능력은 특별한 사람에게 있는 것일까. 필자 역시 어린 시절에 학교 백일장에서 상 한 번 탄 적 없는 그저 평범한 학생이었다. 그런데 대학 시절부터 글쓰기로 큰 고민을 해본 적은 없다. 우선 책 읽기를 통해 글을 쓸 수 있는 지식의 체계가 있었던 것이 글쓰기의 공포를 없애는 데 가장 큰 도움을 준 것 같다. 이후 신문기자가 되어 기사를 쓰는 것을 포함해 온라인에 독서일기를 쓰면서 별로 걱정을 하지 않았다. 문제가 있었다면 글을 쓰고 다듬는 퇴고(推敲)를 거치지 않는 등 지나치게 급한 글쓰기가 문제가 되는 경우가 많았다.

그럼 일반인들은 어떤 방식으로 글쓰기를 익히는 게 좋을까. 우선 요즘은 글쓰기에 좋은 가이드북이 많다. 가장 권하고 싶은 책은 백승권의 『글쓰기가 처음입니다』와 유시민의 『유시민의 글쓰기 특강』이다. 이와 같은 가이드북을 찾아서 꼼꼼히 읽어보길 권한다. 논객으로도 유명한 유시민의 글쓰기는 글쓰기라는 큰 숲에서 생각과 논리를 정리해 자신이 필요한 나무를 고르는 작업을 가르쳐주는 책이다. 반면에 백승권의 글쓰기 가이드는 시작과 전개, 마무리 등 한 나무를 읽는 전반적인 기술을 가르쳐준다.

이런 책을 읽을 자신이 없다면 두 사람의 동영상 이야기를 먼저 보면 더 쉽게 시작할 수 있다. 유튜브에서 '유시민 글쓰기 서울대 특강'이나 '백승권 글쓰기'로 검색해 '느티나무TV' 방송을 보면 글쓰기 강의의 철학을 만날 수 있다. 백승권 작가는 팟빵에 있는 팟캐스트 '백승권의 다시 배우는 글쓰기'에서도 글쓰기 노하우를 풀어놓았다. 이 팟캐스트는 『대통령의 글쓰기』 작가 강원국, 블로그 글쓰기 전문가 문성실을 비롯해 이권우, 백우진 등 글쓰기 전문가들을 초청해 편안하게 글쓰기 노하우를 전달한다. 이 밖에도 '느티나무TV'에서는 『기록』을 쓴 윤태영 전 노무현 대통령 대변인의 글쓰기 강의도 만날 수 있다.

필요에 의해서든 강요에 의해서든 글쓰기에 들어가면 서서히 더 높은 단계를 꿈꾸게 된다. 자전거를 타는 것처럼 처음에는 서툴지만 이후에는 자연스럽게 글이 써지는 것을 느낄 수 있다. 자전거를 좀 타면 넘어지려 해도 관성적으로 움직여 잘 넘어지지 않는다. 글쓰기도 이런 관성 같은 것이다. 여기에 자신이 관심 있는 분야의 독서가 겸해지면 한결 높은 수준의 글쓰기도 가능해진다.

글쓰기에 자신이 붙으면 다음 목표를 '책쓰기'로 삼는 것이 좋다. 글쓰기가 나무 한 그루 한 그루를 심는 일이라면 책쓰기는 숲을 만드는 일이다. 한 종류의 과일나무로 숲을 만들든 다양한 종류의 과일나무로 숲을 만들든 그것은 상관없다. 다만 각기 다른 의미 없는 한 그루 한 그루를 심기보다는 중장기적 계획을 가지고 자신의 숲을 만들 필요가 있다.

나 역시 처음에는 기존의 중국 여행가이드 책들이 일본 여행가이드 책의 번역이라는 것이 안타까워『알짜배기 세계여행 중국』이라는 토탈 가이드북을 내놓았다. 이후『중국도시기행』같은 문화여행서와 지역별 가이드북도 내놓았다. 이후에 여행과 중국어를 결합한 책들도 출간했다.『베이징을 알면 중국어가 보인다』등이다. 순수한 문화서들도 출간했다. 내 책들을 숲으로 본다면 사과나무 7종(여행서), 배나무 3종(중국어), 포도나무 5종(문화) 같이 종합적으로 꾸려진 종합 과수원이라 할 수 있을 것이다.

글쓰기조차 익숙하지 않은 이에게 책쓰기는 먼 미래로 보일 것이다. 하지만 당신이 노마드가 되려 한다면 책쓰기는 선택이 아닌 필수다. 책을 써야하는 이유를 필자는 첫가지로 풀어낸다.

첫째, 자신의 브랜드를 만들 때 책만 한 것이 없다. 노마드가 생존하려면 자신의 가치를 만들어야 한다. 국내 여행 노마드의 개척자라 할 수 있는 김찬

삼, 한비야 등 대가들도 글과 사진, 그리고 그것을 모은 책이 없었다면 그저 많은 나라를 다닌 여행가지, 많은 이들에게 감동을 주고 영감을 주는 멘토가 되지는 못했을 것이다.

책쓰기도 결코 먼 길은 아니다. 책쓰기에 관한 다양한 책들이 출간되는 것만 봐도 그렇다. 인쇄된 책이 아니라도 전자출판 등도 활성화되어 책을 낼 기회는 그만큼 많아졌다.

『이제 책쓰기가 답이다』, 『생산적 책쓰기』, 『마흔, 당신의 책을 써라』 등을 썼고 책쓰기 멘토로 유명한 김태광 한책협 대표이사는 젊은이는 물론이고, 전 세대가 책을 써야 하는 이유를 자신의 경험을 통해 생생하게 전달한다. 그는 책은 최고의 자기소개서고, 사회적 영향력이자, 전문가의 자격증이라고 말한다. 또 책쓰기를 자신의 미래를 바꾸고 사회에 공헌하는 일이라고 말한다.

둘째, 책은 노마드들의 말이 될 수 있다. 몽골 초원을 달리는 유목민들에게 가장 중요한 것은 말이다. 말이 없다면 다른 지역과 소통도 불가능하고 전쟁을 치를 수 없기 때문이다. 현대 노마드들에게 말은 돈이다. 일정한 수익이 없다면 노마드는 좌절하거나 위기에 빠질 수 있다.

책을 통해 전문 능력을 보여주어 경제적 어려움을 극복한 것은 물론이고, 풍요로운 삶을 얻은 이들도 적지 않다. '사표를 내고 1인 기업가로 성공하기까지 1년간의 치열한 기록'이라는 부제가 붙은 『스물아홉, 직장 밖으로 행군하다』를 펴내 스타강사가 된 임원화 임마이티 컴퍼니 대표가 대표적인 예다. 그녀는 앞서 『하루 10분 독서의 힘』으로 독자에게 알려졌고, 이번 책을 통해 대중강사로서 존재감을 살렸다.

베스트셀러 『심플 : 세상에 단 하나뿐인 글쓰기공식』로 글쓰기의 멘토가 된 임정섭 작가도 평범한 기자의 길 대신에 노마드의 삶을 선택했지만, 글쓰기를 통해 경제적 독립을 완성한 사례다. 물론 임 작가 역시 인세보다는 강연 등을 통해서 경제적 안정을 찾지만, 이 분야에서 전문가로 우뚝 선 만큼 세상에 무서울 것은 없다.

몽골에 가면 가장 많이 만나는 것 가운데 하나가 아오바오다. 넓은 초원의 높은 곳에 있는 아오바오는 길의 표지이자 서낭당이고 집결지이기도 하다. 눈이 밝기로 유명한 몽골인들은 이 아오바오를 기점으로 움직이고, 새로운 영토를 개척한다. 현대 노마드들에게 아오바오는 자기가 쓴 글이나 글의 결정체인 책이라고 할 수 있다. 글은 자신을 알리고, 사람들을 자신의 주의로 결집하게 하는 가장 강력한 수단이다.

> "쉬지 않고 글을 써야만 마음의 문을 열 수 있고, 자기를 발견할 수 있다."
>
> _위화

03 리더의 특장 기획력

세상 모든 일에는 두 부류의 사람이 있다. 판을 짜는 사람과 그 판을 따르는 사람. 우리는 판을 짜는 작업을 '기획'이라고 부른다. 조직의 리더라고 해도 기획을 할 수 없는 경우가 많다. 하지만 조직의 리더에 오르기 원하는 이가 기획을 하지 못한다면 리더가 될 가능성은 거의 없다. 대부분의 조직에는 기획을 중심으로 하는 조직이 있다.

2010년에 공직에 들어갈 때 처음으로 들어간 부서는 투자유치 파트였다. 공직에 들어간 일 년 후, 나는 사람들과 기관의 발전을 위해 필요한 이런저런 이야기를 하다가 뜻이 맞는 한 부서장을 만났다. 이후 나는 그분이 일하는 기획조정부로 위치를 옮겼다. 중국 관련 업무를 맡은 만큼 몇 가지 의미 있는 작업을 했다. 하나는 내가 일하는 지역에 투자 가능 논리를 만드는 용역을 중국 최고의 싱크탱크인 중국사회과학원에 맡긴 것이었다. 그간 수많은 국내 용역이 있었지만 중국의 시각에서 한국의 투자가치를 말하는 연구는 많지 않았다. 다행히 예정된 시간에 연구보고서는 우리가 필요한 내용으로 채워져서 나왔다. 다른 하나의 일은 새만금 지역과 중국의 인연을 담은 콘텐츠를 만들어내는 것이었다. 일반적인 홍보물의 한계는 명확하다. 또 인상적일 수도 없다. 그런 문제를 극복하기 위해 나는 좋은 이야기를 발굴해 76페이지의 만화를 만들어 한국어와 중국어로 보급하는 일을 생각해냈다.

진시황의 방사로 불로장생약을 찾아나선 서복 일행이 제일 먼저 낳은 새만금 지역의 인연 및 변산반도 안에 고대부터 삼신산의 지명(봉래, 방장, 영주)이 있다는 것을 포함해 김교각, 최치원 등 신라에서 당나라에 보낸 사신인 견당사들과의 인연, 『고려도경』을 쓴 서긍 일행의 새만금 방문, 중국인 염초 기술자 이원의 도움으로 화약을 발명해 진포대첩을 통해 동아시아 바다의 평화를 가져온 최무선, 명량해전 이후 선유도에서 휴식을 취하던 이순신 장군, 조선을 위해 싸우다가 장렬히 죽은 명나라 군사 3000명이 묻힌 만인의총 이야기 등을 담아 한 권의 만화책에 알기 쉽게 넣었다.

그로부터 얼마 후, 중국 투자자를 현장으로 초청한 일이 있었다. 중국 현지 미팅에서 이미 스토리텔링 만화를 준 사람이었다.

"김교각 스님은 중국 사람이 가장 존경하는 스님입니다. 저도 불교를 믿는데, 새만금이 김교각 스님과 관련 있다니 정말 투자하고 싶습니다."

투자유치의 성공 여부를 떠나 상대방이 이 이야기를 통해 새만금을 더 친숙하게 느꼈다는 것이 너무 뿌듯했다.

공무원 사회에서 일을 하다 보면 가장 힘든 것은 전략적 사고가 부족하다는 것이다. 가령 호텔과 컨벤션시설을 유치하기 위해서는 수많은 과정을 거쳐야 한다. 그런데 대부분 공무원은 자신이 맡은 일을 중심으로 사고하다 보니 정작 다른 부분을 간과해 목적과는 너무 동떨어진 일을 하는 경우가 많다. 관광시설 유치의 가장 큰 전제조건은 관광객이 오는가이다. 관광객이 오지 않는 곳에 시설을 만들어 관광객을 부를 수 있지만 이것은 너무 위험한 생각으로 이런 투자를 선뜻 할 기업은 거의 없다. 관광객이 오게 하기 위해서는 홍보가 중요하다. 또 여행사들이 팸투어와 같은 상품을 개발하게 해야 한다. 또 앞 단계에서 스토리텔링 작업도 필요하다. 하지만 대부분의 공무원 조직은 한 가지 한 가지를 맡아서 독려하다 보니, 성공적인 결론을 만들기가 더욱 어려워지는 것이다.

좋은 기획자는 이런 과정 전반을 꿰뚫어 보고, 전체의 계획을 짜는 사람이다. 『기획의 정석』을 펴낸 박신영 작가는 기획을 이렇게 말한다.

"기획은 무시무시한 것이 아니다. 그분의 입장에서 그 일을 왜 해야 하는지 기획 배경(problem)을 정의한 후, 해결책(solution)을 끌리는 한마디(concept)로 제시하고, 그림이 그려지도록 세부적인 실행 방안(action plan)을 제안하며, 그분이 이해할 수 있도록 그것을 기획서(proposal)로 쓰는 것, 그리고 그분이 관심을 가질 수 있게 발표(presentation)하는 것이다."

노마드는 언제 어디에서 어떤 일을 해야 할지 모른다. 그런데 그 일의 가장 첫 작업은 사람들을 설득하는 일이다. 그런데 기획 능력이 없다면 결국 상대방을 설득하지 못한다. 그럼 기획력은 어떻게 길러지는 것일까.

우선 좋은 생각을 놓치지 않는 것이다. 아이디어가 떠오를 때마다 메모나 녹음을 해서 기록해둔다. 물론 아이디어가 우연히 떠오르는 경우도 있지만 대부분 그 일을 깊이 생각할 때 나온다. 아르키메데스가 유레카를 외칠 수 있었던 것도 어떻게 하면 금의 무게를 잴 수 있을까를 고심했기 때문이다. 목욕탕 물이 넘치는 것을 보고, 사물마다 무게와 부피가 다르다는 것을 깨달아 '비중의 원리'를 알아낸 것이다.

고심 끝에 좋은 기획 아이디어를 얻어냈다고 해도 그것을 남 앞에 내놓기 위해서는 거쳐야할 수많은 과정이 있다. 기존에 같은 기획이 없었는지, 과학적인 검증이 가능한지, 현장에서 보강할 수 있는 자료는 없는지를 꼼꼼히 살펴야 한다. 이런 과정을 통해 초벌 기획이 이뤄지면 다른 사람들과 의견을 교환해 더 세밀한 기획서가 되도록 해야 한다.

이렇게 만든 기획이 실제로 구현되기 위해서는 조직의 최고 결정권자 자리까지 올라가야 하는데, 이 역시 쉽지 않다. 그래서 좋은 조력자를 만나는 것도 중요하다. 필자도 스토리텔링 만화를 만들 때, 뜻이 맞는 상사와 외부 전문가가 그 작업에 참여했기 때문에 결과물이 나올 수 있었지 그렇지 않았다면 내 기획은 묻히고 말았을 것이다.

물론 나에게도 현실화되지 못한 수많은 기획이 있다. 문제는 현실로 만들어지지 못한 기획은 한낱 공상이라는 점을 알아야 한다. 자신에게 소용이 없다 해서 버리기보다는 관련된 사람들에게 보여서라도 실용화되는 것이 의미 있는 기획이라는 것을 알아야 한다.

5년 동안 일한 후 나온 곳에서 가장 아쉬운 것은 내가 생각한 한 가지를 현실화하지 못한 것이다. 바로 '새만금 크루즈 전용항'이었다. 수년 전만 해도 육지에서 20여 킬로미터 떨어진 방조제 중간인 신시도에 2020년을 목표로 새만금 신항이 들어선다. 문제는 기존의 군산항도 제대로 활용하지 못한 상황에서 신항에 무엇을 담을까에 대한 철학이 없다는 것이다. 이를 깨는 가장 좋은 방법이 '크루즈 전용항'이라고 생각해 다양한 방식으로 이를 현실화하려고 노력했다. 새만금 신항은 수심도 깊어서 한국의 크루즈 전용기지가 될 조건이 충분하다. 특히 중국 톈진, 칭다오 등에 거대한 크루즈항이 생겼지만 한국은 이런 배가 정박할 항구를 만들기 어려운데, 새만금 신항만이 이런 조건을 갖췄다. 그래서 나는 혼자서라도 뛰었다. 관련 용역을 시도하고, 지역 신문에 관련 기고도 하고, 해수부가 주관하는 크루즈 육성 협의체 회의에 참석하면서 관련 정보를 조직에 보고했다. 하지만 이런 생각에 관심을 갖는 이를 만나기 어려웠다. 대신에 공무원을 그만둔 후 엉뚱한 곳에서 나와 생각을 같이한 분을 만났다. 얼마 전 우연히 전화를 주셔서 만났던 운군일 전 SBS 드라마국장이다.

"한번은 전주로 놀러갔더니 후배가 도지사랑 면담을 잡아주면서 새만금 이야기를 하더라고. 그래서 내가 말했지. 하나는 새만금에 크루즈 부두를 만들어라. 그래야 관광객이 오고, 모든 것이 활성화된다고 했어. 또 하나는 오폐수를 내보내는 왕궁 축산단지 거주자들과 허심탄회하게 마음을 열고 대화해 답을 찾아가라는 것이었어."

수년 전에 직관적으로 크루즈항의 필요성을 읽은 선배의 생각은 지금도 전혀 진행되고 있지 않다. 이 지역에 관한 수많은 연구용역이 진행됐지만 정작 크루즈 전용항에 대한 내용은 부수적인 것 정도다. 한 지역에서 전체를 내다보는 기획도 어렵지만, 이를 현실로 만드는 것이 얼마나 어려운지를 보여주는 예다. 그러는 사이 중국에서 출항한 수많은 거대 크루즈들은 한국을 거의 거치지 않고, 일본이나 동남아로 향한다.

하나하나 일을 처리해가는 것이 기획이기도 하지만 때로는 노마드가 삶 전체를 기획해야 하는 경우도 있다. 마태운 선배는 삶을 잘 기획한 사람이다. 내가 마태운 선배를 만난 것은 1995년 가을, 《미디어오늘》에 기자로 입사하고 였다. 당시 마 선배는 《문화일보》의 노조위원장이었다. 다음 해에 노조위원장을 마치고 영화 관련 기사 등을 썼는데 그는 생의 후반을 새롭게 기획했다. 아이의 교육 때문에 형수와 아이를 호주로 보냈는데, 그가 떠날 호주에서의 삶은 기자가 아닌 스시집 사장이었다. 그는 일이 끝나면 남산 힐튼호텔 일식당으로 달려가 10개월 동안 주방일을 배웠다. 그리고 45살의 나이에 호주로 가서 '피노키오 스시'를 창업해 나름대로 자리를 잡았다.

당시 《문화일보》에서 일했던 기자들 가운데는 괜찮은 사람들이 많았다. 어떤 이는 여당의 국회의원으로, 어떤 이는 야당의 국회의원 후보로 분주하게 다닌다. 여전히 그곳에 남아 기자생활을 하는 이도 있다. 그런데 언론의 논조가 바뀐 《문화일보》에서 기자로서의 삶에 만족하는 이들이 얼마나 될지 궁금하다. 그에 비해 마태운 선배는 '스시'라는 전문지식을 익혀 사십 중반에 새로운 길을 선택해 잘 안착한 것이다. 그런 점에서 나는 그야말로 삶의 후반을 잘 기획한 좋은 인생의 기획자로 꼽고 싶다.

> "명확히 설정된 목표가 없으면, 우리는 사소한 일상을 충실히 살다가 결국 그 일상의 노예가 되고 만다."
>
> _로버트 A. 하인라인, 미국 SF 작가

04 전문 능력이 있다면 천군만마

'스펙'. 우리 젊은이들에게 가장 절실한 단어다. 이제 국어사전에도 '신어. [명사] 직장을 구하는 사람들 사이에서, 학력·학점·토익 점수 따위를 합한 것을 이르는 말'로 등록된 스펙은 대학생들에게 비기와도 같은 말이다.

그런데 이 스펙은 정말로 유효한 것일까. 같이 일할 사람을 뽑을 때 학점이나 토익 점수 등이 높다면 분명히 능력이 있다는 것을 증명하는 것은 맞을 것이다. 하지만 스펙을 절대적 기준으로 보는 사람이나 기업은 거의 없다. 더욱이 앞서 말한 것처럼 대기업으로 갈 기회가 줄어드는 상황에서 많은 정성과 비용이 드는 스펙에 매달리는 것은 현명한지 잘 생각해봐야 한다. 학점은 너무 뒤처지지 않으면 충분하다고 생각한다. 학점에 매몰되기보다는 즐겁게 인문지식 등을 넓힐 수 있는 수업에 집중하는 것이 대학시간을 더 의미 있게 보내는 방편일 것이다.

반면에 노마드를 꿈꾸는 젊은이라면 전문 능력을 한두 가지씩 갖길 권한다. 이 전문 능력은 앞서 소개한 《문화일보》 마태운 선배의 능력처럼 세계 어디에 가도 일을 해서 살아갈 수 있는 전문적인 능력이다.

전문 능력에도 다양한 종류가 있다. 의사, 변호사, 회계사 등 진입 장벽 자체가 너무 높은 일은 내가 말하는 노마드의 전문 능력이 아니다. 오히려 이런 직업은 컴퓨터와 기계가 발전하면서 더 어려움을 겪을 것이다.

반면에 노동이 포함된 전문 능력은 기계가 대체할 수 없는 분야이기 때문에 세계 어디를 가도 자신의 길을 개척할 수 있다. 가장 대표적인 기술이 자동차 정비기술이다. 자동차의 메커니즘은 전 세계가 한가지다. 자동차 정비는 보통 전문학원에서 6개월 정도 배우면 딸 수 있는 자격이다. 또 세계 어디에나 자동차가 있으므로 가장 일자리를 쉽게 구할 수 있다. 향후 자동차 기술은 일반자동차가 전기자동차나 무인자동차로 바뀌면서 더 복잡한 방향을 걷겠지만 그래도 자동차의 정비와 수리는 대부분 인간의 힘을 통해서 구현될 가능성이 높다.

또 어렵지 않게 딸 수 있는 것이 조리사 자격증이다. 서양 요리의 경우 자격증을 위해서는 유학 등의 절차가 필요하지만 한식 조리사 자격증은 그다지 복잡하지 않다. '한식조리 기능사' 시험은 응시자격에 특별한 제한을 두지 않고 있다.

시험은 필기와 실기 두 가지로 나뉘어 치러진다. 필기시험은 조리기능사(한식 & 양식 & 중식 & 일식 & 복어) 모두 공통으로 출제되기 때문에 문제집 한 권으로 모두 대비할 수 있다.

조리기능사 필기 출제 빈도는 공중보건(10문제), 식품위생(10문제), 식품학(15문제), 조리이론과 원가계산(20문제), 식품위생법규(5문제) 총 60문제가 4지선다형으로 출제되며, 60분간 진행된다. 100점 만점에 60점 이상이면 합격이다. 필기시험에 합격하면 향후 2년간 필기시험을 면제한다.

실기시험에는 2015년부터 적용되는 신규 과제 포함 총 52가지 메뉴 중에 2가지가 무작위로 출제된다. 보통은 칼국수와 무생채 또는 알찜과 오이선 등 쉬운 메뉴와 어려운 메뉴가 짝을 지어 출제된다. 평가는 위생상태(개인 및 조리과정), 조리의 기술(조리기구 취급, 동작, 순서, 재료 다듬기 방법), 작품의 평가(작품의 맛, 작품의 색, 그릇 담기, 정리정돈 및 청소(조리기구, 씽크대, 청소상태 등) 순이다. 관련 메뉴를 익히고, 복습하면 합격할 수 있다. 한류의 영향으로 한국음식에 대한 관심은 상당하다. 또 최근 셰프들이 예능 방송의 주류가 된 것을 보면 알 수 있듯이 요리사는 큰 자부심이 있는 직업이 되었다.

중국에서도 마찬가지다. 중국에서 창업 시 가장 성공 가능성이 높은 업종이 한국음식점이다. 베이징, 상하이 같은 1선 도시에는 이미 한국음식점이 많지만 3선 도시에는 아직 한국음식점이 많지 않다. 이런 도시들에선 아직 투자비용이 많이 들지 않아 적은 비용으로도 한국음식점의 투자가 가능하다. 중국으로 건너가 여행을 다니던 초기에 만났던 다양한 분들 가운데는 음식점을 하는 분들이 꽤 있었다. 윈난성 따리에서 한식당을 겸한 게스트하우스 '넘버3'를 운영하는 문영배 선생은 나름대로 재밌는 노마드적인 삶을 즐긴 분이다.

2008년에는 장소를 리지앙에서 멀지 않은 옥룡설산 자락으로 옮겼다. 이곳에서 그는 한국에서 호두과자 기계를 가지고 들어와 관광객에게 호두과자를 팔아 나름대로 성공을 거두었다. 중국어가 익숙지 않으면서도 기계를 들여올 때 세관의 문제 등을 잘 풀어서 새로운 문화를 중국에 심는 데 성공한 것이다.

전문 셰프가 되길 원하면 전문적으로 공부해야 하지만 외국에서 작은 한식당을 운영할 수 있는 한식조리사는 3개월 정도면 한식조리사 자격을 딸 수 있다. 그 외에도 제과·제빵 기능사도 일정한 시간을 공부하면 취득할 수 있기 때문에 미리 따두면 좋을 자격증이다.

널리 알려진 우스갯소리에 이런 이야기가 있다. 미국에서 어느 변호사가 집 배관이 고장 나서 배관공을 불렀다. 배관공은 와서 연장을 풀어헤쳐 놓더니, 배관과 관련된 알 수 없는 이런저런 일들을 잠깐 한 다음 변호사에게 600달러를 청구했다. 변호사는 너무 비싸서 따졌다.

"이건 말도 안 돼. 내가 변호사인데 짧은 시간에 이렇게 많이 벌지도 못하는데!"

그러자 배관공은 여유롭게 말했다.

"하기야 나도 변호사 시절 그렇게 벌어보진 못했다오."

우스개가 아니라 서구에서는 이미 현실이다. 건설 분야의 전문 능력 역시 세계 어디서나 살아갈 수 있는 중요한 허가증이다. 선진국으로 갈수록 육체노동자, 특히 전문 능력이 필요한 배관공과 미장공, 목수, 판넬공, 타일공, 페인트공 등은 높은 대우를 받는다. 설계도면과 시방서(示方書, 공사 자료 혹은 공사 순서를 적은 문서)를 읽는 능력에 따라 숙련공과 비숙련공으로 나뉘는 만큼 시간을 두고 이런 노력을 하면 더 능력을 인정받을 수 있다.

그 밖에도 바리스타나 헤어디자이너, 용접공, 중기운전사(포클레인, 크레인) 등 일정한 수준이 필요한 전문 능력은 세계 어디를 가도 살아가는 데 큰 도움을 준다.

1997년에 중국으로 유학을 떠났던 아내에게 1998년은 공포의 한해였다. 한국이 국제통화기금 관리체제로 들어가면서 900원이면 샀던 1달러가 2000원까지 폭등했기 때문이다. 같은 돈으로 체류할 수 있는 시간이 절반 이하로 줄면서 큰 위기에 빠졌다. 다행히 장기화되지는 않아 귀국을 면했지만 이 시간에 많은 지인이 한국으로 돌아가는 상황을 봤다.

외국에서의 삶은 언제나 불안감에 싸여 있을 수밖에 없다. 이런 상황을 이겨낼 수 있는 것은 언제라도 그곳에서 일할 수 있는 능력이 있다는 자신감이다. 우리나라 사람이 세계를 주유하면서 돈을 쓰고 유학을 간 시기는 이제 20년 남짓이다. 그전에는 아주 돈이 많은 사람에게 한정됐던 일이다.

그전엔 한국 사람들은 외국에서 단순 노동자로 일하는 일이 많았다. 경술국치를 전후로 많은 우리 선조들이 하와이나 멕시코 등에 단순 노동자로 건너갔다. 그들은 스스로 현지에 적응했다. 그리고 굳건한 교민사회를 만들어서 위상을 찾았다.

산업화 시대에는 광부와 간호사 등이 독일 등지로 건너가 한국의 경제발전을 견인하는 역할을 했다. 이후에는 중동과 아프리카 건설 현장에서 일하던 우리 선배들의 공헌이 있었다.

중국의 거대한 자본과 기술 추월 앞에서 많은 분야가 곤란을 겪을 것이다. 물론 국가적인 차원에서 전략을 찾는 것도 중요하지만 개인들도 대책이 필요하다. 그런 시기에 자신의 가치를 높이는 유일한 방법은 전문 능력을 갖추는 것이다.

전문 능력을 갖추고 있으면 이민과 같은 해외에서의 삶을 선택할 때도 아주 유리하다. 오스트레일리아와 캐나다 등 우리나라 사람들이 많이 선택하는 이민국가들도 이민자의 능력 가운데 이 부분을 특히 높이 산다는 점을 고려하면 좋다.

> "문제를 더 많이 연구하고 주의를 더 적게 이야기하자. 만약 문제를 제대로 보고 개선·개혁하는 것을 소홀히 한다면 그 또한 진정한 실용과는 거리가 멀다."
>
> _중국의 사상가 후스(胡適)

05 말이 통해야 세상이 열린다. 갖추어라, 외국어

"여러분이 이 캠프에 온 목적은 중국어를 더 잘하기 위해서가 아닙니다. 더 중요한 것은 중국어가 자신의 삶에 얼마나 필요한지 스스로 깨닫기 위해섭니다. 중국은 미국과 더불어 세계를 리드하는 양대 강국이고, 우리나라는 중국과 인접한 만큼 중국어를 할 수 있다면 여러분에게 선택의 기회는 더 늘어날 것입니다."

2004년에 여행사를 만든 후 다음 해부터 우리 여행사는 차이홍 중국언어·문화체험캠프를 진행했다. 처음에는 80여 명으로 시작한 캠프가 나중에는 300명이 참여할 만큼 커졌다. 보통 8박 9일 정도 진행하는 이 캠프에선 오전에는 중국어를 배운다. 오후에는 중국 전문가의 특강을 비롯해 문화체험, 문화여행으로 진행했다. 앞의 이야기는 내가 캠프 오리엔테이션에서 꼭 하던 말이다. 중국어를 배우는 것도 중요하지만 더 중요한 것은 왜 중국어를 배워야 하는지 아이들 스스로가 깨우치는 것이다.

노마드로 살아가는 데 있어 외국어는 가장 기초가 된다. 외국어 능력에 따라 의사소통은 물론이고 자신이 할 수 있는 일도 정해지는 경우가 많기 때문이다.

특히 영어와 중국어를 할 수 있다면 그 사람은 세계 어디서나 생존 가능성이 높은 노마드가 된다. 영어야 말할 나위 없는 언어인데, 중국어도 마찬가지다. 14억 명의 중국인을 상대할 수 있다는 장점도 있지만, 세계 어디서나 만나는 차이나타운에서도 더 좋은 대우를 받을 수 있다. 최근 해외취업이 늘어나면서 홍콩과 싱가포르 같은 도시의 호텔에서도 우리나라 출신 호텔리어들을 쉽게 만날 수 있다. 이런 일을 하기 위해서는 영어가 필수인데, 중국어가 가능하다면 그 사람이 일을 구할 수 있는 가능성은 두 배 이상 높아진다.

이런 상황은 외국에서만이 아니다. 얼마 전 중국 지인들이 찾아왔을 때, 여의도에 있는 고급호텔에서 체크인을 도와줄 일이 있었다. 그런데 계산대의 직원이 능숙한 중국어로 손님을 맞았다. 한국을 찾는 관광객의 절반가량이 중국인인 만큼 호텔에서 더 능력을 인정받기 위해서는 중국어가 필수가 된 상황이다.

대부분의 사람에게 외국어는 여전히 오르기 힘든 높은 산이다. 필자 역시 마찬가지였다. 1999년 9월에 결혼과 더불어 중국을 찾았을 때는 중국어라고는 인사말 정도밖에 하지 못했다. 톈진대학 중국어반에 등록하고, 개인과외인 푸다오도 받았다. 일단 사는 곳이 중국이다 보니 중국어는 천천히 익혀지기는 했지만, 그 한계도 명확했다. 그런데 필자가 중국어에 더 익숙해진 것은 생활의 문제를 해결하기 위해서가 컸다.

중국에 간 지 3개월 만에 나는 현지 한국어 신문의 편집국장으로 일했다.

편집국장으로서 중국 뉴스를 분석하지 않으면 안 되었기 때문에 중국 신문을 빨리 읽는 것에 몰두하면서 천천히 독해능력을 키웠다. 2년이 지나면서 한국에서 알고 지내던 방송사 사람들이 중국 취재 시 필요한 코디네이션을 부탁하는 경우가 많았다. 섭외는 물론이고 통역까지 해야 하는 일이라서 중국어는 가장 중요한 관건이었다. 특히 취재하는 사람이 필요한 중국어 멘트를 따는 일은 무엇보다 중요했다.

그래서 말을 하는 것도 중요했지만 듣는 것은 무엇보다 중요했고, 그 부분에 많은 초점을 두었다. 이후 여행 시 필요한 중국어 책을 집필하면서 중국어는 자연스럽게 더 발전했다.

현지 언어를 쓰는 곳에서 생활하면 외국어를 배울 기회는 많아진다. 하지만 이 조건이 꼭 맞는 것은 아니다. 중국에서 수십 년째 살아도 중국어를 못하는 사람이 적지 않다. 또 적절한 자리에서 적절한 관형어를 구사할 수 있다면 그 사람의 중국어는 한 단계 높게 평가받을 수 있다.

영어도 별 차이는 없는 것 같다. 언어를 배우기 위해 오스트레일리아로 1년 넘게 워킹홀리데이를 다녀온 이들 가운데는 정말 일만 하다 보니 영어가 전혀 늘지 않는 경우가 많다. 물론 여건이나 외국어 기본 능력이 달려서 영어를 사용할 수 있는 일자리를 얻지 못하는 경우가 많은데, 그런 점을 고려해 처음부터 기본수준을 갖추는 등 미리 준비하는 게 바람직하다.

가장 좋은 경우는 영어와 중국어를 같이 하는 경우다. 중국에서 코디네이션을 하기 시작한 지 얼마 되지 않아 나 혼자 하기에는 힘이 달렸다. 그래서 매 학기 유학생들 가운데 관심이 있는 학생들 3~5명을 선발해 코디네이션팀으로 합류시켰다. 2008년에 귀국하기 전에는 10여 명이 같이 팀을 이뤄 한국 방송사들의 중국 취재를 돕는 일을 했다. 이때 같이 했던 코디 팀원들 가운데 여학생들 대부분은 중국어는 물론이고 영어를 할 줄 아는 경우가 많았다. 이 학생들은 외국어 능력에 방송사 코디네이션 경험도 쌓여 대부분 아주 좋은 일자리를 찾았다. 내가 하던 일로 창업해 자리를 잡은 학생들도 있다.

2010년부터 중국 관련 공직자로 일하면서 중국인들을 대할 일도 많아졌다. 일반적으로는 중국어를 쓰지만 같이 방문한 이들 가운데 영어가 익숙한 이가 있고 중국 측도 영어가 가능하다면 자연스럽게 영어를 써야 하는 경우도 있다. 결국 영어를 더 열심히 배울 걸 하는 아쉬움이 있었다. 공직에 있을 때 직원 재교육 프로그램으로 영어 회화를 선택해 조금이나마 영어의 맛을 봤지만 여전히 부족하다.

그럼에도 중국어에 능숙한 것은 큰 매력이다. 2016년 1월 제주도에서 나는 중국어로 가이드하시는 분들을 대상으로 중국 관련 강의를 할 일이 있었다. 강의 후 가진 뒤풀이에서 참석자들에게 특별한 일이 없으면 제주도에 와서 가이드를 할 수 있다고 권했다. 육지에선 대부분의 사람이 일자리를 얻지 못해 고생이지만 상대적으로 제주도에서 중국어를 할 수 있는 이들은 더 많은 일자리를 얻을 수 있고 창업도 가능하다. 현재 제주도에 들어오는 중국 관광객의 상당수는 여행사가 운영하는 전세기를 통해 패키지 여행을 선택한다. 그러나 실제로 중국 관광객들은 패키지 여행보다 자유 여행을 더욱 선호한다. 향후 제주도와 중국 간 정기 항공이 많아진다면 제주도 내 중국어 가능자들의 일자리는 그만큼 늘 수밖에 없다.

2014년에 홍콩을 찾은 중국인들의 숫자는 4000만 명에 육박했다. 제주도의 관광자원은 홍콩에 뒤지지 않는다. 그런데도 2014년에 제주도를 찾은 중국인은 286만 명으로 홍콩을 찾은 중국인 수보다 훨씬 적다. 가장 큰 이유는 교통편이 많지 않다는 것이다. 하지만 제주도 제2공항이 건설되면 중국인 관광객이 늘어날 가능성은 그만큼 높아진다. 실제로 내가 만난 중국어 가이드들은 가장 안정적인 모습이었다. 일본어 가이드를 해오던 이도 1년 정도의 중국 연수로 중국어를 배우고 중국어 가이드 자격을 취득했다. 도전하지 않는 것은 핑계라고밖에 볼 수 없다고 느꼈다. 한 중국어 가이드는 다음과 같이 말했다.

"전 서울서 온 지 2년밖에 되지 않았습니다. 제주로 오니 바쁘고 빠듯한 서울의 일상을 벗어날 수 있고 수익도 안정적이네요. 비수기를 선택해 여행을 떠날 수 있으니 삶이 훨씬 여유로워졌네요."

사실 해외를 선택하는 것에 비해 제주도를 선택하는 것은 모든 면에서 안정적이다. 중국어를 할 수 있다면 충분히 가능하다는 것을 알았으면 한다.
어느 정도 수준의 외국어는 일을 구하는 데도 필수적이다. 캐나다와 호주 등도 전문 인력 이민을 가려할 때 영어 점수를 필수적으로 요구한다. 그런데 강의를 할 수 있을 정도의 외국어는 한 개인이 사회에서 활동할 때 아주 중요한 계기가 된다. 우리 부부가 결혼해 톈진에 산 지 얼마 되지 않았을 때, 필자의 대학 후배라면서 우리 집을 찾은 여학생이 있었다. 오랜 유학생활을 마치고 지난해에 귀국한 학생이었다. 귀국 축하 겸으로 노량진에서 우리 가족과 밥을 먹고 우리는 한 카페에서 얘기했다.

"수정 씨도 이제 나이가 만만치 않네. 전임 자리를 잡기 쉽지 않을 텐데 걱정이네."

"걱정하지 마세요. 곧 자리 잡을 거예요. 요즘 대학에서 영어와 중국어로 강의할 수 있으면 자리 잡기는 어렵지 않아요."

"그래도 교수 자리가 너무 경쟁이 치열하잖아."

"전 걱정 안 해요. 두 가지 언어로 강의할 수 있는 사람은 뜻밖에 적어요. 한국 사람이 두 가지 언어로 강의할 수 있으면 다른 나라에서도 교수 자리 찾기는 어렵지 않아요. 걱정하지 마세요."

그리고 얼마 후 그녀는 서울 유수대학에서 전임강사로 일하게 됐다는 소식을 보내왔다. 대학 교수를 꿈꾸는 많은 이들은 일반적으로 학교에서 도제식 과정을 거친다. 하지만 이런 과정에서 자신의 꿈과 학문에의 열정은 사라지고 몰개성화되는 경우가 많다. 특히 강의가 가능할 정도의 외국어를 갖추기는 어렵다. 반면에 일찍 외국으로 눈을 돌려 도전한 이들이 다양한 기회를 만날 수 있다. 수정 씨도 그런 경우였다.

> "역관 홍순언이 젊은 시절 도와준 여성이 훗날 명나라 병부상서 석성의 여인이 된다. 이 인연으로 명나라 황실 내 이성계 집안의 잘못된 기록을 바로잡고, 명나라 원군을 불러오는 데도 큰 역할을 했다."
>
> _이익, 「성호사설」 중에서

06 사람이 재산이다. 인맥 관리

한 사람이 인생을 잘 살았는지를 볼 때 가장 주요한 기준으로 나는 사람관계를 꼽고 싶다. 어떤 과정을 통해 세상을 떠났든 상관없이 그의 장례식에서 진심으로 그 사람을 애도해 줄 수 있는 사람이 있는가가 그 사람 인생의 성패를 나눈다고 생각한다.

논어에 있는 '덕은 외롭지 않다. 반드시 이웃이 있다(德不孤必有隣)'는 말처럼 인간관계의 진심을 담은 말도 드물다. 한 사람이 덕을 갖추고 있다면 따르는 이가 있어 외롭지 않다는 말인데, 이 말의 키워드는 덕이다.

노마드에게 인간관계는 어떤 의미일까. 어차피 세상을 주유하는 만큼 한 곳에서의 인간관계는 의미가 없는 것일까. 나는 반대라고 생각한다. 노마드일수록 사람관계에 더 깊은 관심을 쏟아야 한다.

일단 첫인상은 내국인, 외국인에 상관없이 중요하다. 어떤 관계로 사람을 만나든 대부분은 한순간에 그 사람이 진심을 쏟는지 느낀다. 이 순간에 거의 상당 부분이 결정된다.

황록 전 우리파이낸셜 대표는 한 칼럼(《헤럴드경제》)에서 첫인상의 중요성을 이렇게 말한다.

"인간관계에서 첫인상은 아무리 강조해도 지나치지 않다. 이후의 관계 형성이나 일과 관계된 만남이라면 사업의 성패까지 좌지우지하게 된다. 필자는 이러한 점이 더욱 중요한 신입사원에게는 교육 시마다 입사 첫 해가 얼마나 중요한지 잊지 않을 것을 일깨우고 있다. 그 한 해에 잘못 형성된 이미지를 바로잡으려면 몇 해가 걸려도 어렵다는 점을 강조한다."

한 조사에서는 면접 시 면접자의 첫인상이 차지하는 비중이 86%에 달한다고 한다. 최근에는 첫인상을 좋게 하려고 성형 수술 등 다양한 방법을 동원하지만, 그보다 중요한 것은 사람을 대할 때 진심으로 상대방을 이해하고, 함께하려는 의지가 있는가이다. 얼굴은 수술로 바꿀 수 있지만 태도는 쉽게 바꿀 수 없기 때문이다.

2010년에 공직에 들어간 후 중국과 수많은 교류를 하면서 다양한 사람을 만나게 되었다. 상당한 직위에 있는 사람부터 낮은 직급의 실무자까지 만났다. 필자는 대부분의 자리에서 그들에게 좋은 인상을 주었다고 자신한다. 그렇게 판단할 수 있는 것은 첫 대면에서의 인상도 있지만 이후에 일이 있어서 연락할 때, 성의를 다해서 대해주는 경우가 많기 때문이다. 상대적으로 내가 만난 중국 지도자들 역시 이 첫인상을 모두 중시한다는 것을 모든 자리에서 경험했다. 2012년 말에 나는 우리 기관의 청장을 모시고, 랴오닝 성 랴오양 시를 방문했다. 둘째 날 저녁에는 랴오양 시의 지도자들이 음식을 대접하는 자리에 참석했다. 그 자리에서 시의 부시장은 우리 청장이 과거 간 수술을 했다는 말에 청장을 대신해 술을 마시기를 자청했다. 나중에 그 역시 간 건강이 좋지 않다는 말을 들었을 때, 받는 느낌은 남달랐다. 이렇게 사람들과 진심으로 소통할 수 있는 능력이 있는 사람이라면 국적에 관계없이 좋은 인간관계를 맺을 수 있다.

필자의 페이스북 친구는 2000명 정도로 그리 많다고 할 수 없다. 하지만 이 친구들은 허수가 아닌 나름대로 깊은 신뢰가 있는 지인들이다. 가끔 만나서 이야기를 하다 보면 대부분의 사람들은 내 동향에 익숙하다는 것을 알았다. 페이스북과 내가 가끔 지인에게 보내는 소식 메일 때문이다. 내가 주로 쓰는 메일의 주소록에도 4000여 명의 지인이 있다.

페이스북과 메일은 인간관계를 유지하는 데 정말 편리한 수단이다. 하지만 많은 사람이 사용하는 수단이다 보니 주의해야 할 점도 많다. 우선 글을 올리는 숫자를 관리해 싫증이 나지 않도록 해야 한다. 지나치게 자주, 그것도 자신의 소식이 아닌 내용을 올리는 페이스북 지인의 정보는 그만큼 가치가 떨어지게 된다. 때문에 자신의 정보 가운데서도 다른 사람에게 읽을거리가 되거나 좋은 영감을 주는 글과 또 자신의 근황정보 가운데 정확한 것을 올려야만 피로감이 쌓이지 않는다.

단체메일을 활용하는 것도 마찬가지다. 현대인들은 단체로 보내는 스팸메일에 익숙해 단체메일만 봐도 지워버리고 싶다. 그러나 자신과 관련되거나 좋은 영감을 주는 좋은 소식이 있으면 자연스럽게 읽게 된다. 또 메일을 보낸 이가 신뢰하는 사람이라면 꼭 챙겨서 읽는다. 공직생활을 시작하기 전에는 한 달에 한 번 정도 단체메일을 보냈다. 이 정도 주기면 별로 달가워할 수 없는데도 많은 이들이 답장을 해주면서 정을 나누었다. 공직에 들어가서는 거의 메일을 보내지 않다가, 책이 출간되거나 큰 변화가 있을 때 등 두 번 정도만 보냈다. 메일을 읽는 시기가 늦어진 것을 보면서 이제 메일로도 사람들이 별로 소통하지 않는다는 것을 확실히 깨달았다. 손편지가 사라지면서 정이 사라졌듯이 전자우편도 사라지면서 정을 나눌 기회가 사라진 것이다. 실제로 지인들 간에 마음을 나누는 전자우편도 만나기 어렵기에 쓰는 이가 성의 있는 내용이라면 단체메일이라도 크게 기분 나빠하지 않는다는 게 필자의 생각이다.

SNS나 메일을 통해 소통한다는 것은 나름대로 큰 의미가 있다. 5년의 공무원 생활을 그만두고 노마드로 돌아온 나도 내가 했던 사람관리가 그다지 나쁘지 않다는 것을 몇 차례 실감했다. 우선 나는 2015년 2월부터 모교 대학 출신 경제인 모임에서 중국 분과 분과장을 맡았다. 이 모임은 6000명의 회원이 있는 모임으로 국내 금융, 부동산, 언론, 창업 등 대부분의 전문가들이 있는 모임이다. 이 모임을 이끄는 김상운 회장은 왕성한 SNS 활동과 메신저를 통해 소통하는데, 내가 보낸 메일을 통해 내가 자유롭게 됐다는 것을 알고 모임의 중국 관계자들이 링크할 수 있게 활동을 부탁했다. 첫 발족식에 40여 명의 관심 있는 이들이 모였는데, 국내 프랜차이즈 산업의 대부인 선배부터, 방송 관계자 등 다양한 전문가들이 모여 있었다. 중국의 꽝시(關係)처럼 자연스럽게 거대한 인맥망을 넓힐 수 있는 계기가 됐다.

인맥의 소중함은 다른 일에서도 나타났다. 2004년에 필자는 MBC에서 일하는 정길화 선배, 박현숙 씨와 『3인3색 중국기』를 출간했다. 출간 직후 정 선배와 같이 운군일 SBS 드라마국장을 만난 적이 있다. 나는 기억하지 못했지만 나는 운군일 국장의 메일을 내 메일링에 넣고 가끔씩 소식 메일을 보냈다. 그리고 SBS를 퇴직해 중국 사업을 구상하는 운군일 국장이 내가 노마드가 됐다는 메일을 받고 연락을 했다. 중국 방송에 대한 이해와 인맥이 있으니 자신의 지인들과 같이 일을 해볼 생각이 없냐는 것이다. 「고교생 일기」, 「황금신부」 등을 제작한 한국 방송계에서 드라마 제작의 대가인 운군일 선배와 같이 할 수 있다는 것은 노마드로서의 내 활동에 날개를 달아주는 일인 만큼 기분이 좋은 일이었다.

중국 전문 컨설턴트로서 활동하다 보면 수많은 일과 업무를 만난다. 인맥이 있다는 것은 이 일들의 중요한 열쇠를 아주 많이 갖고 있다는 것이다. 물론 꼭 맞는 자물쇠를 만날 수 없을 수도 있지만, 열쇠가 많다는 것은 그만큼 기회가 많다는 뜻도 된다. 하지만 더 중요한 것은 인간관계를 수단이 아닌 목적으로 잘 유지하면서 신뢰를 쌓는 일이다.

"모든 인간관계(승-패, 패-승, 패-패, 승-승의 인간관계) 중에서 우리가 추구해야 할 가장 이상적인 인간관계는 승-승(윈-윈)의 인간관계다. 단 한 번의 만남으로 끝나는 관계가 아니라 일생을 함께 할 동행자로, 상호 믿음과 신뢰에 근거한 관계를 형성하고자 한다면 '나도 승리하고 너도 승리하는' 승-승의 인간관계가 가장 좋은 것임은 두말할 필요가 없다. 서로 도움이 되고, 성장하며, 발전하는 사람이 되고자 한다면 승-승의 인간관계를 추구하라. 나도 살고, 너도 살고, 모두가 함께 사는 관계를 만드는 것, 이것이 명품 인맥이 추구하는 목표다."(이창호, 양평호 공저, 『명품 인맥 관리의 기술』 중에서)

나는 이 말에 100% 공감한다. 어느 순간 인간관계에 욕심을 부려서 그것을 어떤 수단으로 사용하다가 실망감을 주는 경우가 있다. 그런데 한 번 망친 인간관계는 두고두고 자신을 괴롭힐 수 있다. 사실 5000만 명이 사는 한국의 인간관계는 지연, 혈연, 학연 등으로 똘똘 뭉친 데다가 페이스북과 트위터 같은 SNS의 발달로 이제 순식간에 링크된다.

필자 역시 '리멤버'나 'CAMCARD' 같은 명함 관리 프로그램을 쓴다. 이런 프로그램을 통해 세상의 인맥 대부분을 분류할 수 있는 시대다. 결국 한 번의 잘못된 인맥관리가 자신이 쌓아온 모든 인생의 성과를 한순간에 무너뜨릴 수 있다.

이직자에게 '평판 조회'는 가장 큰 난관이다. 아무리 좋은 성적을 가지고 면접을 잘 치렀다고 하더라도 평판 조회에서 자신의 약점이 부각되면 구직은 어렵게 된다. 설혹 이전 직장에서 좋지 않은 일로 떠났다고 해도, 마지막에 좋은 인상을 남기면 평판 조회라는 난관을 넘을 수 있다. 하지만 아무리 능력이 뛰어나도 마지막에 나쁜 느낌을 주었다면 평판 조회가 발목을 잡을 수 있다. 그래서 이형기의 「낙화」의 한 구절은 직장인들에게도 아름다운 시어다.

"가야 할 때가 언제인가를
분명히 알고 가는 이의
뒷모습은 얼마나 아름다운가

봄 한철
격정을 인내한

나의 사랑은 지고 있다
분분한 낙화(落花)
결별이 이룩하는 축복에 싸여
지금은 가야 할 때

무성한 녹음과 그리고
머지않아 열매 맺는
가을을 향하여
나의 청춘은 꽃답게 죽는다

헤어지자
섬세한 손길을 흔들며
하롱하롱 꽃잎이 지는 어느 날

나의 사랑, 나의 결별
샘터에 물 고이듯 성숙하는
내 영혼의 슬픈 눈"

> "당신이 알고 있는 사람들 속에 힘이 존재한다. 사람들을 알고 인맥을 형성함으로써 생기는 힘이 아니라 성장을 돕는 힘, 성공을 돕는 힘, 궁극적으로 자기실현으로 이끄는 힘이 있다."
>
> _제프리 지토머, 『인맥으로 승부하라』 중에서

07 강연할 수 있는 노마드라면 금상첨화

노마드는 무엇으로 먹고 살까. 물론 앞서 말한 전문 능력이 있다면 좋지만 그렇지 않다면 생계는 노마드에게 가장 절대적인 문제다. 이는 단순히 노마드에게만 문제가 아니다. 한때 성공의 지름길로 통했던 사법시험에 통과해 변호사 자격을 땄다 해도 정작 사건을 수주할 수 없는 변호사라면 먹고 살 길이 막막해진다. 특히 검판사 출신들이 전관예우를 통해 알짜배기 시장을 장악하고 있어 자신만의 시장을 개척하지 못한다면 자격증에 상관없이 경제적 어려움을 겪는다. 십수 년 동안 법률사무소를 꾸려오던 한 선배는 주변의 지인들이 생활 문제에 부딪혀 자살을 선택한 것을 보고, 이런 문제에는 결코 예외가 없다는 것을 알았다.

변호사 자격을 가진 이들도 이런데, 어떤 소속에 목매지 않는 노마드들에게 생활 문제는 가장 절대적인 문제가 될 수밖에 없다. 그런데 노마드들의 중요한 수익원 가운데 하나가 강연이다. 강연은 다른 사람들 앞에 뭔가 의미 있는 이야기를 전달하고, 그 대가로 강연료를 받는 행위다. 우리는 강연을 이야기하면 아주 거창한 것을 생각한다. 그리고는 스타 강사인 김미경 씨나 공병호, 김창옥, 최진기, 설민석 같은 이들을 생각할 것이다. 물론 이들은 스타 강사가 맞지만 강사의 세계에선 이런 이들만 있는 것이 아니다. 이런 이들은 수백만 원대 강연료를 받는 경우가 많지만 세상은 넓고 강의할 곳이 많은 것이 이 세계의 현실이다.

강연료에는 당연히 기준이 있다. 가령 필자도 자주 강의했던 각 지자체의 공무원 교육원의 경우 일단 강사에게 특별한 강의를 제외하고 시간당 10만 원대의 강의료를 주는 규정이 있으므로 스타 강사가 갈 수 없다. 기업 강의는 강사료의 폭이 상대적으로 자유롭지만 그렇다고 위와 같은 고가 강사를 부를 만한 여력이 있는 곳은 많지 않다. 따라서 여러 곳에서 다양한 강의 자원을 찾고 있어서 상대적으로 알려지지 않은 강사들도 뛸 수 있는 공간은 많다.

그렇다고 해도 선뜻 다른 사람들 앞에서 강의한다는 것은 일반인들에게는 어려운 일이다. 그러나 노마드를 지향하는 사람이라면 강의를 두려워하면 안 된다. 필자 역시 대학시절까지만 해도 강의를 할 일이 많지 않았다. 남들 앞에 설 기회가 있었다면 발표가 들어간 수업 정도였다. 그러다가 기자로 사회에 들어섰다. 그러던 중 1999년 봄, 온라인을 통해 교류하던 한 분이 강의를 요청했다. 광주에 있는 조선대학교에서 '온라인 시대 여성이 주인 되는 길 찾기'라는 주제로 강의를 요청했다. 다른 이유도 있었지만 온라인상에서 다양하게 활동하던 경력이 있어서 강의를 요청한 것 같다.

당시엔 앞으로 하드웨어 시대를 넘어 소프트웨어 혹은 콘텐츠 시대가 올 것이라는 확신이 있었다. 강의 경력은 없지만 이런 시대에는 감수성이 예민한 여성들이 장점을 가질 수 있으므로 이런 인재가 되기 위해 노력하자는 이야기로 강의를 준비했다. 강의 당일, 비행기로 광주로 내려가 200~300백 명 정도 되는 학생들 앞에서 나름대로 떨지 않고 이야기했다. 무대에 대한 공포감이 느껴지지 않았다. 아마도 내가 하고 싶은 이야기에 대한 자신감이 있었기 때문에 두려움도 없었던 것으로 기억된다.

이후 중국에 있었을 때는 강의 기회가 별로 없었지만 한국에 돌아온 후에는 강의 요청이 많아졌다. 대학과 기업들은 물론이고 중국을 알고 싶어 하는 이들을 대상으로 강의하는 일이 많았다. 공직에 들어간 후에는 속해 있던 전라북도에 있는 공무원 교육원과 문화관광연구원 등에서 관광 투자 유치와 중국에 관한 강의도 가끔 했다. 물론 공무원은 외부 강의에 상당히 제한이 있다. 일단 강의료를 받는 강의는 미리 신고해야 할 의무가 있고, 강의료에도 철저한 규정이 있다. 또 외부 강의를 할 경우 일에 소홀하다는 선입견을 가졌고 금전적인 문제가 생길 가능성 때문에 위에서는 상대적으로 이런 일을 무척 싫어했다.

하지만 자신이 일하는 분야에 대해 관련 지역 사람들과 외부인을 상대로 전문 강의를 한다는 것은 기관을 알리는 것은 물론이고, 전체의 지식을 높이는 긍정적인 효과가 크다. 또 강의 등을 통해 공감대를 형성해서 추진하는 것과 일방적인 독주를 통한 추진은 효율성에 차이가 있다. 우리나라 공무원 조직에서는 강의에 대해서 부정적인 흐름이 있는 게 현실이다. 물론 기관장이 높은 강의료를 받으면서 천편일률적인 내용으로 외부 강의를 하거나, 대가성이 있는 강의를 하는 것은 분명히 문제가 있다. 그러나 일방적으로 공무원의 외부 강의를 나쁘게 보는 것은 분명히 문제가 있다.

필자의 강의는 중국에 대한 이야기부터 투자 유치, 중국 관광객 유치 등 다양한 분야를 중심으로 이뤄졌다. 공직을 나온 후에는 우리나라 국회에서 중국에 관심을 가진 이들의 모임인 '국회 중국 포럼'을 비롯해, 매거진 경영자들을 대상으로 한 '매거진 콘퍼런스'와 청년 모임 등에서 강의할 일이 많았다. 물론 스타 강사들처럼 관중을 사로잡을 정도의 강의 기술과 콘텐츠를 갖고 있지는 않다. 그러나 그간에 쌓은 경험을 가지고 미래를 연결하는 통찰력 있는 내용을 강의주제로 잡고 있으므로 청자들에게 나쁜 평가를 받지 않은 것 같다.

강의가 단순히 강연료로 남는 것은 아니다. 내 강의를 들었던 이들 가운데 자신과 관련된 부분이 있는 이들은 내게 다시 연락을 해와 자문 역할을 하기도 한다. 또한 지속적인 인간관계를 유지할 소중한 기회가 되기도 한다.

글쓰기 기술에 비해 강의 기술에 관한 책은 그다지 많지 않다. 필자가 읽은 책 가운데 김미경의 『아트 스피치』를 비롯해 강사아카데미를 운영하고 있는 신동국 대표의 『하고 싶다 명강의 되고 싶다 명강사』, 윤태영의 『대통령의 말하기』, 김학재 대표의 『강의 잘하는 힘』, 더그 스티븐슨의 『명강의 무작정 따라하기』 정도가 완성도가 있는 가이드북이다.

그런데 말하기 기법은 쉽게 얻어지는 게 아니다. 강연 기법의 다양한 사례를 볼 수 있는 곳이 바로 CBS 텔레비전의 「세상을 바꾸는 시간, 15분」이다. 이 방송사에 회원가입만 하면 전체 강의를 무료로 볼 수 있다. 김미경, 김창옥, 최진기, 박재연(Re+리플러스 대표), 송길영(다음소프트 부사장), 이호선(서울벤처대학원대학교 교수) 등 재담꾼은 물론이고, 우리 주변에 있는 다양한 이야기꾼들의 이야기를 들을 수 있다. 이 프로그램의 기획자가 정한 15분은 한 이야기를 가장 집중력 있게 할 수 있는 시간이고 가장 효과적으로 전달하기에 적당한 시간이다.

그럼 어떤 방식을 통해 효과적으로 강의하고 빠른 시간 안에 강의 기술을 늘릴 수 있을까? 연극배우 출신으로 명강사로 이름을 날린 더그 스티븐슨이 가장 강조하는 것은 '스토리텔링'이다. 강의를 듣는 사람들 가운데 그날 많은 것을 배우겠다고 호의적으로 온 청자를 만나는 일은 그다지 많지 않다. 이런 상황에서 단순히 지식과 정보를 전달하는 것은 청자의 흥미를 끌지 못할 뿐만 아니라 금방 잊어버리게 한다. 그런데 강사가 이야기를 통해 강의를 끌어가면 청자들은 호기심을 가지고 그 이야기에 빠져들고, 자연스럽게 강사의 의식 속으로 들어간다. 이럴 경우 그 강의는 독창성을 가질 뿐만 아니라 몰입시키는 데도 최선의 결과를 가져올 수 있다. 스티븐슨은 그 예로 '지포' 라이터를 든다. 그는 물질의 본질보다는 베트남 전쟁에서 총알을 막아 목숨을 살린 이야기 등 생사를 오가는 이야기가 그 제품을 각인시킬 수 있다고 본다. 그는 스토리텔링이 논리적인 좌뇌와 감성적인 우뇌를 동시에 자극하기 때문에 이를 청자들을 집중시킬 수 있는 최선의 스킬로 봤다.

국내 말하기 교과서로 읽히는 『아트 스피치』의 저자 김미경 강사는 진실함을 말에 담아 상대방에게 전하려 할 때 효과도 있고, 궁극적으로 강의하는 기술도 는다고 한다.

필자 역시 짧은 강연부터 담임교수로서 1주일 동안 같이하는 전문 강좌까지 다양한 강의를 경험했다. 2008년 가을부터 공직생활을 시작할 때까지 2년간 한신대학교에서 외래교수로 중국 테마여행 플래닝과 다큐제작 실습 등을 강의했으니, 학생들을 상대로 한 강의도 나름대로 익숙해졌다.

그럼 어떤 내용이 강의를 듣는 이들에게 효과적일까? 내가 가장 우선으로 꼽는 것은 통찰력을 주는 내용이다. 사실 일반적인 지식을 전달하는 강의는 굳이 들을 필요가 없다. 신문과 책을 통해서도 얻을 수 있는 내용이기 때문이다. 하지만 정보를 통해 앞날을 내다볼 수 있는 새로운 내용을 준다면 청자는 관심을 가질 수밖에 없다.

제갈량이 삼고초려 끝에 책사 자리를 수락한 후 유비에게 설파한 것은 '천하삼분지계(天下三分之計)'다. 그때만 해도 조조, 손권, 유비의 역량을 분석하면 89 : 10 : 1 정도로 유비는 힘이랄 것이 없었다. 그런데 제갈량은 적벽대전 등의 흐름을 바탕으로 천하를 세 명이 나누는 전략을 세웠고, 그것을 유비에게 말했다. 유비로서는 진실 여부를 떠나서 미래를 읽을 수 있는 수였기에 호기심을 보였다.

공병호 박사와 미래학자 최윤식 교수는 항상 미래를 이야기한다. 그들의 말 가운데 몇 %가 맞을지 모르지만 강연에는 이런 통찰력 있는 이야기가 있어야만 청자들에게 공감을 얻을 수 있다.

다음은 청자층에게 다가가라는 것이다. 가장 힘든 강의 중 하나는 공무원 대상 강의다. 순수한 학문적 열정보다는 필요한 교육시간 이수를 위해 강의에 참석한 이들이 많으니 수강 태도가 좋을 리 만무하다. 그러나 공무원들은 동시대 사람들의 삶을 바꿀 수 있을 뿐만 아니라 나라 혹은 지역의 미래를 바꿀 수 있는 중요한 위치에 있는 사람들이다. 그들을 대상으로 한 두세 시간 강의는 그만큼 책임감을 가지고 해야 한다. 필자가 공무원을 대상으로 강의를 할 때 가장 중요하게 생각하는 것은 전략적인 사고를 강조하는 것이다. 가령 새만금 관광개발 방안에 대한 강의를 할 때, 단순히 새만금만을 이야기하지 않는다. 우선 새만금의 스토리텔링, 특화 전략, 국내외 관광객 유치 방안으로 시작해 인프라 건설(크루즈 전용항) 등 주요하게 생각하는 논리를 강조한다. 중국 관광객도 오지 않는 곳에 중국 기업이 투자할 리도 만무하고, 3~4년 이상 걸리는 개발사업이 필요한 지역에 당장 호텔 투자자가 나올 수 없는데도 사람들은 뜻밖에 이런 절차에 관심이 없다. 이런 상황들과 전반적인 상황을 설명해야만 그 지역이 가진 상황도 인식하고 바른 계획을 세울 수 있는데 상황을 모르기 때문이다.

> "말은 한 사람이 지닌 사상의 표현이다. 사상이 빈곤하면 말도 빈곤하다. 결국 말은 지적능력의 표현이다."
>
> _노무현 전 대통령, 「대통령의 말하기」에서 재인용

08 일어서지 못하면 미래도 없다. 회복탄력성

요즘 사람들에게 가장 많이 다가오는 단어는 부정적인 것 일색이다. 포기, 불황, 침체, 결손, 실업 등등. 난무한 부정적인 단어가 사회에 영향을 주는지 이제 사건사고 소식은 보기가 겁날 만큼 안타까운 소식들로 채워져 있다.

그런데도 세상에는 이런 위기를 반대로 보는 시선이 존재한다. 위기 이후에 희망이 오리라는 믿음, 고통을 겪으면 어디선가 진주가 자라 큰 보석으로 결실을 맺음을 이루리라는 믿음이다.

이런 과정을 겪을 노마드에게 나는 두 가지 단어를 소개하고 싶다. 하나는 '저항력'이고, 다른 하나는 '회복탄력성'이다.

'저항력'은 25년간 지내온 대학교수직을 던지고 나와 코칭전문가로 변모한 또 다른 노마드 박경숙 박사가 강조하는 개념이다. 『문제는 저항력이다』라는 책을 통해 그녀는 당장 해야 할 일을 차일피일 미루고 피하며 변명하다 결국 오늘도 하지 않고 넘어가는 것을 '저항력'이란 개념으로 설명했다. 그녀는 니체가 『짜라투스트라는 이렇게 말했다』에서 비유한 낙타, 사자, 어린 아이의 단계를 통해 저항력을 극복하는 방법을 찾는다. 그녀는 소명, 중립, 절제, 직시, 습관을 통해 저항력을 극복해야 한다고 한다. 여전히 갈피를 잡지 못하는 이들이라면 꼭 짚어봐야 할 문제다.

두 번째 단어인 '회복탄력성'은 2011년에 김주환 교수의 책이 나온 후 디디에 플뢰와 조앤 보리센코 등의 회복탄력성 주장도 탄력을 받기 시작하면서 많이 알려졌다.

위키피디아에 따르면 회복탄력성은 영어 'resilience'의 번역어다. "회복탄력성은 크고 작은 다양한 역경과 시련과 실패를 오히려 도약의 발판으로 삼아 더 높이 튀어 오르는 마음의 근력을 의미한다. 물체마다 탄성이 다르듯이 사람에 따라 탄성이 다르다. 역경으로 인해 밑바닥까지 떨어졌다가도 강한 회복탄력성으로 다시 튀어 오르는 사람들은 대부분의 경우 원래 있었던 위치보다 더 높은 곳까지 올라간다. 지속적인 발전을 이루거나 커다란 성취를 이뤄낸 개인이나 조직은 실패나 역경을 딛고 일어섰다는 공통점이 있다. 어떤 불행한 사건이나 역경에 대해 어떤 의미를 부여하느냐에 따라 불행해지기도 하고 행복해지기도 한다. 세상일을 긍정적 방식으로 받아들이는 습관을 들이면 회복탄력성은 놀랍게 향상된다. 회복탄력성이란 인생의 바닥에서 바닥을 치고 올라올 수 있는 힘, 밑바닥까지 떨어져도 꿋꿋하게 다시 튀어 오르는 비인지능력 혹은 마음의 근력을 의미한다"고 한다.

첫 장에서 말했듯이 지금은 지난 30여 년간 누렸던 번영기의 후반이다. 물론 우리나라가 새로운 동력을 찾아 강소국으로 변모한다면 절망의 단어보다는 희망의 단어가 많이 들릴 것이고 사람들은 실패를 염려하지 않아도 된다.

그런데 지금의 상황에선 그런 낙관보다는 위기에 대한 대비와 실패를 극복할 수 있는 '회복탄력성'을 갖추는 것이 중요하다. 살아가다 보면 개인적인 역경도 있고, 사회적인 역경도 있다.

나에게 개인적으로 가장 큰 어려움은 2001년에 아버님이 작고했을 때다. 그해 봄, 일이 있어 잠시 귀국해서 서울에서 일을 보는데 아버님이 위독하시다는 소식을 받았다. 병원에서 이틀을 계시고 아버님은 영면하셨다. 누구보다 나를 믿고 내가 무엇을 이뤄도 그것을 가장 반갑게 반겨줄 대상이 사라진 것이었다. 나는 밥도 먹지 않고 장례식에 참석했다. 그런데 서서히 내가 아버지라는 새로운 믿음이 생겨났다. 봄꽃이 흐드러지게 핀 시골집에서 장례의식을 치르면서 결국 죽은 자의 일을 산 자가 이어받는다는 것을 깨닫고 나는 다시 살아났다. 2008년에 한 귀국도 나에게는 도저히 극복하기 어려운 시련이었다. 나나 아내는 물론이고 아들도 큰 상처를 받아야 했다. 하지만 세상의 이치가 꽃이 피고 지는 것과 같다는 것을 알기에 우리 가족은 그 위기를 이겨냈고 정상적인 삶으로 복귀했다.

스스로 선택했든 타율적인 흐름에 의해서든 노마드는 '회복탄력성'을 갖춰야 한다. 사실 상처를 밖으로 내놓기가 어려워 그렇지 사람들 가운데 상처 하나 없이 온전하게 자란 이들은 많지 않다. 문제는 그 상처를 어떻게 극복하느냐 또는 그 시련을 오히려 기회로 만들어낼 수 있는가다.

필자의 첫 직장 선배 가운데도 노마드로 살아가는 사람이 있다. 캐나다 '부차드 가든'을 만드는 60명의 정원사 가운데 유일한 한국 사람인 박상현 씨다. 내가 상현 형을 직장에서 본 시간은 얼마 되지 않는다. 우리 신문에서 기자로 일하던 상현 형이 1997년경 영국으로 유학을 갔기 때문이다. 이후

상현 형은 내가 중국으로 떠나던 시기에 귀국해 비슷한 일을 했다. 나도 귀국했을 때 종로에 있는 형의 사무실을 몇 번 찾았지만 형은 그다지 그 일에 행복해하지 않았다. 그가 한국을 고집했다면 후반부의 흥미로운 삶은 만들어지지 않았을 수 있다. 다행히 상현 형은 마흔 살에 한국의 삶을 접고, 캐나다로 향해 부차드 가든의 정원사가 되었다.

그런데 상현 형과는 또 다른 에피소드가 있다. 형이 영국으로 떠난 지 얼마 흐르지 않아 보낸 편지에 영국에선 소주를 먹을 기회가 없어 소주가 몹시 그립다는 내용이 있었다. 나는 선배들에게 돈을 걷어, 팩소주 한 상자를 영국으로 보냈다. 소줏값보다는 배송료가 높았지만 선배의 소원을 외면하기 힘들었다.

그로부터 몇 년 후 나는 중국 톈진의 테니스회에 가입했다. 그 모임에 계신 김상진 형과 이야기를 하다가 그 형도 영국에서 유학을 했다는 것을 알았다. 그러다가 박상현이라는 이름이 나왔다.

"그럼 상현이 알지. 배 타고 고등어 낚시 가서 후배가 보낸 소주도 같이 먹은 적이 있는데."
"어, 그 소주. 내가 보낸 건데."

그렇게 세상은 정말 작디작았다. 그로부터 다시 10여 년이 흐른 지금 상현 형은 캐나다, 상진 형은 일본, 나는 한국에 있다.

마흔 후반이라는 내 나이는 결코 적은 나이는 아니다. 하지만 평균 수명이 80살에 달하는 시대를 고려하면 남은 시간은 결코 적다고 할 수 없다. 좀 나이가 들어 갈 곳을 잡지 못하는 이들에게 내가 예로 많이 드는 사람이 강태공이다.

"강태공(姜子牙, BC 1156~BC 1017)이 주문왕을 만났을 때 나이가 몇 살인지 아세요. 72살이었답니다. 그때가 평균수명이 40살도 되지 않을 때죠. 주문왕을 만나 패업을 이루고 제나라 왕으로 돌아올 때, 그를 버렸던 부인이 아쉬워하죠. 강태공에 비하면 우리의 한탄은 호사랍니다."

그럼 회복탄력성은 어떻게 길러지는 것일까. 김주환 교수는 책에서 '습관적으로 긍정적 미소를 지어라', '긍정적으로 스토리텔링하는 습관을 들여라', '공감능력 향상을 위해 노력하라', '깊고 넓은 인간관계를 유지하라', '감사 훈련과 규칙적인 운동을 하라' 등의 방법을 말한다.
조금만 봐도 알겠지만 결국 위기를 극복하는 회복탄력성 역시 긍정적인 인간관계와 낙관적인 사고를 통해 만들어진다. 자기계발서의 고전인 스티븐 코비의 『성공하는 사람들의 7가지 습관』에서 저자 코비는 주도적인 삶, 끝을 생각하는 면밀한 사고, 일의 비중을 판단하는 독립의지, 대인관계, 승리에 대한 생각, 시너지 효과, 쇄신 등을 중요한 성공의 습관으로 꼽는다. 결국 긍정적 사고를 통한 배려가 위기를 극복하는 회복탄력성도 높여준다.
미문으로 유명한 김훈은 그의 책 『풍경과 상처』에서 이렇게 말한다.

"풍경은 밖에 있고, 상처는 내 속에서 살아간다. 상처를 통해서 풍경으로 건너갈 때, 이 세계는 내 상처 속에서 재편성되면서 새롭게 태어나는데, 그 때 새로워진 풍경은 상처의 현존을 가열하게 확인시킨다. 그러므로 모든 풍경은 상처의 풍경일 뿐이다."

상처가 없는 삶도 아름다울 수 있지만 공허한 아름다움인 경우가 많다. 그래서 김훈조차 사람들에게 상처를 통해 풍경을 응시할 것을 말한다. 풍요로운 사람들은 그들 스스로의 무료함에 지친다. 가끔씩 공항 고속도로나 한적한 도로에서 고급 외제차를 몰고 목숨 건 레이스를 벌이는 사람들은 너무나 권태로워 상처를 만들고자 하는 것이다.

반면에 노마드라면 상처를 회복탄력성으로 이겨내고, 자신의 스토리텔링의 중요한 소재로 만들어낸다. 젊은 날의 자기소개서는 뻔하디 뻔해 부각할 것이 하나도 없을 수 있지만, 이 시대를 살아가는 젊은이들에게 10년 후, 20년 후는 엄청난 일이 지나간 후일 가능성이 높다. 그때 자신 있게 자기 삶의 고통을 극복하고 진주를 만들어 가는 것은 그 자체로 아름다운 이야기가 될 것이다.

> "회복탄력성은 자신에게 닥치는 온갖 역경과 어려움을 오히려 도약의 발판으로 삼는 힘이다. … 추락해본 사람만이 다시 튀어 올라가야 할 필요성을 절감하듯이 바닥을 쳐본 사람만이 더욱 높게 날아오를 힘을 갖게 된다."
>
> _김주환, 『회복탄력성』 중에서

노마드의 행복

노마드로 살겠다는 것은 남들과 다르게 살겠다는 것이기도 하다. 모두가 한 방향으로 갈 때 다른 길을 가는 것은 불안을 동반할 수밖에 없다. 그런데도 노마드의 길은 행복하다. 우선 무엇보다 너 자신이 나쁠 것이 없기 때문이다. 하지만 이런 행복은 그냥 찾아오는 것은 아니다. 에리히 프롬의 『자유로부터의 도피』가 방종이 아니라 진짜 자유를 찾는 진실한 인간의 길이라는 것과 같은 의미다.

그래서 노마드의 행복법은 다른 무엇보다도 중요하다. 벗어날 수 없는 다양한 터전 속에서 자신의 감정을 다루는 방법부터 소통하는 방법까지 다양한 방법을 알아보자.

01 강요받지 않은 삶

얼마 전 읽은 두 권의 책은 정반대의 이야기를 담고 있다. 한 권은 우리나라 정신과 의사가 쓴 『무기력의 비밀』이고, 다른 하나는 독일의 심리연구가가 쓴 『번아웃 키즈』다. 『무기력의 비밀』은 말 그대로 의욕도 동기도 희망도 없이 포기하고 회피하고 거부하는 아이들의 마음에 접근한다. 반대로 『번아웃 키즈』는 너무 일에 지쳐 모든 것을 태워버린(Burn Out, 연소) 아이들의 심리상황을 담고 있다.

둘은 차이가 있지만 결국 다시 한 발자국을 나아가기 힘들다는 점에서는 마찬가지다. 무엇이 사람들을 이렇게 무기력하게 만드는 것일까?

우선 성적에 따라 미래가 결정될 것이라는 염려를 하는 부모들은 아이들을 무한경쟁 속에 밀어 넣는다. 경쟁에서 잘 적응한 아이들은 훗날 번아웃에 빠지고, 능력 차 등으로 밀린 아이들은 주로 무기력에 빠진다. 차이가 있는 것 같지만 궁극적으로는 다르지 않다.

그럼 이런 좌절은 언제 예고된 것일까. 당대를 지배하는 신자유주의 등 무한경쟁을 부추기는 측면이 많다.

그럼 이런 갈등은 앞으로도 계속될까. 그럴 확률은 높지 않아 보인다. 우선 극소수의 가진 자인 1%는 이런 노력이 없이도 한두 세대 동안은 그 부귀를 누릴 수 있다. 또 다양한 사교육과 시스템을 통해 좋은 학교에 가고, 로스쿨이나 의학대학원을 선택해 부유층으로 편입할 가능성이 크다.

반면에 가지지 못한 소수의 중심축인 베이비붐 세대(1955~1963년 태생)가 현업에서 밀려나는 2020년 정도면 아이들의 앞날은 거의 결정된다. 소수는 좋은 학력과 전문 직업으로 안정적인 층이 될 것이다. 다수는 위축되는 산업 구조 속에서 비정규직이 되는 등 불안정한 직장 생활을 할 가능성이 많다. 이런 판도가 명확해지는 시기가 10년 뒤, 20년 뒤가 아니라 4~5년 뒤라는 점이 충격이라면 충격이다.

하지만 이런 시기라 할지라도 노마드라면 사회가 주는 뻔한 수레바퀴 아래에 깔리지 않아도 된다. 스스로 결정하고 스스로 선택해 자신의 주체적인 삶을 살아갈 수 있다.

우리보다 계층 갈등을 겪지 않은 나라들도 있다. 덴마크, 노르웨이, 핀란드, 네덜란드 등 북유럽 강소국들이다. 흔히 복지국가 모델로 부러움을 사면서 보수세력들에게는 지나치게 높은 세금으로 힐난을 받는 국가들이다. 그런데 이런 국가들의 가장 큰 특징 중에 하나가 번아웃, 무기력 증상이 상대적으로 적다는 것이다.

이런 모델을 한국에 가장 소개하고 싶어 하는 이 가운데 하나가 《오마이뉴스》 대표인 오연호 기자다. 오연호 기자는 2014년 9월에 그가 수차례 체험한 덴마크를 소개한 『우리도 행복할 수 있을까』를 출간하고, 이 이야기를 바탕으로 한 강연활동에 몰두하고 있다. 2016년 7월에는 1년 10개월 만에

500번째의 강연회를 했는데, 대부분 중고등학교 등 학생들을 대상으로 한 강의다.

오연호 기자가 하루에 한 번 꼴로 강연을 통해 덴마크 모델을 소개하는 이유는 뭘까. 오 대표가 인구 560만 명의 덴마크에 빠진 것은 덴마크가 전 세계에서 행복지수 1위 국가라는 데서 시작됐다. 덴마크의 행복의 반대점에 한국이 있다는 것을 알기 때문이다. 세계 10위권의 경제력을 가진 우리나라의 행복지수는 OECD 국가 중 뒤에서 1~2위를 다툰다. 자살률은 앞에서 1등이다. 이런 상황에서 '행복지수 1위 국가는 무엇이 다른가'는 저널리스트가 아니라도 꼭 던지고 싶은 질문이었을 것이다.

필자는 실제로 덴마크에 깊숙이 빠져서 덴마크를 찾았고, 온전히 이 책 안에 덴마크를 담았다. '행복'이라는 키워드 안에 일터와 사회, 학교, 역사적 배경까지 정리했다. 또한 우리에게 시사하는 바도 정리해 대안까지 찾는 노력을 했다. 필자는 이를 자신에겐 물론이고, 《오마이뉴스》라는 일터에까지 적용하고자 하는 포부를 선보인다.

우리나라 사람들에게 가장 낯선 덴마크의 시스템은 50%에 달하는 세금을 바탕으로 한 복지국가 모델이다. 사실 모델에 따라서는 80%를 세금으로 부담하는 공동체들이 넘쳐나는 이 나라의 배경은 무엇일까.

덴마크 이해의 가장 근본에 있는 그룬트비는 1783년에 목사의 아들로 태어났다. 그는 공포스러운 라틴어 수업부터, 6살 연상의 기혼녀를 사랑하는 비련의 연애 시절을 거친 후 고향에 돌아와 아버지의 뒤를 이었다. 그는 기성 기독교의 질서를 비판하고 교육과 정치를 바꾸는 역할을 시작한다.

이런 노력은 제도권 교육을 넘어서는 교육 이념으로 자리하게 된다. 여기에

척박한 땅을 개간하여 나라를 부흥시킨 사회부흥운동가 달가스의 노력으로 협동조합 운동까지 탄생해 복지국가의 근간을 이루게 된다. 덴마크 역시 20세기 전쟁의 포화를 피해갈 수 없었다. 비옥한 땅의 상당 부분을 독일에 빼앗기지만 덴마크인들은 자신을 지켜 작지만 튼튼한 국가를 만든다.

오 대표는 노골적으로 드러내지 않지만 덴마크에서 가장 주시할 점으로 탐욕이 없는 경영진과 노동조합을 든다. 탐욕이 없는 경영진도 놀랍지만 더 신기한 것은 노동 유연성이 풍부한 덴마크의 노동 구조다. 10%대인 노동조합 가입률을 가진 우리나라에 비해 70%에 달하는 노동조합 가입률을 가진 덴마크가 노동 유연성이 높다는 말은 모순이지만 사실이다. 즉 직장을 다니면서 복지시스템에 협력하니, 일을 잃어도 큰 고통이 없다.

이런 선순환 구조 속에 자유로운 직업 교육 시스템까지 있으니 덴마크 사람들이 항상 자신을 잃지 않을 수 있다는 것을 알 수 있다. 기업 역시 상황에 따라 고용 인원을 탄력적으로 운영할 수 있으니 위험을 분산할 수 있어서 더 내실을 기할 수 있다.

노동조합에도 대기업 노조, 중소기업 노조, 하청업체, 기간제 등 수많은 층위가 있다. 한 계단만 내려와도 죽을 것 같이 불행해지는 한국과는 달라도 너무 다른 시스템을 갖고 있다.

이는 한국이 가진 노동조합의 문제만이 아니다. 처음에 이야기한 교육 역시 한국 사회 갈등을 낳게 한다. 중등교육만 해도 수많은 층위를 갖고 있어서 계층의 장벽을 키운다. 한편 대학은 변별력 없는 스펙을 키우는 고비용 구조로 전락해 젊은 세대에게 부채만 지속적으로 키운다.

지난 교육감 선거에서 약진한 진보교육감들은 북유럽 국가들처럼 학교에서 순위를 매기는 시험을 없앴다. 하지만 그 아이들의 부모 가운데, 학교에서 시험을 없앤다는 것이 함유하는 의미를 아는 이는 얼마나 될까.

시험만이 아니다. 9시 등교제를 추진하는 곳도 많다. 우리나라는 일단 일을 벌여놓고 토론하는 것이 부지기수다. 이런 논란 속에서 정작 가장 혼란스러운 것은 학생들이다. 교육시험의 모르모트처럼 움직이고 싶지 않기 때문이다.

그런데도 덴마크 같은 북유럽 모델들에게 희망이 있는 것은 성적에만 강요되지 않아도 되는 미래와 자신의 선택에 대한 자존감을 찾을 수 있는 시스템 때문이다.

어떤 이들은 결혼하지 않거나 아이를 낳지 않으려는 이들에게 공동체의 존속을 이유로 비난을 던진다. 정말 사회 구성원들은 결혼을 해야 하고, 아이를 낳아야 할까? 절대 그렇지 않다.

필자의 어머니는 1960년대 후반에 결혼해 7남매를 낳았다. 종갓집 며느리답게 1년에 10여 차례의 제사를 챙기는 강단을 가진 분이었다. 그런데도 여전히 어머니는 자식들이 좀 더 안정적인 생활을 누리길 바라면서 자식들을 걱정한다. 그리고 이런 험난한 여정을 거쳐서 자수성가한 사람들도 있다. 하지만 이 시대에 돈과 권력에 있어 떳떳한 사람을 만나기도 쉽지 않다.

그러므로 앞으로의 세대는 굳이 강요받는 삶을 살 필요가 없다. 타인의 시선을 의식할 필요도 없고, 거창한 사회적 사명감에 얽매일 필요도 없다. 노마드가 되어 스스로의 삶을 찾아가야 한다는 사실을 먼저 깨닫는 사람이 유리할 것이다.

오십을 앞둔 필자 세대 가운데서 노후대비를 하는 사람은 극히 드물다. 공무원들 정도가 연금을 생각하겠지만, 국가의 재정구조나 인구구조를 봤을 때 언제까지 노후를 보장할지에 대한 답이 없다. 그런 우리 세대가 이제 청년이 되는 아래 세대에게 바라는 것은 어느 정도 시점이 되면 부모 세대로부터 독립해 자주적으로 살아 주는 것이다. 필자 역시 아이가 우리의 근처에서 살았으면 좋겠지만 혹시 외국을 주유하는 노마드의 삶을 산다고 해서 말릴 이유가 없다. 오히려 아이가 사는 곳에 가서 하루 정도 자고, 손자에게 용돈을 줄 수 있을 정도의 여유를 가질 수 있을지를 걱정한다.

앞으로의 세대는 자신이 원하든 원하지 않든 어떤 강요 속에서 움직이는 세대는 아닐 것이다. 앞날을 생각하는 이들이라면 '자유로부터의 도피'를 꿈꿔서는 진짜로 위험해질 수 있다.

"내가 나를 위해 존재하는 게 아니라면, 누가 나를 위해 존재할까? 내가 나만을 위해 존재한다면, 나는 도대체 무엇일까? 지금 아니라면 언제일까?"

_『탈무드』 중에서

02 감정 다루기

어릴 적 시골 이발관에 가장 많이 걸려 있던 글귀 중의 하나는 '삶이 그대를 속일지라도 슬퍼하거나 노하지 말라. 슬픔의 날을 참고 견디면 기쁨의 날이 오리니'라는 푸쉬킨의 시 일부였다.

우리 아버지 세대들은 왜 이 시구를 그토록 좋아했을까. 그럼 그분들은 정말 자신들을 속이는 시대를 살았던 것일까? 특정하기 어렵지만 그분들은 한국 전쟁의 상흔이 끝나지 않은 시기에 청년기를 보냈던 세대이다. 물론 그분들은 근대화의 시기에 가장 중심에 서서 이 나라의 경제 성장을 이끌었다. 그런데 그분들에게 삶을 속이는 주체는 무엇이었고, 얼마나 절박하게 속았다는 느낌을 받았던 것일까.

그로부터 한 세대가 지난 지금은 어떨까. 필자는 안정이 필요할 때, 법륜 스님의 '즉문즉설'을 곧잘 듣는다. 여기서 즉문은 다양한 사람들이 스님에게 묻는 것이다. 젊은 사람들은 연애, 취업을 걱정한다. 중년층 대부분은 직장 생활이나 아이를 걱정한다. 노년층 역시 자식 걱정 등 걱정이 많다. 그런데 경제 문제처럼 물질적인 문제도 있지만 대부분은 감정의 문제이다.

실제로 삶에서 가장 큰 쟁점 사항 중의 하나가 스스로가 '희로애락애오욕(喜怒哀樂愛惡慾)'의 고통에서 벗어날 수 있는가이다.

노마드라 해도 이 문제에서 벗어나 있는 사람들은 없다. 그렇지만 노마드라면 스스로 많은 고민을 통해 나름대로 이 부분의 방향을 잡아야 한다. 인간인 이상 세상 사람들은 누구나 감정을 갖고 산다. 사랑의 감정이 인정받지 못하고 극단적으로 흘러가면 미움과 분노가 되어 수많은 사건을 낳는다.

그런데 필자는 모름지기 노마드라면 이 감정을 다룸에 있어 일반적인 사람들보다는 훨씬 더 깊어져야 한다고 생각한다. 깊어진다는 것은 다름 아니라 감정을 한 걸음 떨어져서 느끼고 판단하는 것이다. 이런 자세에서 판단하면 좀 더 객관적일 수 있다. 이럴 경우 실수도 줄고, 다른 사람들과의 거리도 좁혀 사람들 사이를 윤택하게 할 수 있다.

개인적으로 법륜 스님 '즉답'의 가장 큰 키워드는 '놓음'이라고 읽었다. 세상에는 수많은 인연이 있다. 부모 자식, 부부, 직장 등 수많은 관계에서 사람들은 끝까지 관계를 자신이 안으려고 한다. 스님은 그런 사람들을 향해 놓으라고 말한다. 아이는 스무 살이 되면 스스로 길을 찾는 존재이며, 부부란 서로에 대한 예의를 지킬 때 온전한 관계라고 본다. 그리고 이런 놓음에서 가장 중요한 것이 감정일 것이다. 그래서 『법륜 스님의 행복』에서는 2장에 '감정은 만들어진 습관'이라는 공간을 두었다. 여기서 스님은 과거의 상처는 물론이고 현재의 관계들에 얽매이지 않고, 과거의 상처를 자신의 자양분으로 만드는 것을 강조한다. 그러기 위해 가장 중요한 것은 자신이 '내 삶의 주인이자 이 세상의 주인으로서 내 행복은 누가 가져다주는 게 아니라 내가 만든다는 생각'(서문 중에서)이라고 말한다. 실제로 일상에서 어느 작은 한 감정에 빠지면 돌이킬 수 없는 범죄를 저지르기도 한다. 수없이 일어나는 치정 사건도 사랑이라는 감정과 소유욕, 질투가 뭉쳐서 만들어진 결과다. 반면에 스스로의 감정을 한 발짝 뒤에서 조절할 수 있다면 그는 사회적으로나 개인적으로 훨씬 성숙할 수 있다.

얼마 전 만난 친구가 나에게 고민을 털어놓았다. "한 파트를 맡은 직원이 요즘 나나 회사랑 거리를 두려는 느낌이다. 조만간 이 파트의 분사를 생각하는데, 걱정된다"는 고민이었다. 나는 객관적인 입장에서 조언했다. "너에게는 오랜 시간을 같이해온 좋은 경영진도 있다. 또 그 직원도 너를 믿고, 그 파트를 맡아 충분히 성장했다면 소중한 직원임에도 틀림없다. 어찌 보면 분사를 생각하면서 네 마음에서 뭔가를 잃을 수 있다는 불안감 등등이 작용할 수 있다. 어차피 분사되도, 그 회사의 실권자는 너이기 때문에 두려워하기 보다는 그 사람을 믿고, 추진하는 것이 좋을 것 같다. 물론 네가 믿는 경영진에게 자문해보고"라고 말했다.

다들 사람이기에 수많은 감정을 갖고 움직인다. 감정을 제어할 수 있는 기술들이 발달한다고 하지만 결국 감정이 없는 세상은 공포 그 자체. 그렇기에 모두 인간이고 그 속에서 살아간다.

그런데 노마드라면 그 감정의 문제를 자신의 자양분으로 삼지 않으면 안 된다. 책을 사랑하고, 여행을 사랑하고, 고독을 사랑하는 이는 결국 이 감정을 진주로 만들어내는 능력을 갖추어야 한다.

한비야는 1996년 『바람의 딸 걸어서 지구 세바퀴 반』(금토 간)을 출간하면서 여행작가의 반열에 오르기 시작했다. 그녀의 책을 읽다 보면 가장 놀라운 것은 감정을 냉철하게 다룰 줄 아는 능력이다. 여행이라는 행위는 수많은 이별과 만남을 전제한다. 그런 시간 속에서 그녀는 여행하면서 하고 싶은 일(국제난민 관련 프로그램에서 일)을 찾았다. 그리고 그 책 1권에서 "당장 누군가의 도움을 받지 않으면 목숨이 위험한 국제난민들을 위한 기구에 들어가 적어도 20년간은 '목숨을 걸고' 일을 할 생각이다. 물론 그 일이 돈과 명예와는 아무런 상관이 없을 수도 있고 막대한 개인적인 희생을 치러야 한다는 것도 잘 알고 있다. 그러나 나는 확실히 알았다. 하고 싶은 일을 해야 할 용기가 나고 행복을 느낀다는 것을"라고 썼고, 그리고 거의 이 인생 여정을 지키고 있다.

"자신을 이기는 자가 최후의 승자가 된다."

_자오위핑, 『자기통제의 승부사 사마의』 중에서

03 유목민은 실패를 즐긴다

"25세라면 아무 걱정하지 마세요. 어떤 실패도 자산이 될 겁니다. 젊은 친구에게 항상 얘기하죠. 아직 10대라면 열심히 공부하세요. 기업인이 되려면 경험을 배워나가고요. 20대라면 누군가를 따르세요. 중소기업에서 일해보시고요. 일반적으로 대기업은 프로세스를 배우기엔 좋습니다. 큰 기계의 부품 역할을 하니까요. 하지만 중소기업에 일하면 꿈과 열정을 배우게 되죠. 동시에 여러 일을 하는 법도 배우게 되고요. 따라서 서른 전에는 어느 회사에 다니는 게 중요한 게 아니라 어느 상사를 따르느냐입니다. 아직 30대라면 명확하게 생각하고 스스로를 위해 일해야 합니다. 정말 기업가가 되고 싶다면 말이죠. 40대라면 본인이 잘하는 일에 전념해야 합니다. 새로운 분야에 도전하지 마세요. 너무 늦었으니까요. 성공할 수도 있겠지만 실패할 가능성이 너무 높습니다. (잘하는 일에) 어떻게 집중할까를 고민하세요. 만약 50대라면 젊은 사람을 밀어주세요. 왜냐하면 젊은 사람들의 실력이 더 좋기 때문이죠…."

이 말은 2015년 5월 KBS에서 방송된 「글로벌경제, 아시아 시대를 열다」에서 마윈 알리바바 회장이 한 말로 많은 이들이 공감했다. 한 25살 청년의 질문에 대한 답변으로 답변의 핵심은 실패를 두려워하지 말고 자신의 세계를 찾으라는 것이다.

지금 세대의 상당수가 대기업 직원이나 공무원, 교사와 같은 안정적인 직업을 찾으려는 것에 정반대되는 이야기이다. 마윈의 이야기는 틀린 것일까. 아니다. 그의 이야기야말로 이 시대에 가장 적합한 이야기다. 거대한 초식공룡이 된 대기업이 얼마나 확실하게 미래를 담보할 수 있을까? 인구는 줄고, 지자체도 머잖아 축소될 시대에 공무원은 언제까지 안정적인 직장이 될까? 신생아가 태어나지 않은 상황에서 교육 서비스 수요는 유지될 수 있을까? 당장 십수 년만 바라봐도 뻔한 결과들을 애써 외면한 젊은이들에게 마윈이 던지는 말은 자못 신중하다.

실제로 마윈도 처음 했던 다양한 IT 사업들은 큰 성과를 내지 못했다. 차이나페이지 등은 그다지 성과를 낼 수 없는 구조였다. 그런데 그는 그 사업 속에서 통찰력을 가지고 IT와 중국을 접목하기 시작했다. 거기에 어떤 실패도 두려워하지 않는 그의 자신감이 있었다. 그가 가진 긍정 에너지는 세계적인 투자자인 손정의 등을 들뜨게 했고, 결국 그는 성공했다. 이런 결실은 그를 믿고 투자했던 수많은 국제 투자가들에게 큰 성공을 안겨줬다.

혹자는 실패하기 위해 투자가 있어야 하는가를 물을 것이다. 맞는 말처럼 보인다. 하지만 투자는 1원도 투자고, 수십조 원도 투자다. 1원을 투자해 성공한 사람도 있고, 수십조 원을 투자해 실패한 경우도 부지기수다.

문제는 진짜 투자할 준비가 되어 있는가다. 노마드는 투자가이기도 하다.

자신이 살아가는 인생의 한 순간 한 순간을 투자한다. 그것은 자본일 수도 있지만 시간이기도 하다. 자신의 소중한 청춘을 투자해 무엇을 한다는 것이다. 하나하나의 족적이 먼 훗날 자신이 걸어갈 길의 디딤돌이 된다는 것을 노마드들은 알아야 한다.

그런 과정에서 수많은 실패를 겪을 수 있다. 그러나 실패는 오히려 자원이 될 수도 있다. 어릴 적에 무등산 산장에 있는 작은 집에 가는 길에 김현승의 「눈물」이 있는 시비에 들렀다. 시내에서 출발한 버스가 무등산 산장 정류장에 도착하기 100미터쯤 앞에 있는 굽잇길의 안쪽에 있는 이 시비를 나는 몇 번이고 만지작거리며 읽었다.

"더러는
옥토(沃土)에 떨어지는 작은 생명(生命)이고저······

흠도 티도,
금가지 않은
나의 전체는 오직 이뿐!
더욱 값진 것으로
드리라 하올 제,

나의 가장 나아종 지니인 것도 오직 이뿐!

아름다운 나무의 꽃이 시듦을 보시고

열매를 맺게 하신 당신은

나의 웃음을 만드신 후에
새로이 나의 눈물을 지어 주시다"

이 시는 다형 김현승 선생이 자식을 잃고 쓴 시다. 이런 고통을 운명이라고 할 수도 있고, 실패라고도 할 수 있지만 우리는 생을 살아가면서 수많은 좌절을 만난다. 그리고 그걸 잊지 못한다면 그 사람은 이미 죽은 자와 마찬가지다. 그런데 다형 선생은 그 슬픔을 시로 형상화해 희망을 만들었다.

그런데 실패를 즐긴다고 해서 실패를 그냥 인정하는 것은 아니다. 사실 실패도 의미 있는 실패와 의미 없는 실패로 나뉜다. 그 기준은 실패를 통해 무언가 얻는 것이 있는가와 없는가의 차이다. 앞서 소개한 마윈의 말에 나 역시 전적으로 동의한다. 마윈 역시 처음에 큰 돈을 갖고 창업한 것이 아니다. 그가 미국으로 간 것은 항저우 시에서 고속도로에 투자하겠다는 투자자의 진위를 파악하기 위한 것이었다. 그들은 사기꾼이었고, 마윈은 돌아올 항공권이 없는 상황에 이르는 등 큰 곤욕을 치른다. 그는 실패인 그 길에서 인터넷의 존재를 확인하고, 차이나페이지 도메인을 등록하는 등 기반을 만든다. 귀국 후 그는 장모님에게서 빌린 2만 위안을 포함한 3만 위안(한화 500만 원가량)으로 회사를 만든다. 그는 수많은 어려움을 겪지만 다양한 활로를 찾으면서 사업의 세계를 익힌다. 이후 그는 담대하게 투자 유치를 추진해 중국 전자상거래를 주도하는 인물이 된다. 얼마간은 그의 영향력 하에 중국 전자상거래가 움직일 가능성이 크다.

하지만 지금의 한국 젊은이들은 창업 자체에 대한 두려움이 있다. 물론 창업자가 살아갈 수 없는 구조 등 수많은 문제가 있다. 하지만 지금의 상황을 나쁘게 생각하는 그 자체가 사치일 수 있다. 불과 100년 전, 수많은 한국 젊은이들이 근근이 교통비를 마련해 미국으로, 중국으로, 일본으로 향했다. 그리고 그 족적은 그대로 남아 있다. 근대 중국 문화계에서 가장 위대한 이들 가운데 우리나라 사람을 빼놓을 수 없다. '중국의 피카소'로 불리는 한락연, '중국의 카루소'로 불리는 정율성, 중국 역사상 유일한 영화 황제로 꼽히는 김염, 공산당 북경당 서기를 지냈던 『아리랑』의 김산, 항일명장 양세봉, 중국군의 포대를 창시한 무정 등도 당시의 노마드들이다.

그들만이 아니다. 1927년 12월 11일 광둥성 광저우서 벌어진 광둥코뮌에서는 우리나라 사람 150명이 희생됐다. 3.1 운동이 끝난 지 수십 년이 지난 지금도 비행기를 타고, 약 3시간 반을 가야 도착할 수 있는 그곳에서 그렇게 많은 한국 사람이 죽었다. 중국은 그것에 감사해 한국과 중국이 피를 나눈 것을 기념하는 중조인민혈의정(中朝人民血谊亭)을 광저우기의열사릉원(广州起义烈士陵园)에 세웠다.

혹자는 이날 죽은 150명을 실패자라고 할 수 있을지도 모른다. 하지만 이들이야말로 조국을 위해 가장 장렬하게 산화하고 중국 사람들에게 한국의 이미지를 심은 중요한 이들이다. 듀얼 사이클론 청소기를 개발한 제임스 다이슨은 누구보다 실패의 중요성을 역설한다. 그는 스스로 "사업을 하는 내내 나는 실패자였고 부적응자였지만 결과적으로는 그게 내 경력에 장점으로 작용했다"고 말한다. 그는 청소기의 개발과정에서 5126번을 실패했지만 그 다음 한 차례를 진행해 결국 성공한다.

만약 다이슨이 5127번째 실험을 하지 않았다면 다이슨 청소기는 나오지 않았을 것이다. 한국보다 앞서 고령화와 경기침체를 겪는 일본의 가장 큰 문제는 젊은이들이 도전하지 않고, 부모에 안주하고 정착하려는 것이다. 사회생활에 적응하지 못하고 집 안에만 틀어박혀 사는 병적인 사람들인 히키코모리(引き籠もり)와 부모에게 의탁해 살아가는 캥거루족도 도전하지 못하는 자세에서 나왔다.

그 사회가 최후로 가는 원인은 사람들이 실패하는 것보다는 도전하지 않는 것이다. 실패는 자신에게는 좌절이지만 주변에는 새로운 동력을 주는 계기다. 다이슨이 5000번 넘게 실패하는 동안 주변에서는 수많은 비용과 노동을 제공했을 것이다. 그리고 성공을 통해 그 많은 과정을 보상받았다. 그것은 한 국가에도 마찬가지다. 히키코모리와 캥거루족이 생산가치를 만들어 국가총생산에 미치는 영향은 제로에 가깝다. 반면에 실패하는 이들이 수없이 많은 생산가치를 만들어내는 것만 봐도 실패의 가치를 알 수 있다.

노마드에게 실패보다 두려운 것은 도전하지 않으려는 패배의식이다.

"오래 엎드린 자는 반드시 높게 난다(伏久者飛必高)."

_홍자성, 『채근담』 중에서

04 친구와 함께 잘 사는 길

지금은 많이 쓰이지 않는데, 도반(道伴)이라는 말이 있다. 말 그대로 하면 길을 같이 가는 사람이다. 이 단어를 많이 쓰는 사람이 '수유+너머'와 '감미당' 등에서 활동한 고미숙 작가다. 고 작가는 강연회에서 배움을 강조하며, 배움의 우정을 말한다. 친구도 그냥 남과 다를 바 없는 그런 친구 말고 배울 것이 있는 스승과 같은 친구를 만날 것을 강조한다. 물론 이는 '인맥'처럼 수단이 우선시된 것이 아니라 서로를 지켜보며 지적을 해주는 친구를 말한다. 실제로 고 작가는 수유+너머 시작부터 감미당으로 이어지는 길에 수많은 도반을 같이했다. 그렇기에 원래 공부하던 『열하일기』를 넘어 루쉰, 『동의보감』 등으로 배움을 확대해 갈 수 있었다.

고 작가와는 2004년 『열하일기』의 현장을 답사하는 테마여행을 기획하면서 처음 만났다. 이후 연남동과 남산에 있는 수유+너머 사무실을 가끔 들렀다. 남산에 살던 시절에는 잠시 들렀다가 수유+너머에서 같이 식사한 적이 있다. 그들의 식사 준비 과정은 친구들이 사는 공동체다웠다. 안전한 식자재들을 능력껏 가져오고, 밥을 짓는 것도 조를 만들어 차례대로 했다. 디

저트도 방문자들이 가져온 수박 등의 과일이 있어서 부족하지 않았다. 식사 후 뒤처리도 사찰처럼 각자가 처리해 일을 분산해서 했다.

그런데 두 번째 『열하일기』 답삿길에 고 작가는 베이징 인근의 퉁저우(通州) 시하이즈(西海子) 공원에 가자고 요청했다. 그곳에 있는 탁오 이지(李贄, 1527~1602)의 묘를 보고 싶어서였다. 이탁오는 질식될 것처럼 밀폐된 당시 유교사상계에 다양한 새로운 사상을 불어넣다가 결국 감옥에서 자결하는 비운의 사상가다. 드디어 여행길에 우리는 그곳에 들렀다. 작은 공원의 북쪽에 기념관도 없이 쓸쓸히 있는 이탁오의 묘에서 고미숙 작가는 두 가지를 이야기했다. 하나는 "친구가 될 수 없다면 진정한 스승이 아니고, 스승이 될 수 없다면 진정한 친구가 아니다"라는 이탁오의 친구에 대한 말과 "아이의 마음은 참된 마음(眞心)이다. … 동심이란 거짓 없고 순수하고 참된 것으로, 최초 일념의 본심이다"로 전해지는 동심론(童心論)이다. 우리가 그곳에 도착했을 때 이탁오 묘 주변은 아이들의 놀이터가 되어 있었다. 아이들은 드물게 찾아오는 외지인을 신기한 듯 바라봤다.

400년이 지났지만 이탁오의 사상은 노마디즘을 공부하는 이들에게도 가장 큰 공감을 얻는다. 그의 '친구'에 대한 생각은 다양한 영감을 주는 말로 알려졌다. 이탁오의 말처럼 친구 간에도 상대에게 도움이 될 수 있게 하겠다는 치열함이 없으면 그저 짧은 시간에 주고받는 치기만이 있을 가능성이 높다. 반면에 친구들 간에도 노력한다면 그 우정은 더 크게 변주할 수 있다는 게 이탁오의 친구관이었다.

그런데 현대인들은 친구를 만드는 일에 능숙하지 않다. 우선 개인 중심으로 살아가는 사회에서 친구를 만드는 일은 쉬운 일이 아니다. 하지만 친구가 없는 삶은 너무 무료하고 힘들다. 그럼 친구는 어떻게 만들어지는 것일까. 무척 간단하다. 어릴 적 고향친구인 죽마고우에서 초등, 중등, 고등, 대학을 거치면서 만들어지는 학교 친구, 직장 친구 등 다양하다. 그리고 아이와 연결된 학부모 친구, 같이 사회교육 과정을 밟은 친구도 있다.

필자 역시 나름대로 이런 시간을 지내오면서 만든 다양한 친구가 있고, 비교적 안정적으로 친구 관계를 유지하는 것 같다. 우선 시골 친구와 학교 친구는 밴드와 카카오톡 대화방 등을 통해 상시로 만난다. 이런 공간들은 나이나 경제상황 등 다양한 일들을 겪으면서 변모해 간다. 지금 자주 만나는 초등학교 친구는 20여 명쯤 된다. 중학교 친구는 50여 명이 시시때때로 멤버가 바뀌면서 만난다. 어릴 적 친구들을 만날 때 가장 중요한 것은 상대에 대한 배려심이다. 어릴 적 친구들은 대부분 경제적으로나 사회적으로 차이가 있을 수밖에 없다. 이런 만남에서 돈이 많다거나 사회적 지위가 높다는 것을 내세우는 친구가 있으면 그 만남은 필연적으로 무너질 수밖에 없다. 그런 모임에 나오는 사람들은 나름대로 자기 삶에 대한 자존감이 높은 친구들일 가능성이 크다. 물론 그런 친구 가운데 다양한 콤플렉스를 가진 친구들이 있을 수 있다. 그러나 궁극적으로는 그런 친구가 콤플렉스를 풀고, 자연스럽게 친구라는 감정 안으로 들어오게 하는 게 모임을 유지하는 방법이다. 어릴 적 친구들의 모임은 어느 순간 확 불이 타오르다가 순식간에 식는 과정을 반복하는 경우가 많다. 대개는 운영진들의 열정에 따라 그러기 마련이다. 하지만 이런 친구망은 나이에 따라 곡절을 타는 경우가 더 많을 것이다. 퇴직 이후에 우정의 가치가 더 빛날 확률이 높다.

대학과 직장 커뮤니티는 어릴 적 커뮤니티에 비해 비즈니스와 연계된 측면

이 많다. 필자 역시 여러 개의 대학 커뮤니티를 갖고 있다. 그중에는 5천 명이 넘는 포럼 형태의 모임도 있고, 중국에서 만났던 좋은 분들이 모이는 알찬 모임도 있다. 오프라인을 중심으로 하는 중국자본시장연구회와 국회중국포럼도 사이버 커뮤니티가 있다.

그럼 왜 친구가 필요할까? 노년 생활에 친구처럼 소중한 자산은 없다. 친구가 있는 사람들은 노년의 가장 큰 걱정거리인 무료함에서 해방될 수 있다. 은퇴 후 삶에 대한 전문가인 김형래 씨는 그의 저서 『30년 후가 기대되는 삶』에서 "은퇴를 기점으로 인간관계의 80%가 사라진다"고 가정한다. 이런 관점에서 봤을 때 은퇴 전에 친구가 10명인 사람은 2명이 남고, 100명인 사람은 20명이 남으니 젊은 시기에 형성한 인간관계는 소중하다.

실제로 2005년에 호주 플린더스 대학 연구진은 70세 이상 노인 1447명의 인간관계를 10년간 추적 조사했는데, 조사 결과를 보면 이 말이 맞다는 것을 알 수 있다. 많은 친구는 장수에 영향을 미친 반면 화목한 가정은 장수에 거의 영향을 미치지 않았다. 친구관계가 돈독한 집단의 노인은 가족과의 관계가 좋은 노인보다 사망 위험도 22% 정도 낮았다.

노년의 삶과 죽음에 대한 명저를 많이 쓴 소노 아야코는 『중년 이후』에서 중년의 가장 큰 행복이 '믿을 수 있는 친구'를 얻는 것이라고 말했다. 그녀는 "그저 만나고 싶을 때 만날 수 있고, 이야기하고 싶을 때 시간을 할애하고, 병이 나을 때 진심으로 위로해주고, 남녀관계를 초월해 예를 갖추고 마음의 상처를 이야기 할 수 있는 친구"가 소중하다고 말한다.

하지만 시간이 지나면서 그 관계를 유지하는 일은 절대 쉽지 않다. 우선 치열한 세상에서 친구를 이용해 도움을 받으려는 이들이 나타나기 마련이다.

필자가 스무 살 무렵 우리 고향 친구들에게 다단계 마케팅 전성시대가 찾아왔다. 그들이 손을 내밀 수 있는 이들은 고향 친구들이었고, 상당수가 이런 굴레에 들어가 소중한 시간과 돈을 잃어버렸다. 5년여가 흐른 후에 이 모든 것이 제 살 깎아 먹기라는 것을 알고, 모두가 슬픈 표정을 하고 다시 잃어버린 시간을 벌충하기 위해 더 험난한 생활 전선으로 뛰어들었다. 그런 혹독한 시간이 있어선지 이후 고향 친구들끼리는 일체 경제적으로나 사업적으로 새로운 제안을 피했다. 이런 상처를 회복하는 데 한참의 시간이 걸렸지만 다행히 고향 친구들 관계는 각종 커뮤니티 등을 통해 다시 복구되어 갔다.

칭기즈칸의 발전과 성장에도 친구의 도움이 컸다. 그는 그의 의형제이자 경쟁자인 자무카를 통해 성장했다. 물론 후반기에는 그의 목숨을 위협하는 가장 무서운 적이 됐지만 모든 혈투를 마친 후 자무카는 스스로 죽음을 선택했다. 그는 장수 보오르초와 샤먼 코르치와 우정을 나누며 몽골제국을 만들어갔다.

"여러분과 리무진을 타고 싶어하는 사람은 많겠지만, 정작 여러분이 원하는 사람은 리무진이 고장났을 때 같이 버스를 타줄 사람입니다."

_오프라 윈프리

05 나는 걷는다. 고로 노마드다

로버트 프로스트의「가지 않은 길」은 어느 순간부터 내 인생의 길을 정해준 시다.

"노란 숲 속에 길이 두 갈래로 났었습니다.
나는 두 길을 다 가지 못하는 것을 안타깝게 생각하면서,
오랫동안 서서 한 길이 굽어 꺾여 내려간 데까지,
바라다볼 수 있는 데까지 멀리 바라다보았습니다.

그리고, 똑같이 아름다운 다른 길을 택했습니다.
그 길에는 풀이 더 있고 사람이 걸은 자취가 적어,
아마 더 걸어야 될 길이라고 나는 생각했었던 게지요.
그 길을 걸으므로, 그 길도 거의 같아질 것이지만."(시 일부. 피천득 옮김)

이 시에서 '걷는다'는 단순한 걸음의 의미는 아니다. 바로 '살아간다'는 의미

다. 남들이 선택한 뻔한 길보다 남들이 선택하지 않는 다른 길을 선택한다는 것은 흥미로운 일이다. 하지만 사람들은 대부분 남들이 선택해 안전한 길을 택하기 마련이다.

그러나 돌이켜 보면 우리나라엔 낯선 길 걷기를 두려워하지 않는 노마드들이 많다. 그리고 그들은 하나같이 걷기 여행에서 그 길을 시작했다. 걷기의 시작은 결코 멀리 있지 않다. 작게는 자기 집 주변의 공원을 걷는 것에서 시작해볼 수 있다. 걷기가 주는 수많은 장점은 굳이 말하지 않아도 될 것이다. 건강, 정서에 도움이 되는 건 물론이고 아이디어를 얻는 데엔 걷기만한 게 없다.

이미 대세가 되어버린 등산을 통한 걷기도 좋다. 필자보다 두 살 많은 형의 경우 마흔 중반까지 일에 쫓겨 다녀 자신을 돌아볼 수 있는 기회가 많지 않았다. 형수를 비롯해 가족들에게는 상대적으로 소홀할 수밖에 없었다. 하지만 마흔 중반에 형수와 같이 시작한 백두대간 걷기를 통해 건강은 물론이고 가족 간의 정서적 연대도 성공적으로 회복했다. 필자 역시 스무 살 무렵부터 중국으로 떠나기 전까지 일 년에 꼭 한 번씩 지리산을 종주하며, 자신을 돌아보는 시간을 가졌다. 때로는 대원사에서 화엄사로 이어지는 긴 길을 걷기도 하고, 노고단에서 백무동으로 이어지는 코스를 걸었다. 텐트가 포함된 무거운 짐을 혼자 지고 그 길을 걸으면서 나 자신을 돌아볼 수 있었다. 귀국한 후에도 몇 차례 지리산을 걸었다. 이전처럼 속도가 나지 않았고, 산장 예약도 쉽지 않았지만 지리산을 걷는 일은 나에게 항상 가슴 벅찬 일이었다.

화엄사에서 시작해 노고단, 장터목, 천왕봉, 대원사에 이르는 길은 지리적으로도 46km에 달하는 긴 길이다. 그러나 드는 수고는 사람과 시간, 조건에 따라 무척 다르다. 노고단에서 돼지령에 이르는 평탄한 길도 있지만, 대부분의 고개 하나하나가 어지간한 주말 등산코스에 이른다. 특히 반야봉(1732m)에서 화개재(1315m)를 거친 후 토끼봉(1534m)에 오르는 3km의 길은 어지간한 인생의 난관을 짧은 시간에 경험하는 느낌을 준다. 등산이 흥미로운 것은 등산이 삶의 축소판 같은 느낌을 주기 때문이다. 산을 걷는 이들은 수많은 여정을 경험한다. 산장에서 식사를 하고 잠을 자면서 휴식을 취할 수도 있고, 능선에 신비롭게 숨어 있는 샘들을 통해 목을 축일 수 있다. 밧줄에 의탁해야 갈 수 있는 어려운 길 앞에서는 포기할 수도 있다. 때로는 다음 산장이 나오기 전에 내리는 어둠에 공포에 싸일 수 있다. 하지만 그 어두운 길을 천천히 헤치고 가면 멀리 산장의 불빛이 보이고 안도한다. 한 목표 지점에 도달했을 때, 내일은 그냥 내려가리라 생각하지만 다음 날이 되면 신기하게 다시 희망이 생긴다.

산길에서 만나는 이들을 지나치면서 '수고하세요'라고 던지는 격려는 결코 빈말이 아니라, 서로를 위로해주는 기운을 담고 있다. 대학시절에 들린 세석산장에서는 치기 어린 싸움을 하다가 안경을 망가뜨려 하산길 내내 고생을 한 적도 있다. 그때 싸워서 내려오자마자 갈라섰던 친구는 지금도 가장 친하게 지내는 벗이다. 그때 싸움을 부추겼던 이들과는 여전히 거리를 두면서 살아가니 인연이란 참 묘한 것이다.

산은 언제나 모든 것을 안고 있기에 더 긴장 어린 곳이기도 하다. 1996년 8월 9일, 지리산 중산리에서 헬기사고로 7명이 목숨을 잃는 안타까운 일이 있었을 때, 나는 대원사에서 힘든 산행을 통해 치마목에 도착했다. 사고 소식을 들은 다음 날, 여전히 헬기 소리가 산을 감싸는 상황에서 천왕봉에 오르며 삶의 비장함을 느껴야했다. 대학시절 애독했던 고정희 시인과 수많은 빨치산의 죽음을 생각하면서 당시 만든 삶에 대한 생각은 이후에 겪을 다양한 곡절을 버티게 해주는 힘이었다.

더 힘난한 길도 있다. 걷는 데만 5주가 걸리는 산티아고 순례길이다. 서명숙, 김남희 등 내로라하는 여행가들이 다녀왔다. 국내에 출간된 안내서만 수십 권이다. 이 길은 예수의 열두 제자였던 야곱(야고보)의 무덤이 있는 스페인 북서쪽 도시 산티아고 데 콤포스텔라(Santiago de Compostela)로 향하는 약 800km의 길이다. 1987년 파울로 코엘료의 『순례자』가 출간된 이후 더욱 명성을 얻었는데, 자기 자신을 찾는 이들에게는 빼놓을 수 없는 길이 됐다.

이런 여정들은 단순히 한 곳에 머물지 않았다. 산티아고를 다녀온 서명숙은 제주에 올레길을 만들어 제주의 살아 있는 명물을 만들었다. 김남희 작가 역시 이 길을 통해 도보여행가로 자리를 잡았고 세계 곳곳을 다니면서 사람들에게 다양한 상상력을 제공한다.

영화 「나의 산티아고」의 원작이 된 『산티아고 길에서 나를 만나다』를 쓴 하페 케르켈링은 "돌이켜 보면 길 위에서 신은 나를 끊임없이 공중에다 던졌다가 다시 붙잡아주었다. 그렇게 우리는 날마다 마주쳤다"고 말한다.

짧든 길든 길은 사람들에게 이런 영감을 준다. 세상을 살아가는 것은 수없는 반복을 통해 쓰러지지 않는 법을 배우는 과정이다. 어린 아이가 일어서다가 넘어질 것을 무서워하면 일어설 수 없고, 자전거를 타다가 넘어진 아이가 다시 용기를 내지 않으면 자전거를 탈 수 없는 것과 마찬가지다.

사람들은 육체적 어려움뿐만 아니라 수많은 정신적 어려움을 겪고 살아간다. '따돌림'처럼 학교에서 일어날 수 있는 문제, 역량 부족으로 인해 오는 어려움도 그렇다. 또 사랑이나 죽음같이 수없이 일어나는 사람과의 감정을 제어하지 못하면 그 사람은 좌절할 수밖에 없다. 그런데 걷기를 통해 자신을 만나는 시간은 이런 내성을 길러주는 데 좋은 역할을 한다.

정착민으로 살아간다면 걷기가 중요하지 않을지 모른다. 하지만 노마드로 살아가길 원한다면 걷기를 생활의 습관으로 선택해야 한다.

"걷기를 가치롭게 만드는 것은 불순함이다. 관점들, 생각들, 만남들, 이 모든 것은 방랑하는 육체라는 매개를 통해 정신과 세계를 연결하며, 정신의 자아 도취에 영향을 미친다."

_레베카 솔닛, 『걷기의 역사』 중에서

06 내 손안에 세계를 담다. 유비노마드

유비노마드(ubi-nomad)는 유비쿼터스(ubiquitous)와 노마드(nomad)를 조합해 만든 말이다. 유비쿼터스는 '언제 어디에나 존재한다'라는 뜻의 라틴어에서 나온 말이다. 지금은 언제 어디서나 정보통신 자원을 활용하는 것을 의미한다. 결국 유비노마드는 언제 어디서나 정보통신 자원을 잘 활용하는 노마드들을 말한다. 디지털노마드(digital-nomad)란 단어도 비슷한 의미로 사용된다.

필자가 기자 생활을 시작할 무렵인 1995년에 한 선배 기자가 쓴 책이 인상 깊게 다가왔다. 그 책의 요지는 향후 기자가 글만 쓰는 것이 아니라 글, 사진, 영상을 다 다루면서 위성전화를 통해 세계에 자신의 뉴스를 송신하는 시대가 온다는 것이었다.

그리고 20여 년이 흐른 지금 거의 비슷한 시대가 왔다. 당시 책에 나온 이 시스템을 갖춘 사람은 마치 전장에 있는 무장병사 같은 모습이었다. 하지만 지금은 그렇지 않다. 이동전화만 있으면 모든 것이 가능하다. 이제 페이스북과 인스타그램 등 이런 일을 할 수 있는 공간은 무한하다.

필자 역시 지난 20여 년의 시간 동안 이런 생각을 놓아본 적이 없다. 나만의 콘텐츠 구축을 위해 1996년에는 개인 홈페이지를 만들었다. 사진을 하는 친구, 오철민과 같이했던 '사진과 글이 있는 풍경'은 필자가 중국에 가면서 사라졌지만 몇 차례 홈페이지 공모전을 수상하는 등 나름대로의 가능성을 보여줬다. 중국에서 2001년부터 KBS 영상통신원으로 활동하며 동영상의 세계에도 접근했다. 지금 다시 방송이 재개된 「세계는 지금」을 통해 한 달에 한두 편 정도 중국 소식을 전했다. 먼저 취재 아이템을 기획한 후 채택되면 현장에 가서 촬영해 서울에 테이프를 보낸 후 5분 정도 전화로 녹음해 방송하는 구조였다. 이런 구조에 익숙해진 후에는 직접 프로그램을 연출해 방송했다. 2003년 9월, KBS에서 방송한 「임시정부 2만 리 길을 가다」가 그 방송이다. 이런 과정을 통해 필자는 동영상 프로그램 제작이 얼마나 큰 비용과 시간, 인력을 필요로 하는지 실감했다. 이후에도 10여 명의 유학생들을 가르쳐 방송 코디네이션 회사를 운영하면서 방송 프로그램의 전반을 봤다.

그런데 2010년대 후반에 들어서면서 미디어 전반에 혁명이 일어나고 있다는 것을 실감하고 있다. 우선 페이스북과 인스타그램 등이 이동전화를 통한 생방송 플랫폼을 완전히 갖추어 가고 있다. 미국이 주도하는 인터페이스만은 아닐 것이다. 중국 마케팅 시장에서 절대적으로 커가는 왕훙(網紅)의 힘은 변모하는 시대를 반영한다. 중국의 파워블로거를 지칭하는 왕훙의 시대가 도래했다는 것을 부인할 수 없다. 2015년 11월 11일 솔로데이(광군절, 光棍節) 기간에 왕훙이 운영하는 인터넷 쇼핑몰 수십 곳이 2000~5000만 위안(약 36억~89억 원)의 매출을 올려 그 진가를 발휘했다. 이런 흐름은 올해에도 더욱 확장될 것이다. 벌써 국내 회사들도 이런 흐름을 파악해 왕훙을 초청한 행사를 벌이는 등의 방법으로 대처하고 있다.

그런데 이런 변화 속도는 한국보다 중국이 더 빠르다. 우선 중국은 한국이 거쳤던 텔레비전 홈쇼핑과 전자상거래 사이트를 훨씬 이른 시간에 겪고 지나갔다. 가장 큰 이유는 12억 명의 가입자를 가진 중국 이동전화 시장의 급성장이다. 급속한 스마트폰 보급은 위챗페이 등 핀테크 기술의 급속한 진전을 가져왔고, 신용카드 보급이 없이도 신용결제가 가능한 시대로 변화시켰다.

이런 환경의 변화는 노마드들이 살아남을 수 있는 토양이 더 넓어졌다는 것을 의미하기도 한다. 2008년부터 공직에 갈 때까지 한신대에서 외래교수로 일하면서 '중국테마여행 플래닝'과 '다큐제작실습'을 가르쳤다. 그때 학생들 평가방법을 시험 대신에 기획과제와 블로그 관리로 대신했다. 블로그 관리를 평가 대상에 넣은 것은 수업 정리 목적도 있지만, 학생들이 자신의 스토리텔링을 할 수 있는 블로그를 갖기 바라서다. 실제로 이때 시작한 블로그를 통해 나중에 파워블로거가 된 여학생도 볼 수 있어서 기분이 좋기도 했다.

그럼 유비노마드가 갖추어야 할 것은 무엇일까? 우선 자신에게 맞는 정보 통신 공간을 갖는 게 유리하다. 가령 자기 생활이나 테마를 축적하길 원한다면 블로그를 쓰는 게 바람직하다. 블로그는 메뉴 관리가 가능해, 체계적인 정보 저장이 간편하고 상황에 따라 열어보거나 검색하기에 편리하다. 다양한 특색의 블로그가 있지만 그런 블로그는 향후 사라질 위험이 있으므로 가능하면 큰 포털 사이트의 블로그를 이용하는 것이 좋다.

최근 가장 널리 쓰이는 페이스북은 자신의 현재 상황을 전달하기에 가장 유용한 SNS다. 실시간으로 자신의 동향을 올리면 확장성이 좋아서 다양한 사람들이 자신의 정보를 볼 수 있다. 또 빅데이터를 활용한 친구찾기 기능이 있어 지인 네트워크를 쉽게 확대할 수 있다. 앞으로는 생방송 공간과 사업을 펼칠 수 있는 페이지 등이 사업모델로 성장할 것이다. 페이스북 활용을 익히는 것이 유비노마드들에게는 흥미로운 일이 될 것이다.

인스타그램은 연예인 등 비주얼을 중시하는 사람들이 앞다투어 가입하는 SNS다. 여행을 바탕으로 한 활동을 하거나 팬을 관리하는 입장에서는 좋은 공간이 될 수 있다. 트위터는 글자 수의 한계가 있다 보니 자신의 콘텐츠를 올리기 보다는 팔로워를 관리하는 데 익숙한 이들이 즐겨 사용하는 공간이다.

네트워크에서도 중국의 바람은 거세다. 중국 SNS가 있으면 중국인들과 커뮤니케이션하고, 친구망을 확대하는 데 도움이 된다. 필자가 추천하는 곳은 위챗이다. 위챗은 단순한 메신저가 아니라 자신의 정보를 관리하고, 위챗페이를 통해 결제가 가능한 복합형 기구다. 위챗은 향후 가장 중요한 커뮤니케이션 및 경제생활을 지배하는 메신저가 될 수 있기 때문에 위챗을 활용하는 것도 현명하다. 특히 중국 생활이나 중국 여행을 생각할 경우 위챗을 활용하면 안전하고 편리하게 대부분의 생활을 할 수 있다. 지금 중국에서는 이전에 신용카드를 사용하던 공간은 물론이고 노점까지 위챗페이 사용이 가능하다. 위챗이 선택이 아닌 필수가 될 시기도 멀지 않았다.

이런 기능적인 부분도 중요하지만 유비노마드에게는 두 개념을 정신적으로 잘 결합하는 능력이 필요하다. 아무리 좋은 기기를 갖고 있어도 그것을 활용할 수 있는 마인드가 없으면 무용지물일 뿐만 아니라 오히려 번거로운 짐이 될 수 있기 때문이다.

노마드가 유비쿼터스 혹은 디지털 공간에서 가져야 할 가장 중요한 마인드는 공존이다. 현재 다양한 갈래로 분화하는 디지털 세상에서 가장 중요한 목표는 이익이다. 이는 자본주의의 정신이 디지털 세상에도 그대로 전파됐기 때문이다. 그러나 이윤추구가 중심이 된 디지털 세상은 극도로 위험하다. 특히 전 세계를 동시간대에 조율할 수 있는 새로운 시대에는 어떤 한 사람이 가진 사악한 의도가 순식간에 세계로 흘러들어 갈 수 있다. 때문에 유비노마드들의 가장 근본적인 마인드에 공존이 있어야 한다. 리차드 스피넬로 등 사이버 윤리 전문가들은 표현의 자유, 지적 재산권, 프라이버시, 보안 등의 영역에 공존의 가치를 심으려 노력했다.

> "디지털 유목민의 특징은 정체된 일상의 구속에서 벗어나 자유로운 공간을 점유하는 데 있다. 어느 곳에서나 TV만 있으면 월드컵 중계를 볼 수 있듯, 디지털 장비가 있는 한 공간적 제약에 따른 정보의 한계는 존재하지 않는다."
>
> _김성일, 유재명, 김진석, 김상숙 공저, 『황금 사치 방랑 그리고 눈』 중에서

07 노마드는 여행으로 충전한다

한국 사람들의 일하는 시간이 길다는 것은 익히 알려졌다. 노동 시간이 길다는 것은 결국 여가 시간이 짧다는 것이다. 여행 시간도 짧다는 것을 의미한다. 이런 우리 청년들에게 초대 그리스도교의 사상가인 성 아우구스티누스(354~430)가 나지막이 말한다.

"세계는 한 권의 책이다. 여행하지 않는 사람은 그 책의 한 페이지만 읽는 것과 같다."

아우구스티누스는 한때 마니교에 빠지는 등 방황을 했지만 긴 여행을 통해 세상을 만났고, 인생과 종교의 한 축을 만들 수 있었다. 필자도 마찬가지였다. 사회 초년병 시절에는 언론노동운동이 내 인생의 큰 사명이라고 생각하고 그것에 몰두했다. 그러던 1998년 초, 베트남으로 출장을 다녀올 기회가 있었다. 대학시절, 베트남 역사에 대한 다양한 시각을 갖고 있었기 때문에 베트남을 마음으로 만날 수 있었다. 호찌민, 다낭, 후에, 하노이, 사파라는 새로운 공간들을 만났다. 곳곳에서 만나는 사람들을 통해 우리와 다른 세계와 그곳의 사람들도 만날 수 있었다. 다낭에서 후에로 가는 길에 탔던 작은 삼륜차 속에서 부대끼면서도 역사적 은원이 있는 한국 청년에게 편하게 대하려 하던 그들의 모습은 큰 깨달음일 수밖에 없었다. '통킹 만의 알프스'로 불리는 사파를 보고 내려오는 길에서 만난 한 지식인 여성과의 대화에서 내가 '한국' 사람이라는 말에 순간 눈에 비치던 '원망'을 지금도 잊을 수 없다. 당시만 해도 베트남 전쟁이 끝난 지 20년 남짓 되었으니 그 여성이 10대에 만났을 역사의 무게가 느껴졌다. 그럼에도 더 이상 이야기를 하지 않았고, 묵묵히 남은 여정을 같이했다.

이후 중국으로 여행 같은 출장을 다녀오면서 또다시 새로운 세상을 만날 수 있었다. 내가 중국으로 건너가던 1999년만 해도 우리나라 사람들은 중국에 대한 다양한 선입견, 편견에 빠져 있었다. '중국은 더럽다', '만만디(행동이 굼뜨다)', '무질서하다' 등등. 다행히 나는 세계적인 명언가 마크 트웨인이 한 여행에 대한 잠언을 염두에 두고 있었다.

"여행은 편견과 아집, 그리고 편협한 마음에 치명적이다."

여행을 통해 편견과 아집을 깨고, 드넓은 시각을 가질 수 있다는 트웨인의 말을 조금은 이해하고 있었다. 1999년 10월에 국경절을 전후해 다닌 베이징, 우한, 창장, 난징, 취푸 등의 여정은 기존의 내 사고를 넘어 그곳의 사람들과 그 무한한 잠재력을 한눈에 볼 수 있는 기회였다. 이후 현재까지 다양한 방법, 다양한 이유, 다양한 업무 방식을 통해 참 많은 중국을 만났다. 그리고 그 길을 다양한 방식으로 기록하고, 정리해 많은 결과물들을 만들어냈다. 그 과정에서 가장 고민한 것은 '어떻게 하면 선입견과 편견이 없이 중국을 전달할 것인가'였다.

사람인 이상 선입견과 편견을 아예 안 가지기는 어려웠지만 머릿속에 이 화두를 심고 중국을 봤다. 또 가능하면 여행을 통해 현장을 보면서 그곳이 가진 진실을 확인하고자 했다. 때문인지 그간에 중국에 관해 크게 잘못 본 것이 없다는 위안도 받는다. 또 시간이 흘러가면서 중국에 관한 더 깊은 통찰력을 가질 수 있을 거라는 생각도 해본다.

노마드에게 여행은 선택이 아니라 필수다. 많은 이들은 여행을 떠남에 있어 비용을 고민한다. 정말 그럴까. 많은 사람들에게 삶의 지혜를 선사하는 브라질의 작가 파울로 코엘료는 이런 이에게 한 마디 던진다.

"여행은 언제나 돈의 문제가 아니고 용기의 문제이다."

실제로 그는 800km에 달하는 스페인 '산티아고 길'을 다녀와서 쓴 『순례자』를 통해 인간애와 삶에 대한 성찰을 보여준 작가가 됐다. 이후 『연금술사』 등 수많은 작품을 통해 세계에서 가장 사랑받는 작가 중에 한 명이 됐다. 계약직, 비정규직 등으로 불안정한 직장생활을 하고, 밀린 학자금 대출을 가진 이들에게 여행, 특히 해외여행은 꿈꾸기 쉽지 않은 일이다. 그런데 세계에 나가 보면 그렇지 않은 다른 나라 사람들도 많고, 특히 한국 청년들도 많다. 때문에 여행은 돈의 문제가 아니고, 용기의 문제라는 코엘료의 말에 공감할 수밖에 없다.

필자가 대학시절 초년기에 가장 좋아했던 작가는 헤르만 헤세였다. 『수레바퀴 아래서』, 『데미안』, 『싯다르타』, 『나르치스와 골드문트』, 『유리알 유희』로 이어지는 그의 책을 읽으면 작품의 주인공처럼 한 단계씩 성숙해지는 나를 만날 수 있다. 그런 헤세 역시 여행으로 자신을 만들어갔다. 헤세는 말한다.

"여행을 떠날 각오가 되어 있는 사람만이 자기를 묶고 있는 속박에서 벗어날 수 있다."

만약 헤세에게 여행이 없었다면 그는 『수레바퀴 아래서』의 주인공 한스처럼 강에 투신자살했을지도 모른다. 그런데 헤세는 계속되는 여행을 통해 소설의 영감을 얻고, 또 그림을 통해서도 자신의 불안한 영혼을 드러낸다. 결국 그는 성장하는 한 인간의 상징이 된다.

그래서 헤세는 스스로 "여행의 시학은 일상적인 단조로움, 일과 분노로부터 휴식을 취하는 데에 있는 것이 아니라 다른 사람들과 우연히 함께 하고, 다른 광경을 관찰하는 데에 있다. 여행의 시학은 호기심의 충족에 있는 것도 아니다. 그것은 체험에, 다시 말해 더욱 풍요로워지는 데에, 새로 획득한 것의 유기적인 편입에, 다양성 속의 통일성과 지구와 인류라는 큰 조직에 대한 우리의 이해 증진에, 옛 진리와 법칙을 전적으로 새로운 상황에서 재발견하는 데에 있다"(『헤세의 여행』 중에서)고 말한다.

여행에 관한 당대 잠언가인 알랭 드 보통은 『여행의 기술』에서 다양한 여행법을 말해준다. 그의 이야기의 가장 큰 중심은 여행을 통해 만나는 낯선 장소가 사람들에게 주는 다양한 선물이다. 그는 "여행은 생각의 산파다. 움직이는 비행기나 배나 기차보다 내적인 대화를 쉽게 이끌어내는 장소는 찾기 힘들다"(『여행의 기술』 중에서)고 한다.

또 다른 당대 여행가 무라카미 하루키는 소설을 중심으로 하되, 여행을 곁가지로 독자들을 만난다. 무라카미 하루키의 소설의 공간은 사람들의 상상력을 자극하는 곳들이다. 그를 세상에 알린 소설 『노르웨이의 숲』, 산문집 『먼 북소리』는 물론 많은 산문집이 여행을 통해 만들어졌다.

"그렇다. 나는 어느 날 문득 긴 여행을 떠나고 싶어졌던 것이다. 그것은 여행을 떠날 이유로는 이상적인 것이었다고 생각된다. 간단하면서도 충분한 설득력이 있다. 그리고 어떤 일도 일반화하지는 않았다. 어느 날 아침 눈을 뜨고 귀를 기울여 들어보니 어디선가 멀리서 북소리가 들려왔다. 아득히 먼 곳에서, 아득히 먼 시간 속에서 그 북소리는 울려왔다. 아주 가냘프게. 그리고 그 소리를 듣고 있는 동안, 나는 왠지 긴 여행을 떠나야만 할 것 같은 생각이 들었다."(무라카미 하루키, 『먼 북소리』 중에서)

사실 노마드에게 여행은 충전의 방식이기도 하지만 타인들에게 말할 수 있는 가장 합리적인 변명거리이기도 하다. 여행을 싫어하는 노마드는 없다. 세상의 다양성을 만나는 데 여행만 한 것이 없기 때문이다. 또 정착민에게 여행이 가끔 있는 이벤트라면, 노마드에게 여행은 전혀 낯선 일이 아니다. 세상은 넓고 가 볼 곳은 많다.

필자도 마찬가지다. 박봉의 첫 직장생활 시기에도 주말이면 전국의 산이나 새로운 여행지를 찾아다녔다. 중국에서도 방송을 만들고 코디네이션을 위해서 중국 전역을 다녔다. 그래서인지 마르셀 프루스트의 "무언가를 발견하는 진정한 여행은 새로운 풍경을 찾으려는 여행이 아니라 새로운 시각을 가지려는 여행이다"라는 말에 나 역시 깊게 공감할 수 있었다.

그런데도 많은 이들은 여행을 팔자 좋은 사람들의 낭만적인 활동으로 생각한다. 그러나 여행은 가진 자들의 여유가 아니라 도전하는 자들이 자신의 위치를 보기 위해 끊임없이 만나야 하는 필수적인 요소다. 가진 자들이 자신들의 세계를 더 공고하게 하기 위해 가장 필요한 것은 밖을 볼 줄 모르는 기계부품 같은 종업원들이다. 반면에 그들 스스로는 여행과 학습을 통해 현재와 미래를 지배할 힘을 얻었다. 지금도 세계 금융을 좌우지하는 로스차일드가는 여행을 통해 사람을 만나면서 돈보다 인간관계의 소중함을 가르쳤다. 인도의 명문가인 타고르가는 부모와 자녀와 함께 여행을 떠나는 것을 권장해 자식이 세상을 만나게 했다.

> "여행은 문과 같다. 우리는 이 문을 통해 현실에서 나와 꿈처럼 보이는 다른 현실, 우리가 아직 탐험하지 않은 다른 현실 속으로 파고들어 가는 것이다."
>
> _기 드 모파상

08 왜 잡 노마드인가

"면접을 보고, 합격을 통보했는데 출근을 않네요. 전화하니 경찰관인 아버지가 더 지원해 줄테니 공무원 시험을 더 준비하라고 해서 그러기로 했다네요."

한 중소기업을 운영하는 후배가 던진 푸념은 지금 우리 젊은이들이 가진 직업관과 가정 내 역할을 그대로 보여준다. 20세를 훌쩍 넘었음에도 불구하고, 젊은층이 여전히 부모에게 의탁해서 사는 것뿐만 아니라 부모가 권하는 직업을 위해 자신의 생각을 포기하는 경우가 많다. 출근하지 않은 지원자는 스스로 업무를 배워 독립적으로 일할 수 있길 바란다는 포부를 가지고 있었는데, 공무원을 시험을 준비하면 그 꿈은 사라지거나 훨씬 늦추어질 수도 있다.

그런데 앞에서 여러 가지 구조적인 상황을 말했지만 이제 우리나라에서 안정적이라고 확언할 수 있는 일은 없다. 수십 대 일의 경쟁을 뚫고 들어간 공무원이라고 해도, 인구 감소로 인한 조직 축소나 국가의 경제 위기에서 완전한 예외일 수 없기 때문이다.

그런 가운데 가장 주목받는 단어가 잡 노마드다. 일자리(Job)와 노마드를 결합한 잡 노마드는 말 그대로 일자리에서도 노마디즘을 가진 사람들을 일컫는다. 2007년, 독일의 미래학자 군둘라 엥리슈가 "미래에는 국적이 아닌 직업을 따라 세계 각지로 진출하는 사람이 늘어날 것"이며 "잡 노마드들은 월급을 받으며 평생 동안 일하는 '황금 새장'을 거부한다. 이들에게는 어디에 예속되지 않는 것이 직업적으로 성공하는 것보다 훨씬 중요하다. 가능하면 폭넓은 분야에서 실력을 연마함으로써 자신의 창의적인 가치를 높이고 싶어 하기 때문이다"고 전망했다.

잡 노마드의 가치를 다시 알린 데에는 2006년에 출간된 강홍렬의 『메가트렌드 코리아』의 역할이 컸다. 메가트렌드는 미국의 미래학자 존 나이스비트가 사용한 용어로 세상이 어떤 모습과 방향으로 나아갈 것인지를 알려주는 큰 흐름을 의미한다. 3년 동안 300여 명의 전문가들이 통합적으로 연구를 진행해서 나온 책이다.

20개의 메가트렌드가 제시됐는데, 그중 가장 눈여겨볼 것이 '잡 노마드'였다. 이 책에 따르면 앞으로 한국경제는 '네오(신)경제주도 세력'이 이끌어가며, 이들의 영향력은 더 커지게 된다. 즉 크고 힘센 것에서 작지만 영리하고 민첩한 것으로, 생산자에서 소비자로, 사용자에서 노동자로, 남성·젊은이에서 여성·노인으로, 모방·지식에서 창조·지혜로 경제력이 옮겨지는 것으로 본 것이다. 이런 시대에는 '창조형 인재'가 요구된다. 이를 위해서 기업은 종업원 교육·훈련의 패러다임을 바꿔야 하고, 개인은 지식을 종합·재구성해 활용할 줄 아는 능력을 키워야 한다고 봤다. '커리어의 복잡화'로 변화면서 직업의 개념도 고정된 직장인에서 유목적 직업인(잡 노마드)으로 변하고, 성장−학습−취업−퇴직의 '순차적 생애'는 언제든 급변하는 '복선적 생애'로 전환된다고 봤다.

그런데 이런 잡 노마드의 시대는 이미 많은 현장에서 현실이 됐다. '퍼스널 브랜드'가 구축되지 않으면 그냥 이름 없는, 조직을 벗어난 무명의 직장인이다. 반면에 스토리텔링이 가능한 잡 노마드들은 나라에 구애받지 않고 자신의 길을 만들어가고 있다.

내 주변에도 이런 여정을 가고 있는 이들은 적지 않다. 한국을 떠나 캐나다에서 정원사로 활동하는 박상현 선배와 언론 공기업에 근무하다가 역시 캐나다로 떠나서 상대적으로 마음의 안정을 찾은 천세익 선배 같은 이들은 이미 환갑에 근접한 나이지만 미리 잡 노마드의 삶을 선택한 사람들이다.

이런 잡 노마드는 기존 유목민처럼 공간적 이동만 하는 것이 아니다. 한자리에서 특정한 가치와 삶의 방식에 매달리지 않고 끊임없이 자신을 바꿔 가는 창조적 행위를 지향한다.

2016년 8월, 한 중앙 일간지는 한국에서 취업난을 겪었던 이들이 해외 취업으로 새로운 세계를 경험한 '잡 노마드' 특집을 실었다. '지·여·인(지방대에서 인문학 전공한 여성의 약칭)' 등 한국 취업 세계에서 곤란을 겪는 이들이 해외 취업에 성공한 사례들이 다양하게 소개됐다. 이들은 항공기 승무원, IT 기업 사원, 디자이너, 간호사, 마케팅 사원, 호텔리어, 식당 창업자 등으로 다양한 나라에서 활동한다.

이들은 앞서 필자가 말한 노마드가 되기 위해 필요한 요소 중에 중요한 몇 가지를 익히고 실제로 과감하게 도전한 이들이다. 특히 해외 취업을 위해서

해당 국가에 맞는 외국어 능력이나 전문 능력을 갖추고 있었다. 물론 이런 상황은 앞으로도 달라지지 않을 것이다. 좋은 일자리로 꼽히는 국내 대기업 직원, 공무원, 교사 등의 일자리는 갈수록 줄어들 수밖에 없다. 또 한국의 여전히 권위주의적인 직장 문화는 모든 이들에게 적합하지 않다. 따라서 잡 노마드는 앞으로도 이 사회에 중요한 요소가 될 가능성이 높다.

"내 일이 고통스러운 일이라고 선입관을 갖는 것은 피로를 배가시키는 원인이 된다."

_철강왕 카네기

09 행복한 잡 노마드를 향해

심 대리는 10년 전 필자가 차이홍 중국어 캠프를 진행할 때 만났던 친구다. 나이는 같았지만 업무적으로 엮여서 아주 가까워지기는 힘들었다. 그런데 2년 후, 그는 페이스북에 전혀 다른 모습으로 나타났다. 그는 한국을 떠나 필리핀 클락에서 거주하며, 리조트를 관리하는 역할을 하고 있었다. 클락은 필리핀에서도 치안이 좋고, 국제학교가 많아서 선호하는 지역이다.

『세상에서 가장 아름다운 일터』라는 책을 통해 소개된 박상현 선배도 마찬가지다. 나보다 두 살 많은 박 선배는 기자로 세상을 밟았지만 마흔을 앞두고 가족과 함께 캐나다로 이민갔다. 그리고 2008년부터 그곳에 있는 세계적인 정원 부차트 가든에서 정원사로 일하고 있다.

박 선배는 자연 속에서 시원한 바람을 맞으며 하는 일을 간절히 바랐다. 그렇다고 고향인 전남 신안으로 가기도 어려웠다. 그런 고민들이 캐나다행을 결정했고, 그는 100년이 넘는 전통을 자랑하는 부차트 가든 최초의 한국인 정원사가 되었다. 캐나다에는 박상현 선배를 제외하고도 천세익, 천형석 선배 등 언론계 선배들이 많이 있다. KBS 기자로 시작한 뉴미디어 전문 기자인 천 선배 역시 야후미디어 본부장 등을 거친 후 홀연히 캐나다로 떠났다. 가끔 야생화 사진을 통해 그를 만난다.

노마드 선배들도 있지만 필자가 베이징에 있던 시절에 괜찮은 노마드 청년들도 만났다. 중국에서 생활한 지 1년쯤 지나 중국어가 어느 정도 가능할 때, 한국에 있는 방송사 선배들을 통해 코디네이션 요청이 많이 들어왔다. 코디네이션 일은 중국 현지에서 기획, 섭외, 통역, 가이드 등 전반을 진행하는 일이다. 방송사들이 직접 현지 인력을 쓸 수 없기 때문에 취재 시에 코디네이터의 역할이 성패를 가른다. 나 역시 처음에는 고생했지만 천천히 이 일에 적응했고, 생활비의 상당 부분을 이곳에서 충당했다. 2004년에 여행사를 시작한 후 베이징으로 거주지를 옮겼다. 그리고 유학생 가운데 관심있는 이들을 뽑아 코디네이션팀을 만들었다. 내가 직접 코디네이션 일 전반에 관해 교육했고 단계를 거친 후에는 각자 일을 맡을 수 있게 됐다. 2008년, 급히 귀국할 즈음에는 10여 명이 같이 일했다.

필자가 떠난 이후에도 학생들은 지속적으로 이 일을 했다. 방송사와 같이 일한 경력 등이 고려되어 모두 어렵지 않게 좋은 직장을 잡았다. 그 가운데 정혜미 씨는 유엔 산하기구에 들어갔다가 나와 필자가 했던 코디네이션 업무와 방송 콘텐츠사업을 결합한 플러스원미디어(PLUSONE MEDIA)를 만들었다. 그녀는 이미 SBS와 「중국 부의 비밀」, 「최후의 제국」, 「최후의 권력」, 「슈퍼차이나」, 「인사이트 아시아 – 차마고도」 등 굵직한 방송을 같이 했고, 이 분야에서 당찬 선두 주자이다. 정혜미 씨뿐만 아니라 김수진, 손예진 씨 등도 이런 경험을 살려서 자신감을 가지고 중국이라는 거대한 무대에서 살아가고 있다.

그런데 잡 노마드로 가는 길에도 수많은 함정이 존재한다. 때문에 어떻게 이 함정을 피하고 경쟁력을 갖추는가가 무엇보다 중요하다. 우선 '잡 노마드'에 도전하려면 나라별 맞춤 전략이 필요하다. 나라마다 다른 취업 시장, 취업 방식, 회사 문화 등을 꿰뚫고 있어야 괜찮은 해외 일자리를 구할 수 있다.

가령 미국과 일본은 IT 분야 전문 지식을 가진 석사 이상의 고학력 인재의 수요가 높다. IT 프로그래머와 시스템 엔지니어 분야 등에서 일할 자국 인력이 부족하기 때문이다. MICE(기업회의·포상관광·컨벤션·이벤트와 전시) 산업이 발달한 싱가포르와 홍콩에선 관련 전문 인력에게 기회가 열려 있다. 관련 전문 인력은 물론이고 호텔리어 등도 필요하다. 화교문화권에서 일할 때는 영어가 필수지만 중국어를 할 수 있다면 취업의 기회는 훨씬 넓어진다. 이런 국가에게 세계 10위권의 경제력을 가진 한국도 중요한 곳이기 때문에 기회는 더 넓다.

중국은 게임 및 앱 개발자와 방송 등 문화 콘텐츠 관련 전문가의 수요가 많다. 한국 방송 포맷 판매도 활발하고, 한류를 결합한 기획도 갈수록 활발해지기 때문이다. 「쌀집 아저씨」의 김영희 피디와 「별에서 온 그대」의 장태유 피디를 비롯해 많은 방송 관련자들이 중국을 배경으로 활발하게 활동하고 있다. 향후에는 VR(가상현실)를 활용한 방송 콘텐츠와 교육 콘텐츠 인재들도 갈수록 수요처가 생긴다.

취업 방식에도 나라별로 차이가 있다. 일본의 취업 시장은 신입 위주다. 신입을 채용해 평생 함께하기를 원하기 때문이다. 반면 싱가포르 기업은 신입보다는 2년 이상의 '경력'을 갖춘 구직자를 선호한다. 호주 기업은 자신들이 직접 사람을 구하는 대신 수수료가 들더라도 헤드헌터를 많이 활용한다. 미국 취업을 위해선 이력서 작성이 포인트다. 직업 능력과 연관성이 없는 부분은 생략하고, 경력과 학력 등을 간결하고 명확하게 전달하는 게 좋다. 언어 구사력의 경우 대부분 나라가 공인 외국어 점수보다 실제 회화 능력을 중시한다.

면접에는 해당국의 문화와 관습 등이 반영된다. 자세한 내용은 대한무역투자진흥공사(KOTRA)에서 발간한 『아무도 가르쳐 주지 않는 글로벌 기업의 채용 비밀』을 참조하면 된다. 자료는 KOTRA 해외비즈니스정보포털(www.globalwindow.org)에서 검색하면 된다. 한국산업인력공단이 운영하는 해외취업통합정보사이트로 '월드잡플러스(www.worldjob.or.kr/intro.do)'가 있다. '월드잡플러스'에서 취업을 희망하는 나라와 본인의 경력 등을 입력하면 해외 일자리 정보를 살펴볼 수 있으며, 동시에 해외 구직자를 찾는 회사로부터 연락을 받을 수도 있다. 코트라(KOTRA)가 운영하는 '해취투게더(cafe.naver.com/kotrajobinfo)'에 접속하면 세계 각지에 있는 코트라 현지 무역관이 수집한 세계 각국의 취업 정보를 살펴볼 수 있다.

5장

이 시대 노마드들

"정신은 모습을 세 번 바꿀 수 있지. … 처음에는 낙타의 모습이고, 두 번째는 낙타가 사자의 모습으로 바뀌고, 세 번째는 사자가 어린아이의 모습으로 바뀌지."

(니체, 『짜라투스트라는 이렇게 말했다』 중에서)

『짜라투스트라는 이렇게 말했다』의 1부 시작에는 세 번의 탈바꿈에 관한 이야기가 나온다. 그가 말하는 낙타는 무게를 견디는 강인한 정신을 가지고 무거운 삶을 버티는 사람들의 은유다. 보통 사람들은 그 짐을 견디면서 기뻐한다. 이 낙타 역시 '깨달음의 자양분을 섭취한 후 진실을 얻기 위해 영혼의 단식을 시작'한 위대한 인물이다. 그런 낙타는 외롭기 짝이 없는 사막에서 정신을 탈바꿈해 정신은 사자가 된다. 아무에게도 주인님이나 하나님이라고 부르는 않는 사자는 황금빛 비늘에 싸인 고귀한 존재다. 그런 사자도 그 자신의 세계를 획득한 어린아이가 된다. 어린아이의 단계가 니체가 생각하는 세 번의 변신에서 가장 높은 단계라고 할 수 있지만, 낙타와 사자도 나름대로 자신의 정체를 찾는 존재들이다.

노마드에도 이런 단계가 있다면 있을 수 있다. 여전히 낙타처럼 자신의 삶을 버티면서 꿋꿋하게 역할을 다하는 이들이 있다. 반면에 사자처럼 이제 정신을 탈바꿈한 이들도 있고, 어린아이의 단계에 있는 이들도 있다.

이십 대 후반 나는 《미디어오늘》이라는 우리나라에서 가장 진보적인 매체에서 기자로 사회생활을 시작했다. 당시 우리가 주로 만나는 이들은 각 언론사의 노동조합에서 일하던 진보적 언론인이 대부분이었다. 그 밖에도 상당히 진보적인 인물을 많이 만났다. 중국으로 간 지 얼마 후 《오마이뉴스》의 해외통신원으로 활동하면서 다시 흥미로운 사람들과 만날 일이 많았다. 2008년 귀국 후에는 다시 기자와 공무원으로 활동하면서 다양한 사람을 만났다. 개인적으로 중국 전문가 그룹에 많은 지인이 있고, 출판계 등에도 지인이 있다. 그간 이런 사람들과 직접 만나거나 또는 그들의 책을 읽으면서 내가 노마드의 전범으로 삼고 싶은 이들이 많이 있었다. 그리고 그들 가운데 노마드의 전범이 될 수 있는 이들을 찾아서 기록해봤다.

사적인 관계들이지만 미리 동의를 구하지 않고 그들에 관한 이야기를 썼다. 인터뷰를 할 수도 있지만 그보다는 내 기억 속에서 그들을 끄집어내는 것도 의미가 있을 것이다.

01 빌 게이츠와 잡스, 서양의 노마드

PC 시대를 연 운영체제인 윈도우를 개발한 빌 게이츠와 불꽃같이 인터넷 시장을 지배하다 떠난 스티브 잡스를 규정할 수 있는 가장 적합한 표현은 노마드이다. 그들이 학자 혹은 CEO에 안주했다면 지나가는 한 사람에 머물렀을 것이다. 하지만 그들은 성안에 정주하지 않고, 성 밖을 향해 새로운 시도를 진행했다.

1955년생인 빌 게이츠는 환갑을 넘었으니, 그다지 많은 나이라 할 수 없다. 그가 윈도우를 개발한 이후 세계 최고의 갑부에 등록된 지 한참이 지났다. 하지만 사람들은 이제 그를 갑부로 기억하기 보다는 세계 최고 기부자로 기억하기 시작하고 있다.

유대인 출신의 엘리트 집안에서 태어난 빌 게이츠는 어린 시절 독서광이었다. 스펀지처럼 책을 빨아들이고 10살이 되기 전에 백과사전을 독파한 그는 독서를 통해 세상에 대한 안목을 넓혔다고 자신 있게 말한다. 일반적으로 살았다면 그는 아버지처럼 아이비리그로 가서 변호사가 되는 여정을 걸었을 것이다. 그런데 8학년 때, 학교에서 제너럴일렉트릭(GE)의 컴퓨터와 연결되는 ASR-33 텔레타이프 터미널을 만나면서 바뀌기 시작했다. 빌 게이츠는 프로그램에 빠져들었다. 후에 마이크로소프트 공동 창업자가 된 상급생인 폴 앨런을 만난 곳도 이곳이다.

1975년 봄, 빌 게이츠는 하버드대를 중퇴하고 21살의 앨런과 함께 뉴멕시코 주 앨버커키에서 자본금 1500달러를 갖고 마이크로소프트를 창업했다. 다양한 곡절을 거친 후 1983년부터 '창(windows)'을 내놓기 시작했다. 그리고 몇 차례의 과정을 거친 후 1990년 5월, 마이크로소프트가 윈도우즈3.0을 출시했다.

마이크로소프트는 윈도우즈3.0을 내놓으면서 PC 운영체제 시장을 장악할 징조를 보였다. 1995년 8월, 윈도우즈95가 출시되어 완전히 주도권을 잡았다. 미국은 물론이고 아프리카의 최빈국에까지 윈도우즈가 깔렸고, 이에 따라 빌 게이츠는 세계 최고 부자의 반열에 올랐다. 빌 게이츠는 프로그래머이자 미래학자였다. 1999년 출간한 『빌게이츠 @ 생각의 속도』는 향후 다가올 정보통신 혁명을 그대로 적시했고, 상당수의 내용이 그대로 이루어졌다. 인터넷 혁명, 정보관리를 통한 전략적 사고, 통찰력 등은 지금도 가장 중요한 가치이다. 오히려 일반 사람들이 아직도 이해하지 못할 정도로 그는 예지력을 갖고 있었다.

빌 게이츠가 훌륭한 노마드인 것은 1천억 달러가 넘게 재산을 기부하기 때문이다. 그는 세 자녀에게 1천만 달러씩 주고, 나머지는 기부한다고 발표했고 그의 말을 실천에 옮기고 있다. 그는 2000년에 설립한 빌 & 멜린다 게이츠 재단(Bill & Melinda Gates Foundation)을 통해 세계 곳곳에서 기부활동을 펼치고 있다. 공공 도서관 고속통신망 개선, 중국의 결핵 퇴치, 소아마

비 퇴치, 빈곤층을 위한 모바일 금융서비스 사업, 말라리아 백신 개발 연구, 빈민 지역 교육환경 개선 등 여러 방면에서 세계 최대의 기부자로 활동하고 있다. 그의 지인인 워렌 버핏과 경쟁적으로 기부한다고 할 정도로 그는 기부에 적극적이다.

빌 게이츠가 부인 멜린다와 함께 움직인 조용한 노마드라면 스티브 잡스는 독특한 경력과 인상적인 최후로 기억되는 노마드다. 빌 게이츠와 같은 해에 태어난 잡스는 아버지가 시리아 출신이라는 이유로 결혼을 반대한 외가로 인해 태어나자마자 잡스 집안으로 입양된다.

잡스의 양부모들은 고학력 엘리트가 아닌 약간은 평범한 사람들이었다. 잡스가 청년기를 맞았을 때는 베트남 전쟁의 후반이자 비틀스의 음악이 사람들을 위로하던 때였고, 잡스도 이 대열에 합류했다. 고등학교 졸업 후 잡스는 오리건 주 포틀랜드에 있는 리드 칼리지(Reed College)에 의학 및 문학을 공부하기 위해 입학했다. 그러나 적성에 맞지 않는다는 것을 알고 전공을 포기한 채 관심이 가는 과목을 들으면서 청년 시절을 보낸다.

몇 년 후, 잡스는 다시 캘리포니아로 돌아와 스티브 워즈니악(Steve Wozniak, 1950.8.11~)과 홈브루 컴퓨터 클럽(Homebrew Computer Club)에 가입한다. 드디어 적성을 찾았다는 확신이 든 그는 워즈니악과 협력해 잡스 부모의 차고 안에서 애플을 설립하고 최초의 개인용 컴퓨터인 '애플I'을 내놓았다. 이후 후속작인 '애플II'가 뜻밖의 성공을 거두게 되면서 잡스와 애플은 승승장구하는 것처럼 보였다. 하지만 이후 몇 차례 부진을 겪었고 잡스가 30살이 되던 해, 애플의 이사회는 그를 해고했다.

몇 달간 공황 상태를 거친 잡스는 넥스트를 설립하고, 픽사를 인수한다. 조지 루카스로부터 1,000만 달러에 인수한 픽사를 훗날 디즈니에 74억 달러에 팔자 그는 IT 업계에서 총아가 될 수밖에 없었다.

잡스가 애플을 떠난 지 10여 년 만인 1996년, 애플이 넥스트를 인수하면서 스티브 잡스는 권토중래에 성공한다. 복귀 다음 해인 1997년, 10억 달러의 적자를 한 해만에 4억 달러의 흑자로 전환하는 신화를 만들어냈다. 아이맥, 아이팟, 아이폰, 아이패드 등 그가 내놓은 제품은 연달아 성공했고, 애플은 세계 최고의 IT 기업으로 우뚝 올라서게 된다. 그런데 2004년에 잡스에게 치료가 가장 어렵다는 췌장암이 찾아온다. 물러섬과 나섬을 반복했지만, 2011년 결국 최고경영자 자리에서 물러났다. 같은 해 10월 5일, 56세의 나이로 세상을 떠났다.

그는 떠났지만 잡스 신화는 끝나지 않았다. 청바지 차림으로 제품의 가치를 설명하는 잡스의 프레젠테이션은 IT 신화를 꿈꾸는 대다수 사람에게 오마주되고 있다. 알리바바의 마윈과 샤오미의 레이쥔 등도 잡스처럼 입고 나와 그들의 제품을 설명한다.

많은 사람들이 잡스처럼 되려 하는 것은 그의 짧은 생애와 상관없이 그가 추구하던 자유로운 영혼을 사랑하기 때문이다. 그는 젊은 시절에 낳은 딸 리사를 부인하는 등 기이한 행보를 보였다. 한때 마약을 탐닉하기도 했지만 동양철학을 받아들여, 새로운 제품에 동양적 개념을 심는 등 다양한 세계를 넘나들었다.

그런 그의 가치를 가장 잘 보여준 것이 2005년에 스탠퍼드대에서 명예박사 학위를 받을 때 했던 연설이다. 그는 리드 칼리지에서 진행됐던 독서 프로그램을 통해 성장할 수 있었다며, "그곳에서 플라톤과 호머를 읽었고 수많은 동양고전철학을 접했다. 이를 통해 나는 새롭게 생각하는 법을 배웠고, 그것이 애플 컴퓨터를 만든 원동력이 됐다. 창의적인 제품을 만든 비결은 항상 우리가 기술과 인문학의 교차점에 있고자 했기 때문이다"고 말했다.

빌 게이츠와 잡스에게 공존했던 가장 큰 키워드는 지칠 줄 모르는 독서를 통한 지적 성숙이다. 이런 성숙은 대학이라는 공간에만 그들을 가둬둔 것이 아니라 창업과 같은 도전을 가능하게 했다. 창업 초반기에 어려움을 겪지만 10년이 지나면서 마이크로소프트와 애플은 세계 최고의 기업으로 발돋움할 수 있었다.

"평생에 내가 벌어들인 재산은 가져갈 도리가 없다. 내가 가져갈 수 있는 것이 있다면 오직 사랑으로 점철된 추억뿐이다. 그것이 진정한 부이며 그것은 우리를 따라오고, 동행하며, 우리가 나아갈 힘과 빛을 가져다 줄 것이다."

_스티브 잡스의 마지막 말 중에서

02 마윈과 레이쥔, 대륙의 노마드

세계 IT 산업의 영토는 남극 빙하와 같아서 언제까지 한 자리에 얼마의 높이로 있을지 누구도 예상할 수 없다. 인터넷브라우저의 강자 넷스케이프를 비롯해 라이코스 등은 국내에서 거의 존재를 감추었다. 역사 속으로 사라진 기업이 수두룩하다. 닷컴 기업(인터넷을 사업 인프라로 활용하는 기업)만이 아니다. 핸드폰 제조의 강자였던 모토로라와 노키아, 에릭슨도 역사의 뒤안길로 밀려나 언제 다시 날개를 펼 수 있을지 아무도 장담할 수 없는 상황이다.

이런 지형에서 최근에 가장 많이 듣는 기업은 '알리바바'와 '샤오미' 같은 중국 기업이다. 그리고 두 기업의 성장에는 마윈과 레이쥔이라는 걸출한 CEO가 있다. 영어를 잘한다는 이유로 떠난 미국 출장에서 IT 세상을 만나서 그곳에 모든 것을 건 마윈이나 IT 회사 직원에서 중국 이동전화를 넘어 IT 시장의 강자가 된 레이쥔은 모두 대륙에서 배출한 걸출한 노마드들이다. 아직 우리나라에는 진출하지 않아 생활하면서 만나기 어려운 기업인 알리바바나 샤오미는 과연 무슨 힘으로 세계 최강의 IT 기업으로 등극했고, 그 미래는 어떨까.

이 기업의 과거와 현재가 보고 싶다면 류스잉의 『마윈』과 리완창의 『참여감』을 읽길 권한다. 사실 두 책을 읽으면서 그들의 우리 기업에서 사라져 가는 사업의 추진력은 물론이고 시장, 고객과의 소통 능력의 탁월함에 놀랐다.

2014년 9월 19일에 나스닥에 상장되어 시가총액 2,314억 달러를 기록한 알리바바는 2016년 11월 11일 광군제(중국판 블랙프라이데이) 하루에만 매출 20조 원가량을 달성하는 등 폭풍 질주를 계속하고 있다. 알리바바가 더욱 관심을 끄는 이유는 금융, 물류는 물론이고 최근에는 미디어에까지 판도를 넓히고 있어서이다. 이런 행보는 『마윈』 평전을 보면 쉽게 이해할 수 있다.

저장성 항저우 태생인 마윈은 영어강사로 명성을 떨쳤다. 그러던 중 시 정부의 자문역으로 미국을 방문하고 그곳에서 닷컴 기업의 탄생을 알게 된다. 감금당해 죽을 뻔한 우여곡절을 겪은 그는 1995년 4월에 귀국해 '차이나페이지'를 만들면서 벤처 사업에 뛰어든다. 가까운 이들이 그의 사업에 같이하지만 닷컴 기업이 그러하듯 수없이 많은 위기를 만난다.

그의 가장 큰 장점은 전략적 사고에 능하다는 것이다. 초반에는 상무부 프로젝트와 광교회 프로젝트 등 단순한 사이트 구축에 주력하지만, 서서히 인터넷이 세상을 바꾼다는 것을 알아차린다.

결국 수차례 기존 틀을 깨고 나와 B2B 기업인 알리바바를 만들고, C2C 기업인 타오바오를 만든다. 필요에 따라 즈푸바오라는 결제 회사를 만들었으며, 최근에는 물류 등을 갖춘 독자적 종합 기업으로 성장해가고 있다. 밖에서 보았을 때 중국이라는 거함을 탄 그를 무너뜨릴 수는 없어 보인다.

그의 성공 비결로 꼽을 수 있는 것은 언론을 적절히 활용하는 능력이다. 많은 위기를 겪지만 그는 불가근불가원(멀지도 가깝지도 않은 언론과의 거리)을 지키면서 이슈를 선점해간다. 또한 자금과 회계 쪽 인재들은 물론이고 기획 파트의 인재를 받아들여 자금문제를 해결하고 홍콩과 나스닥 상장에 성공한다.

이런 성공은 마윈의 능력을 알아본 손정의와 골드만삭스 같은 통 큰 투자자들의 판단과 믿음이 있었기에 가능했다. 특히 손정의는 투자를 할 뿐만 아니라 적절한 시기에 사업 방향을 제시해 알리바바의 상장과 더불어 60조 원 가까운 부를 얻을 수 있었다.

그 밖에도 그의 장점은 많다. 전문가에 대한 존중, 고객 니즈의 파악과 신뢰 지키기, 직원들에게 스톡옵션을 부여해 이익 나누기 등도 그의 장점이다.

그러나 그 역시 실패하지 않았던 것은 아니다. 초기 손정의 등에게 투자받은 2천 700만 달러를 너무 급하게 쓰다가 700만 달러만 남은 상태에서 급히 직원을 내보내는 구조조정을 한다. 한국, 홍콩 등에 지사를 만드는 국제화 작업을 하지만 성과를 내지 못하고, 결국인 거점인 항저우로 복귀했다.

그러나 이런 곡절을 넘어 나스닥의 상장을 이뤄내고, 지속해서 알리바바를 확장하는 그를 보면 그의 생각을 점치기란 쉽지 않다. 알리바바가 지금 나열한 분야는 전자기기를 제외한 모든 온라인 사업이다. 그 스스로도 전자맹이라 할 만큼 전문 지식이 없지만 이런 일들을 컨트롤해내는 게 신기할 뿐이다.

그렇다고 알리바바와 마윈의 성공이 영원하리라는 보장은 없다. 중국 증권 용어에는 'BAT risk'라는 용어가 있다. 바이두, 알리바바, 텐센트의 위기라는 말이다. 온라인 시장은 오프라인 시장과 달리 순식간에 뒤집힐 수 있는 만큼 영원한 강자는 없다. 알리바바 역시 이베이 같은 세계적인 기업의 경쟁을 떨칠 수 있었던 것은 그만한 돌파력이 있었기 때문이다. 새로운 기업이 그런 힘을 갖지 못할 것이라고 단언하는 것만큼 어리석은 일이 없다.

반면에 샤오미의 성공에는 기업의 일방적인 사업 주도가 아닌 직원, 마니아층, 소비자와의 소통이 있다. 알리바바가 풍문으로 들은 기업이라면 샤오미는 이미 우리 곁에 와 있는 기업이다. 가성비 좋은 보조배터리, 밴드, 블루투스 스피커 등으로 작은 부분에서부터 우리 마음을 사로잡았다.

중국산 제품에 대한 부정적 인식이 강한 한국에서 이런 작은 액세서리로 마음을 사로잡은 하드파워의 초기 전략이 있다면 책『참여감』은 소프트파워의 본격적인 가동을 알리는 책이다. 이 책의 저자는 샤오미 공동 창업자 중 하나로 지금도 마케팅과 전자상거래를 책임지는 리완창이다. 한 마디로 샤오미의 브랜드와 가치를 알리고, 책도 파는 일거삼득의 효과를 가져온 이 책을 보면 우리나라 독자들은 샤오미가 성공한 게 우연이 아니라는 것을 직감할 것이다. 우선 책의 제목처럼 『참여감』은 소비자가 기업의 일방적인 마케팅의 수단이 아니라 상호소통을 통해 시장을 만들어가는 주체라는 것을 깨닫게 한다. 스타들로 제품을 포장하고, 통신사의 패키지와 같이해 한 번에 100만 원 가까운 제품을 사게 하는 국내 이동전화기의 시장 구조에 지친 기자에게 샤오미의 참여감은 신선함 그 자체였다.

샤오미는 안드로이드 등 기존의 운영체계를 거부하고 MIUI라는 운영체계를 만들어냈다. 이 운영체계의 가장 큰 특징은 소비자 본위라는 것이다. 출시 후 직원, 마니아층, 일반 소비자 등에게 계속해서 인터페이스를 피드백 받아 업그레이드 한다. 결국 유통과 기술에서만 소통하는 것이 아니다. 디자인과 서비스 등도 소통을 통해 업그레이드 한다. 이런 과정을 통해 '팬덤 효과는 돼지도 하늘을 날게 할 수 있다'는 신념을 기업 내부와 시장에 심어 준 것이다.

샤오미 사장 레이쥔은 제품 시연회에서 스티브 잡스를 모방한 것으로 많은 오해를 받았지만 그들은 애플도 만들지 못한 인터액티브한 핸드폰을 만들면서 시장을 장악해갔다. 샤오미는 여전히 거품 논쟁이 있지만 그들의 진격은 생각 외로 복잡하다. 2016년 2월 Mi5를 출시해, 이동전화 시장에도 파란을 일으키고 있다. 이동전화 외에도 최신 인텔 6세대 스카이레이크 i7-6500U 프로세서를 탑재한 30만원대 노트북, 드론 등에도 접근하고 있다. 그 밖에도 밴드, 체중계, 이어폰 등에도 고품질 저가의 정책으로 접근해 샤오미 마니아층을 만드는 데 성공했다.

많은 사람은 마윈의 성공 비결로 성장, 끈기, 창업, 기회, 경영, 리더, 관리, 혁신, 경쟁, 전략, 투자, 생활 등을 꼽는다. 거기에 최근에는 같이한 여성 직원들의 힘이 컸다고 한다. 샤오미의 성공 비결도 앞서 말한 참여감이라는 소통 능력이다. 일반 대기업들이 최고경영자에서 직원까지 소통이 어려울 때 샤오미는 젊은 청년들에게 비전과 전략을 심었다. 그리고 이들의 시장은 중국이 아니라 세계로 서서히 확대되어 가고 있다.

> "20대에는 일하는 법과 사람 됨됨이를 배우고, 30대에는 좋아하는 일을 하고, 40~50대에는 잘하는 일을 하고, 50~60대에는 젊은이들을 키우라."
>
> _마윈의 연설 중에서

03. 신미식, 떠나는 것밖에 몰랐는데 벌써 책이 30권

'IQ 95, EQ 500의 감성 포토그래퍼이자 여행사진작가. 여행과 다큐멘터리의 경계를 넘나들며 지금까지 120여 개국을 돌아다니면서 오지에 피어나는 인간의 다양한 희로애락을 담아온 다큐멘터리 사진가'라는 재미있는 프로필로 자신을 시작하는 사진가가 있다. 신미식.
내가 그를 만난 것은 1998년이 시작되고 얼마 되지 않아서다.

"곧 여행잡지를 창간하는데, 한 달에 한 번 정도 해외 취재가 있고, 연봉도 이전보다는 많을 겁니다."

당연히 내 귀가 솔깃했다. 김대중 대통령의 당선으로 나는 진보매체에서의 내 역할을 끝냈다고 생각했기에 평소에 관심 있던 여행잡지로의 전직이 더 쉬웠다. 며칠 후 나는 《미디어오늘》의 마감을 마친 후 송별회를 하고, 그 회사로 출근했다.
당시만 해도 여행사진가로서 별 이름이 없었던 신미식 작가는 사진을 맡고,

나는 여행팀장을 맡아서 잡지 일을 시작했다. 하지만 괜찮을 것 같던 회사는 큰 계약이 어려워지면서 서서히 무너졌다. 다행인지 불행인지 나와 신 작가는 어렵사리 출장을 꾸려 1주일의 베트남 출장을 갔다. 내 인생의 첫 해외여행이었다.

호찌민, 다낭, 후에, 하노이, 사파로 이어지는 여정은 내 인생의 가장 큰 전환점 중 하나였다. 내가 살던 한국이라는 나라를 넘어 다른 역사를 가진 민족을 만난 짜릿한 경험이었다. 더욱이 난 베트남을 사랑했다. 1969년 10월 22일 태어난 내가 그 해 9월 2일 죽은 호찌민의 환생이고자 할 만큼 나는 베트남을 좋아했고, 역사에 대한 부채의식도 갖고 있었다.

신 작가와 그다지 익숙하지 않은 영어로 헤치고 다니는 여행은 좋았다. 몇 백 원이면 먹을 수 있는 쌀국수 퍼, 다양한 과일들, 야자수 아래로 지나가는 자전거 행렬, 겉과 속의 경계를 넘나드는 아오자이의 아름다움, 후에 궁전의 고즈넉함 등등.

하지만 신 작가와 같이한 출장은 이게 처음이자 마지막이었다. 나는 다시 몇 곳에서 움직인 후 기자로 돌아갔고, 다음 해에는 결혼과 더불어 중국으로 향했다. 그리고 언론을 통해 한 권 한 권씩 출간하는 신 작가의 출간 소식을 만났다. 그리고 그의 블로그(blog.naver.com/sapawind)에도 찾아가 연락을 했다.

그의 아이디이자 블로그명인 '사파윈드'는 나와 같이 갔던 베트남 산간 마을 사파(sapa)에서 따온 것이다. 원래 예정된 하롱베이행 차를 놓치고 우리가 밤 기차로 찾아간 사파는 중국과 접경한 라오카이에서 버스를 타고 한 시간 여를 올라가면 만나는 고산지대다. '통킹의 알프스'라 불리는 이 마을은 산악 민족이 그렇듯 수십 개의 소수 민족들이 숨 쉬는 공간이었다. 후에에서부터 동행했던 오스트레일리아 아가씨 둘과 함께했던 사파의 추억은 신 작가와 나에게 모두 아름다운 추억이었다. 그 게스트하우스를 나오면서 "꼭 신혼여행으로 다시 오고 싶은 곳이다"라고 말한 기억이 난다.

신 작가는 이후 거대한 바오밥나무로 유명한 마다가스카르 등 여러 가지에 꽂혀서 다양한 사진으로 활동했다. 내가 그를 다시 만난 것은 2008년경에 다시 귀국해서다. 신 작가는 청파동에 '마다가스카르'라는 이름의 사진 카페를 만들었다. 사진을 가르치기도 하고 작은 사진전을 열기도 하는 이 카페는 갤러리, 카페, 스튜디오를 겸한 곳으로 지금까지 많은 사진 애호가들이 사랑하는 공간이다. 노마드 사진작가에게 이 카페는 정주의 공간이지만 그는 길을 멈추지 않았다. 지속적으로 세상을 주유하면서 새로운 사진과 길을 개척하고 있다. 그는 얼마 전, 삶을 규정하는 푸념을 남겼다.

"그땐 왜 그랬었을까?
이거 안 하고 살 거라면 그냥 죽는 게 낫겠다는 생각.
그렇게 매일 반복하며 되뇌이던 시간들.
상황이 어려워질수록 더 처절하게 외치던 절규와도 같았던 다짐.
그렇다고 대단한 작업을 하는 것도 아니었으면서….
아직까지 대단한 사진 한 장 남기지도 못했으면서.
그렇다고 남들보다 뛰어난 재능도 없으면서.
왜 그렇게 무모하게 나를 벼랑 끝으로 몰아붙였던 걸까?

그렇게 젊은 시절 사진은 나에게 스스로 운명이었다.
죽음과 맞바꿀 수 있다고 생각할 만큼.
지금도 나는 생각한다.
내가 가장 사랑하는 일.
나를 가장 행복하게 하는 일.
그것은 지금 내가 가고 있는 길이라는 것을.
그 길 위에 서 있는 것이라는.
분명 앞으로도 나는 그렇게 같은 곳을 바라보며 살아갈 것이다.

나와 같은 길을 가는 세상의 모든 사진가들에게 깊은 존경을 보낸다."

「사진은 운명이다」라는 그의 글에서 나는 여전한 노마드인 그를 만났다. 다양한 사진과 여행 강의, 사진여행, 사진전으로 그는 어디에나 있었다는 게 느껴졌다.
2008년, 근 10년을 사이에 두고 그를 다시 보면서 조금은 우스웠다. 그때 그가 나에게 여행잡지를 같이 하자고 제안하지 않았다면 나는 기자로서 살았을 것 같다. 물론 당시에 출판평론가로도 알려지기 시작했으니 한국에 있었으면 출판평론가나 저술가로서 길을 갔을 것이다. 어떻든 10년 만에 만난 우리는 각자 많은 책을 낸 작가로서 같이했다. 그래서 그를 원망하지도 않았고, 섭섭해 하지도 않았다. 신 작가 역시 그다지 깔끔하지 못했던 그때의 인연을 미안해하지도 않았다.
중국에서 돌아온 뒤, 가끔 그의 아지트인 청파동 마다가스카르에 간다. 블로그에서 만나는 그는 일주일에 한 번 정도는 영감을 일으키는 사진을 올리고, 끊임없이 길을 주유하고 있다. 그의 사진에는 마다가스카르, 에티오피아, 케냐 같은 아프리카는 물론이고 라오스, 인도의 풍경이 많다. 티티카카 호와 우유니 사막의 황홀한 풍경도 자주 등장한다.

한 언론과의 인터뷰에서 그는 남은 꿈이 65세까지 배낭여행을 다니는 것과 멋진 갤러리 펜션을 짓고 35권의 책을 쓰는 것이라고 했다. 이미 30권의 책을 냈으니, 책을 더 내는 것은 큰 문제가 없을 것 같다. 청파동 카페 마다가스카르가 그의 가치를 알아본 이들의 투자를 이뤄줬기에 갤러리 펜션 역시 공상은 아닐 것 같다는 생각을 한다.

그는 삶의 주요한 키워드들을 책 제목으로 많이 던졌다. 『떠나지 않으면 만남도 없다』, 『마치 돌아오지 않을 것처럼』, 『사진가는 길에서 사랑을 배운다』, 『카메라를 던져라』, 『감동이 오기 전에 셔터를 누르지 마라』 등. 이런 굵직한 노마드 철학이 담긴 책 제목처럼 그는 길에서 사람을 만나고, 인생을 관조하고, 환희를 맛본다.

"나에게 사진은 쉽고 어렵고를 떠나서 삶 그 자체다. 그 삶을 즐기는 내가 있을 뿐이다."

_신미식, 『시간이 흐른다 마음이 흐른다』 중에서

04 백승권, 안주하지 않는 글쟁이

1995년 가을, 대학의 마지막 학기에 나는 기자라는 직업으로 세상과 만났다. 기자 초년병으로 《미디어오늘》은 그다지 녹록한 회사는 아니었다. 막 들어온 신입이 중앙지에서 수십 년씩 기자로 일한 부장, 국장들을 상대로 취재하는 일은 생각보다 쉽지 않았다. 어찌 보면 이미 상대방의 수를 훤히 내다보는 이세돌 9단과 바둑 입문자가 대국하는 형세 같았다. 그런데도 사회이니 살아갔다. 그래도 그들은 조직과 정치적 이해 때문에 거짓을 만들 수 있었지만 언론비평지를 표방한 우리 신문은 그런 거짓을 만들 이유가 없었다. 때문에 그 원칙을 바탕으로 상대방에게 따질 수 있었다.

그런 우리를 가르치던 선배들은 정말 흥미로운 연구 대상들이었다. 노무현 대통령을 처음부터 끝까지 모셨던 양정철 선배를 비롯해 정구철, 안영배, 장현철 선배들이 우리가 선배라고 부르면서 술을 뺏어 먹던 이들이다. 물론 그 위에는 이광호, 백병규 선배 등이 있었다.

그런데 나 때문에 《미디어오늘》을 챙겨 보던 지금의 안사람이 글쟁이로 가장 좋아하던 사람이 백승권 기자였다. 나보다 3년 선배인 백승권 선배는 국

문학을 전공하고 미디어비평지의 세계에 들어왔는데, 글에 관해서 이미 상당한 수준을 자랑했다. 흥미롭게도 백 선배는 2000년에 즈음해 가족과 함께 충북 괴산으로 내려가 농사꾼이 됐다. 먹거리 농사보다는 글 농사에 재주가 많아서 후에 참여 정부 때 청와대로 들어가 행정관으로 일하면서 주로 언론 분야 등 글에 관한 부분에서 일했다.

내가 귀국한 2008년은 10년간의 두 정부가 지나고 다시 MB의 시대가 시작된 해였다. 청와대에서 일하던 선배들은 다시 밖으로 나와서 다양한 활동을 했는데, 백 선배의 주된 일은 글을 쓰는 것이었다. 2010년에 모임에서 들은 백 선배의 직업은 동화작가였다. 『아빠는 나쁜 녀석이야』, 『엄마, 나 똥 마려워』 등 이미 동화책을 발간하기 시작했다. 백 선배의 글솜씨와 괴산에서의 귀농 체험이 있으니 그의 동화는 살아있었다. 그러다가 그 해에는 부처님의 생을 어린이들이 쉽게 읽을 수 있게 한 『싯다르타의 꿈, 세상을 바꾸다』를 출간했다. 이 책은 아이들의 눈높이에 맞추어 소설적 기법을 사용해 재미있게 부처님 이야기를 소개한다. 남다른 감수성과 연민을 가진 '싯다르타' 왕자의 인간적인 고뇌, 꿈, 희망을 깊이 있게 다루었다. 자본주의의 욕망이 춤추는 사회, 초등학생조차 극심한 경쟁으로 내몰리고 있는 사회에 대한 백승권식 전기 쓰기였던 셈이다.

그러면서 도법 스님이 이끄는 화쟁위의 사무국장으로 일하면서 우리 사회의 갈등에 정면으로 부딪치기 시작했다. '화쟁'은 신라시대 원효(元曉)의 다양한 종파와 이론적 대립을 소통시키고 더 높은 차원에서 통합하려는 불교 사상이다. 고려시대 의천(義天)과 지눌(知訥) 같은 고승과 임진왜란 당시 승병을 이끈 휴정(休靜)에게로 이어진 화쟁사상은 이 시대 갈등의 현장을 조정하는 우리 사상의 정수 가운데 하나였다. 봉은사 직영화 같은 불교 내 갈등은 물론이고 노동 분규, 제주 강정마을 사태, 김진숙 위원 크레인 농성, 4대강 갈등의 현장에 같이했다.

그리고 2015년, 적지 않은 변고가 있었을 화쟁위 사무국장을 그만두고, 다시 새로운 길에 들어섰다. 그건 글쓰기였다. '백승권의 실용글쓰기연구소(cafe.naver.com/writingbaek)'라는 간판을 달고, 글쓰기 전문 강사로 나선 것이다. 어찌 보면 그에게 가장 맞는 옷이라는 생각이 들었다. 그는 때와 장소, 대상을 가리지 않고 글쓰기에 대해 이야기하고 있었다. 2014년 내놓은 『글쓰기가 처음입니다』가 있으니, 나름대로 작업하기는 편했을 것이다.

지금까지 백 선배의 글쓰기 강의를 직접 듣지는 못했다. 다만 유튜브에 올라와 있는 강의를 보면서 단순한 글쓰기가 아닌 삶의 기록체로 제대로 된 글쓰기 강의구나 하는 생각이 들었다. 유튜브 강의만 듣고도 그의 노하우 전반을 듣는 이에게 전해주는 그의 모습이 느껴졌다.

그러면서 그는 새로운 도전을 멈추지 않는다. '부모님께 인생을 선물하세요'라는 자서전 쓰기 프로그램도 그런 기획이다. 8번의 강의와 2박 3일의 템플스테이로 꾸려진 이 강좌는 한 사람이 자신의 여정을 돌아보고, 정리하고, 기록하는 세밀한 과정이다. 강좌의 실행 여부를 떠나 이런 강좌를 기획하고, 실천하는 것 역시 백 선배다움을 보여주는 사례다.

백 선배는 삶의 여정을 보면 알지만 노마드 철학을 체득한 전형적인 사람이다. 나와 비슷한 삶의 여정을 거친 그의 마음을 조금이나마 알 수 있다. 요즘 단체 카톡방에서 만나는 백 선배는 일산에 있는 집으로 백숙 먹으러 오라는 말을 자주 한다. 직장 시절 은평구에 살던 선배의 집에 찾아간 적이 있다. 지인들에게 자신의 집에 찾아오라고 할 수 있는 남자는 잘 산 사람이라는 생각을 한다. 가족을 보여주는 것은 물론이고, 그 가족이 아버지의 지인과 인사할 수 있는 것만큼 큰 교훈도 없기 때문이다. 백 선배 집에 가면 꼭 만나고 싶은 사람은 그의 두 딸이다. 「화쟁시민칼럼」에서 네 살 터울로 서로 자주 싸우던 두 딸 이야기가 나오는데 그 주인공을 만나고 싶기 때문이다. 다음은 '두 딸과 중도'의 일부이다.

"내겐 네 살 터울의 두 딸이 있다. … 여느 집과 마찬가지로 두 딸은 서로 자주 싸웠다. 이태 전 일이었다. 저녁 때 집에 돌아왔는데 다투는 소리가 현관까지 들려왔다. … 큰 녀석은 동생이 자신을 무시한다고 말했다. 작은 녀석은 언니가 자신을 놀린다고 말했다. … 그런데 두 딸의 입에서 이런 말까지 흘러나오고 말았다. "아빠, 저는 언니가 없었으면 좋겠어요." 작은 녀석이 울면서 이렇게 부르짖었다. 큰 녀석이 발끈했다. "나도 너 같은 동생 사라졌으면 좋겠어." 서로 미워할 수도 있고 싸울 수도 있다. 하지만 없었으면, 사라졌으면 좋겠다니. 눈앞이 캄캄했다. 망연자실 두 딸의 얼굴만 바라보았다. 둘 다 그르다는 쪽으로 다그쳐 이 사태를 속 편하게 진정시킬 수 있는 단계를 이미 넘어선 상황이었다.
그 때 번쩍, 하고 한 생각이 떠올랐다. 어느 날 작은 녀석이 귀가 시간이 한참 지났는데도 돌아오지 않았다. 친구들한테 연락을 해봐도 세 시간 전에 헤어졌다는 대답만 들었다. 피아노 학원에서도 네 시간 전에 돌아갔다고 했다. 온 가족이 애가 타기 시작했다. 이리저리 전화를 돌리다 직접 찾아보기로 했다. 한 시간 뒤 모두 빈 손으로 돌아왔다. 큰 녀석이 그만 참지 못하고 울기 시작했다. 동생이 잘못되면 어쩌냐며 아주 서럽게 울었다. 다행히 그로부터 삼십 분 뒤 작은 녀석이 돌아와 이 사태는 해프닝으로 마무리됐다. 두 아이에게 그 때 장면을 말했다. 언니가 동생을 잃어버릴까 두려워 서럽게 울었던 그 순간을 생각해보라고 말했다. 작은 녀석에게 말했다. "이런 언니가 없기를 바라니?" 작은 녀석은 고개를 가로저었다. 큰 녀석에게 말했다. "이런 동생이 사라지길 바라니?" 큰 녀석은 고개를 푹 수그리고 "아뇨."라고 짧게 말했다. 언니와 동생은 서로 화해하고 포옹하면서 후회의 눈물을 흘렸다. 물론 그 후에도 큰 녀석과 작은 녀석의 다툼은 끊이지 않고 있다. 그러나 서로의 존재를 부정하거나 미워하는 일은 더 이상 일어나지 않았다.

불교에선 있음과 없음을 넘어선 중도를 말한다. 갈등해결학에선 입장(Positions)을 넘어선 공통점(Common Ground), 나아가 새로운 공통의 가치 추구(Higher Ground)를 말한다. 이 모두는 어떤 초월적 경지를 말하는 것이 아니라 관념을 떠나 실제와 마주하는 일이라고 생각한다. 언니가 동생을 잃어버릴까 두려워 서럽게 울었던 그 순간이야말로 두 딸에겐 평생 기억하고 간직해야 할 실제일 것이다."

"이제라도 우리는 자기 삶을 경영하는 데 필요한 기본 글쓰기 능력을 갖춰야 한다. 그것은 대단한 노력을 요구하지 않는다. 단언컨대, 자동차 운전면허를 따는 것보다 쉽다."

_백승권, 『글쓰기가 처음입니다』 중에서

05 최문순, 추락을 두려워하지 않는 천상 인간

우선 개인적인 이야기를 해야겠다. 내 아내가 나에게 주는 가장 큰 경고는 "만약 당신이 정치하면 나는 아이 데리고 출가할 거야"라는 말이다. 아내의 지독한 정치 혐오증을 말해준다. 이는 아마 처 외갓집에서 한 어른이 정치하다가 살림을 말아먹은 것에서 나온 것이라 생각한다. 물론 필자는 당연히 그런 일은 없을 것이라 위로한다(혹자는 얼마나 좋으냐라는 말로 나를 위로한다).

그런데 필자는 정치에 그다지 무연하지 않았다. 대학 4학년 2학기였던 1995년 9월, 나는 당시 새정치국민회의(현재 더불어민주당) 당직자 시험에 응시했다. 서류시험을 통과하고 여의도 당사에서 면접을 봤다. 한영숙 의원 등이 면접관으로 나온 것으로 기억하는데, 당시 그는 김대중 대표가 독자노선을 걷는 것에 대한 내 생각을 물었다. 그런데 내 대답은 빵점 짜리로 처리됐을 것이다. 내 답의 시작은 이랬다. "우선 정당에서 개인적인 판단으로 탈당한 것은 맞지 않습니다. 하지만…." 이후에 더 알게 된 거지만 정당은 대표에 대한 맹목적인 충성을 바탕으로 만들어지는데 당직자를 생각하는 이가 서두를 이렇게 꺼내는 것은 당연히 빵점 답이 될 것이 뻔했다.
그런데 이날 여의도에서 면접을 보고 나는 급히 시청으로 향했다. 서울신문 건물에 있는 《미디어오늘》의 시험 겸 면접을 보러 가기 위해서다. 좀 늦게 도착했지만 시험 기회가 주어졌고, 면접도 봤다. 나는 그때 면접관으로 참여한 최문순 의원을 처음 봤다. 훗날 누가 나에게 최 의원이 가장 높은 점수를 주었다고 해서 호감을 가지게 됐다. 나는 《미디어오늘》에서 좀 시시껄렁한 기자로 3년 정도 있다가 1999년에 중국으로 주 거주지를 옮겼다.
이후 최 의원은 언론노련 위원장을 두 번 연임했고, MBC로 복귀해 얼마 되지 않아 사장을 지냈다. 후에 사장 연임을 포기하고 민주당의 전국구에 지망했다고 해서 그쪽 사람들을 놀라게 했다. 어떻든 그는 당선됐고 국회의원이 됐다. 방송에서 정치로 옮긴 정치언론인이라는 시선도 있었지만 그는 첫 국정감사에서 성실하게 데뷔해 그 존재 가치를 인정받았다. 그는 현장을 지킨 드문 정치인이었다. 촛불 시위, YTN 파업에 직접 참여했으며, 정부의 방송 장악 음모에 가장 체계적으로 접근했고, 올림픽 연예인 응원단의 부정 문제 등도 짚어냈다. 2011년 4월에는 같은 방송사에서 가장 화려한 여정을 겪은 이와 강원도 도지사 보궐선거에서 대결해 이겼다. 2014년 선거에서는 강원도 다른 기초단체장 선거에서 그의 당이 대부분 실패했는데도 도지사에 당선되는 특이한 능력을 보여줬다.
나는 최 지사의 이런 길을 나름대로 예감했다. 2007년 11월에 있었던 강원대 특강(한류에 배를 띄우고 대양을 향해 가라)에서 나는 최문순 지사에 대해 이야기했다. 내가 아는 노마드를 말하면서 강희제, 신채호, 최문순, 고미숙을 설명했다. 당시는 최 지사가 막 민주당 비례대표로 당선됐을 때다. 내가 최 지사를 노마드로 지칭한 이유는 편안한 길에 안주하지 않고, 약자들을 보호할 수 있는 가장 어려운 자리에 서는 것을 두려워하지 않는 사람이었기 때문이다. MBC 카메라 기자로 입사해 노조 위원장이 돼서 언론노동운동의 개척자가 됐고, 이후에는 언론노련 위원장으로 임무에 충실했다. 언론노동의 최고 수장을 지내다가 복직해서는 다시 카메라를 지는 현장 노동자로 일했다. 그 직분에 충실하다가 당시 MBC 사장을 하던 김중배 사장이 갑자기 퇴직했다. 이때 많은 이들이 MBC 개혁을 이끌 인물로 최문순을 꼽았다. 사장에 지원하면서는 사표를 던지는 배수진을 쳤고, 다행히 실업자 대신에 MBC 사장이 됐다.

사실 중국에 있을 때 이 소식을 들었는데 걱정이 앞섰다. 그런데 최 의원이 《미디어오늘》과 한 인터뷰를 보고 안심을 했다. 최 의원은 단순히 방송사만을 보는 것이 아니라 미디어의 미래를 보는 시각이 있었기 때문이다. 최 의원은 사장에 당선된 후에 황우석 사건 같은 대형 사건에 직면한다. 그는 그 문제를 외면하지 않고, 만약 그 문제를 해결하고 MBC를 정상화시키지 못하면 이 자리에서 물러나겠다고 선언한다. 그는 결국 문제를 풀었을 뿐만 아니라 기존에 잃었던 시청률 경쟁에서도 정상을 회복한다. 그는 그가 생각하는 것을 이루기 위해 배수진을 칠 줄 아는 드문 사람이다. 그런데 그가 위계질서가 확실한 정치판에 들어간다고 했을 때 걱정이 앞설 수밖에 없었다. 그래도 그가 우리 정치에 노마디즘을 심는 정치인이 되길 바라는 마음이 간절했다.

그런 마음을 실천하기 위해 2008년에 그의 의원회관 사무실을 찾았다. 나는 단도직입적으로 최문순과의 인터뷰집을 쓰겠다고 말했다. 보좌진인 조한기 선배, 이영환 등과 몇 번을 말했는데, 결국에는 실천하지 못했다. 이후 나는 다시 최 선배를 볼 기회가 없었다. 그는 다행히 앞서 말한대로 강원도 지사로서 큰 역할을 잘 수행하고 있다. 금강산 관광 폐쇄 등 어려운 여건에서도 양양공항 활성화와 같은 어려운 숙제를 풀면서 재선에 성공했으니 박수를 쳐줄 수 있다.

언론노동 운동계에서 최 지사는 권영길 선배에 버금가는 주량을 가진 이 중에 하나였다. 이제 그런 힘도 없는지 도의회 자리에서 쓰러져 이상한 논란의 중심에 선 적도 있다. 2018년 평창동계올림픽의 성공적 개최라는 큰 숙제도 안고 있다. 하지만 내가 생각하기에 최문순은 그런 것들을 극복할 힘이 있다.

양대 헤게모니를 가진 미국과 중국이 가장 복잡한 대리 전쟁을 치르고 있고 미래 동력을 잃고 추락이 예정된 경제구조를 가진 우리나라에서 최문순 지사는 좋은 극복 유전자를 갖고 있다. 우선 문화 콘텐츠에 대한 이해를 가진 몇 안 되는 정치가다. 또 북한 문제 등을 몸으로 체득하면서 고민하는 지도자 중 하나이다. 가장 좋은 것은 그가 어디에도 안주하지 않고, 가장 낮은 자리에서 사람들과 같이 갈 수 있는 정치적 유전자를 가진 사람이라는 것이다.

> "사람이 목적입니다. 여기 계신 분들이 목적입니다. 사람이 수단이 돼서는 안 된다는 것이 평생의 저의 철학입니다."
>
> _최문순, 강원도 지사 당선 취임사에서

06 고미숙, 제도권을 거부하고 지식 영웅을 모은 고전평론가

"여행을 한 후에 변화된 자신을 발견할 수 없는 여행은 진정한 여행이 아니다. 책을 읽은 후에 변화된 자신을 발견할 수 없는 독서는 진정한 독서가 아니다."

_고미숙

2004년 1월, 나는 서울과 베이징에 사무실을 두고 중국 전문 여행사를 창업했다. 창업자금이랄 것도 없어 같이하는 이들은 나를 믿고 같이한 중국 여행 전문가들이었다. 그 중에는 티벳 전문가도 있고, 중국여행동호회의 시샵(시스템 운영자) 중 하나인 규호도 있었다. 창업 초기에는 혼란도 많았다. 명색이 대표인데 내가 대부분 시간을 베이징에서 보내다 보니, 서울 사무실은 혼란의 연속이었다. 그럼에도 나는 의욕적으로 전문가를 동행하는 중국 테마여행을 만들었다. 그리고 그 첫 안내자로 부탁한 이가 고미숙이다.

2003년 3월 출간된 『열하일기 웃음과 역설의 유쾌한 시공간』이 인문학에 관심을 가진 사람들에게 큰 반향을 일으켰지만 대중들에겐 상대적으로 낯선 이름일 때다. 나는 당시 대학로 인근 원남동에 있는 '수유+너머'에 찾아가 취지를 설명했다. 그녀는 같이 공부하는 이들을 데려가는 조건으로 흔쾌히 응했다.

그리고 그 해 봄, 『열하일기』의 배경인 베이징, 칭동링, 청더를 여행하는 일행을 인솔했다. 그때 연구 단체를 이끌던 이진경과 고병권 모두 노마디즘 전공자들이었고, 이 연구소의 핵심이 노마디즘인 것을 모르는 이들은 없었다.

우리는 당시 황제가 살던 베이징과 죽은 황제가 살던 칭동링을 돌아본 후 '열하'의 본고장인 청더로 향했다. 「일야구도하기」, 「야출고북구기」 등 명문이 나오던 공간을 지나면서 고미숙은 앞서 말한 "여행을 한 후에 변화된 자신을 발견할 수 없는 여행은 진정한 여행이 아니다. 책을 읽은 후에 변화된 자신을 발견할 수 없는 독서는 진정한 독서가 아니다"라는 말을 했다. 이 말을 들으면서 나는 고미숙에게 그 진심이 있다는 것을 느꼈다. 실제로 그럴 것이 그녀 스스로가 노마드의 삶을 살았다고 해도 누구도 반박할 수 없는 사람이 고미숙이다.

지식 노마드의 선두주자인 고미숙의 여정은 『아무도 기획하지 않은 자유』와 『공부의 달인 호모 쿵푸스』(그린비 간)에 자세히 소개된다. 수유+너머의 탄생에 관한 기록인 『아무도 기획하지 않은 자유』는 지식 노마드로 변신하는 자신과 친구들을 잘 담고 있다.

1990년대 후반에 고미숙은 교수라는 좁은 문을 위해 공부하다가 공부의 즐거움에는 관심도 없는 것이 싫어 수유리에 공부 놀이터를 만든다. 이후 들뢰즈 연구자인 이진경, 니체 연구자인 고병권, 불교 연구자인 김영진 등 당대 공부꾼들이 모이면서 배움의 즐거움에 빠진다.

그들에게 마음이 가는 학자는 주류가 아닌 독특하고, 개성 있으며 매력 있는 학자들이었다. 연암 박지원을 비롯해 중국 철학사의 이단자인 이탁오가 그녀의 마음을 끌었다. 나는 고미숙과 같이 베이징 서쪽 퉁저우에 있는 이탁오 묘에 들렀고, 『열하일기』의 전반적인 여정을 같이했다. 고 선생이 연암에 빠진 것은 그의 지적 사유가 당대 성리학에 빠진 여느 학자들과는 품이 달랐기 때문이다. 실제로 연암은 당시 세계 초강대국인 청나라를 보면서 이제 더 이상 중국만이 세계의 중심일 수 없다고 봤다. 그래서 중국 변방의 나라라고 해서 오랑캐로 마냥 폄하하는 등 모든 정세를 중국 중심과 주변에 고정시켜 놓고 보는 절대주의적 세계관에서 벗어나 어느 곳이나 중심이고 또 주변일 수 있다는 융통성 있는 세계관을 가져야 한다고 역설했다. 그러니 고 선생이 연암에 빠지는 것도 무리가 되지 않았다.

연구 모임은 밥과 육아까지 같이 하는 공동체적인 삶을 시작한다. 이런 삶을 개인의 영역으로 더 공고하게 한 것이 『공부의 달인 호모 쿵푸스』다. 책에 있듯이 「와호장룡」에서 리무바이(주윤발 분)가 상대를 압도하며, 유연하게 무술을 하듯 공부를 통해 그런 경지에 도달하라는 것이다. 물론 그 공부는 자본주의의 한 톱니바퀴가 되는 교육이 아니라 노마드로서의 자신의 삶에 행복해 하고, 하나라도 더 나눌 수 있는 삶을 말한다. 이 책은 공부는 기본부터 건강한 뼈대를 만들어 만족해 하면서 커가는 것이라고 한다.

이후 내가 다시 고미숙의 공간을 방문한 것은 남산에 있는 학교 부지 한 층을 빌려 쓸 정도로 큼직해졌을 때다. 그 사이에도 몇 번 여행을 안내하며 길에서 같이했지만 그 연구 공간에 간 것은 좀 시간이 흘러서다. 규모는 훨씬 커져 있었다. 큰 자료실을 갖춘 도서관을 비롯해 강습실, 다문화 학습실 등 수백 명이 공부하고, 생활하는 느낌이 강했다. 한 공간에는 자율식당이 있었다. 같이 밥을 해 먹고, 누군가 사온 과일을 후식으로 먹는 등 농업 공동체들과도 소통하는 모습이 역력했다. 더욱 견고한 지식 공동체의 모습이 확연하게 보였다. 이름도 '남산강학원'으로 바뀌어 있었다.

귀국 후에는 바쁜 일과에 이어서 공직 생활을 하면서 찾을 기회가 없었다. 다만 2012년경 아이의 한문 공부 커뮤니티를 찾다가 멀고 먼 성신여대 인근의 '수유너머 R'를 찾은 적이 있다. 다만 초창기 멤버와 공동체 색채가 없는 그 공간이 생경할 정도로 멀게 느껴졌다.

고미숙은 지금 남산에 자리한 '감이당(坎以堂)'이라는 공간을 중심으로 공동체보다는 오히려 대중들을 더 많이 만나는 일에 몰두한 것으로 보인다. 처음에 나와 인연이 됐던 『열하일기』는 이제 옛일이다. 이후 임꺽정, 루쉰, 『동의보감』, 몸, 명리학 등을 관통하며 더 깊고 넓고 유연해진 사고를 키워가고 있다.

30여 년이 넘는 시간을 훌륭한 도반들과 같이하면서 고미숙의 철학도 더욱 명징해졌다. 그녀의 강의엔 반박하기 어려운 논리와 확신이 담겨 있다. 그녀는 우선 당대 사람들이 가진 욕망과 능력의 간극을 명확하게 집어낸다. 드라마에는 종종 등록금 융자가 남은 신입 여직원과 재벌 2세 본부장이 등장한다. 현실에는 이들의 차이만큼이나 큰 격차가 존재하는데, 드라마는 이들이 마치 해피엔딩을 맞을 것 같은 착각을 만들어낸다. 고미숙은 현실을 직시하라고 말한다. 이런 간극을 이겨내는 것은 결국 노마드로서 자신의 존재를 찾아내는 것이다. 우선은 인생의 흐름을 의연하게 읽어내고, 행복해지는 법을 익힐 것을 권고한다.

기계가 인간의 역할을 대신하고, 커뮤니케이션이 한층 쉬워진 디지털 시대에 노동력을 제공하는 인간의 역할은 그만큼 줄어들게 된다고 본다. 그에 비례해 정규직, 대기업처럼 고정된 직장은 찾기 어렵고 대신에 시간은 많지만 경제적으로 풍요롭지 못한 백수의 시대가 올 것으로 봤다. 이런 시대를 헤쳐 가는 가장 현명한 방법은 돈의 노예가 되지 않고, 뜻을 모을 수 있는 친구가 있는 것이다. 즉 노마드로서의 삶이 익힌 이들이야말로 이 시대를 행복하게 살 수 있다는 것을 전파하고 있다.

"호모 쿵푸스가 되면 출세를 위해 안달할 필요가 없어. 돈과 권력 따위는 오히려 걸림돌일 뿐이지. 인생과 우주에 대한 진검승부를 펼칠 수 있는데, 그따위가 다 무슨 소용이겠어."

_고미숙, 『공부의 달인 호모 쿵푸스』 중에서

07 김용옥, 앎을 향해 좇아가는 지식 이카루스

내가 도올 김용옥이라는 이름을 처음 만난 것은 대학 1학년 때 도서관 서고를 뒤척이면서이다. 습관처럼 서고를 뒤척이다가 『여자란 무엇인가』라는 흥미로운 책이 눈에 띄었다. 그 책을 빼는 순간 내 지식 체계가 크게 전환했다.

"유목문화에서는 필연적으로 '하늘의 숭배'가 발달하고 농경문화에서의 '땅의 숭배'가 강조될 수밖에 없다는 인류학적 사실이 바로 자지와 보지에 대한 우리의 논의와 맥락을 같이 한다는 것이다. 모든 고대문화에서 하늘은 남성이고 땅은 여성이라는 사실이 한번 상기되어야 할 것이다" 등 기존의 책에서 보지 못했던 단어들이 난무했다.

하지만 더 중요한 것은 내가 봤던 지식의 경계를 완전히 열어준 것이다. 그리고 그의 책들을 찾아내 하나하나 읽어갔고, 새로 나온 책들은 샀다. 도올의 사상에는 사실 경계가 거의 없다. 유교 경전, 불교, 도교는 물론이고 화이트헤드 등 서양철학자가 추가되면서 그저 이름 정도로만 사상을 알았던 내 앎에는 거대한 충격이 일었다.

이후 나는 그를 사숙하며, 지적 체계를 키워갔다. 시간이 지나면서 도올은 우리 지식계의 가장 문제적인 인물이 됐다. 특히 텔레비전에서 『논어』, 『노자』 등 경전을 강의하면서 반김용옥파들도 생겨났다.

김우중 미화나 청계천 복원을 지지하는 『도올의 청계천이야기』 발간 등 권력에 순응하는 듯한 흐름도 있어서 우려가 일었지만 도올은 이후에도 내 지적 관심을 확장하는 데 큰 도움을 준 스승이었다.

2001년에는 서지문 교수가 도올을 비판하자 「도올도 모르면서 도올을 욕한다? : 서지문 교수의 비판, 논리 아닌 감정 반박 머물러」라는 반박 기사를 《오마이뉴스》에 쓰기도 했다. 당시 서 교수는 도올의 해석을 공자에 대한 폄하로 보았다. 하지만 나는 도올의 학문 방식이 기존 사상가에 대한 해체를 통해 시작되고 교조주의에 대한 자연스러운 비판에서 비롯됐다고 봤다.

얼마 후에는 탁석산 교수가 《월간조선》에 김용옥 논어강좌는 약장수의 쇼라고 비판하는 글을 썼다. 난 《오마이뉴스》에 반박글(2001.2.23)을 썼다. 탁 교수는 도올의 논어에 대한 지나친 숭배, 중국에 대한 사대주의, 시대정신의 부재를 비판했다. 난 도올이 가진 지식의 역동성과 해체정신 등을 들어서 그의 생각을 비판했다.

도올을 내가 이 시대 노마드의 전형으로 보는 것은 그가 노마드의 자세를 실천했기 때문이다. 생물학, 신학을 거친 후 철학으로 방향을 잡은 도올은 고려대, 대만대, 동경대, 하버드대에서 순차적으로 학위로 마치고, 1982년 가을 학기부터 모교인 고려대 철학과에 부교수로 강의를 시작한다. 그는 3년 후 정교수로 승진했다. 가장 안정적인 정착민의 삶이 주어진 것이다.

하지만 그는 다음 해 봄, '양심선언'을 발표하고 학교를 떠난다. 도올은 당시 고려대 교수들의 시국선언에 서명하지 않았다. "폭력은 폭력이 가진 힘에 의해서 멸망될 것"이라는 판단과 학자로서 긴 미래를 보는 생각 때문이었다.

학교를 떠난 후 도올은 말 그대로 노마드의 삶을 실천했다. 집필을 중심으로 살아가다 1990년에는 원광대 한의예과에 입학해 6년 과정을 마쳤다. 후에 대학로에서 한의원을 하면서 몸에 대한 탐구에 몰두했다.

이후 각종 강의를 통해 세상과 그의 사유를 소통한다. 특히 EBS「알기쉬운 동양고전-노자와 21세기」와 KBS「도올의 논어이야기」로 인문학 강의로선 상상하기 어려운 시청률을 기록해 핫이슈를 만들기도 했다.

도올의 사고에서 빼놓을 수 없는 것 가운데 하나가 노마디즘이다. 도올은 노마디즘의 철학자인 들뢰즈와 가타리에 대해 특별히 이야기하지 않는다. 그러나 그의 책의 저변에는 유목주의가 자리하고 있다.

기독교가 모태신앙인 집안에서 자랐지만, 기독교의 폐쇄적인 특징에 매몰되지 않고 열린 자세로 다른 사상을 봤다. 도올이 도마복음에 집중한 것도 야훼나 예수만을 절대적인 신앙으로 삼는 유일신론에 대한 경계가 가장 큰 이유였다.

도올은 당대 지성으로서 경직된 사고만을 주입하려 하는 세상에 자신의 견해를 내놓고 토론을 유도한다. 2010년 3월 26일 백령도 근처 해상에서 침몰해 46명의 젊은 생명을 앗아간 천안함 사건은 사회적으로 큰 이슈가 된 사건이다. 도올은 방송에서 천안함 사건과 관련한 정부의 조사 결과 발표에 대해 "0.0001%도 믿을 수 없다"는 말을 했다. 북의 소행 여부를 떠나 책임을 회피하려는 정부와 군을 보면서 그는 사회의 지성으로서 참을 수 없는 분노를 그대로 표현한 것이다. 천안함뿐만 아니라 국정교과서 문제 등 사회적 이슈가 있을 때마다 견해를 내놓는다.

"동과 서, 옛과 오늘을 자유롭게 소요하는 대붕의 날개를 타고 독자들은 저자의 세계에 몸소 참여하여 웃고 또 울 수 있을 것이다."

_김용옥, 『동양학 어떻게 할 것인가』 중에서

08 박노자, 이 시대 지식 노마드의 표본

요즘 다양한 나라 출신의 유학생들이 한자리에 모여 토론하는 방송 프로그램 「비정상회담」을 자주 본다. 그들의 모습을 보면서 중국에서의 내 모습을 생각해본다. 외국어 실력을 떠나 그 나라를 이야기할 수 있다는 것은 어떤 의미일까. 사실 중국인들과 중국 문화에 대해 깊은 이야기를 하기가 쉽지 않았다. 우선 중국 사람들 스스로가 그런 문제에 별로 관심이 없었다. 지식의 측면에서 중국인들보다 훨씬 많이 아는 경우도 많았다. 하지만 그런 표면적인 것을 넘어 중국 사람들과 논리적으로 더 깊게 이야기하고 싶은 때가 많았다.

그런 측면에서 봤을 때, 러시아 사람으로 한국에 귀화하고 지금 노르웨이에서 한국학을 가르치는 박노자 교수는 존경스러운 사람이다. 일단 그 역시 한국인이니, 인종을 선입견에 둔 생각은 가능하면 배제하는 게 좋을 듯 하다. 그의 책은 물론이고 한국을 떠나서 노르웨이에 산 지 15년이 지난 지금도 한국에 대한 그의 다양한 평론들을 읽다 보면 그야말로 대단하다는 생각이 든다.

박노자는 1973년에 소련 레닌그라드에서 유대계 부친과 러시아인 모친 사이에서 태어났다. 소련의 상트페테르부르크 국립대학 동방학부 조선학과를 졸업했다. 『춘향전』에 깊이 매혹됐다는 그는 1991년에 대한민국에 유학을 와 고려대, 경희대에서 공부한다. 소련에서 러시아로 변모한 고국에 돌아가 모스크바 국립대학교 대학원 한국고대사학과에서 박사 학위를 취득한 후 대한민국에 돌아왔다. 이후 한국인 바이올리니스트와 결혼하고, 2000년부터는 노르웨이로 건너가 오슬로 대학에서 한국학을 강의했고 2001년에는 한국으로 귀화했다.

소련 사람으로 태어났지만 한국을 거쳐 노르웨이에 정착한 그는 삶 자체가 이미 노마드로 부족함이 없다. 물론 다양한 나라를 다녔다고 노마드에 적정하다고 할 수 없지만 그는 필자가 생각하는 노마드의 모든 요건을 갖추고 있다. 광범위한 독서부터 글쓰기 등이 그렇다. 더 중요한 것은 그가 어느 사고에도 매몰되지 않는 사고의 황금률을 갖고 있다는 것이다.

한국을 잘 모를 것 같지만 그가 한국 사회를 읽는 눈은 날카롭다. 그는 대한민국 사회 각 분야 전반에 퍼져 있는 모순과 부조리를 진보주의 관점에서 날카롭게 비판한다.

특히 우리는 부인하지만 1990년대 후반 이후 기존 대한민국 사회 전반에 과도하게 만연한 국수주의, 쇼비니즘, 파시즘을 본격적으로 신랄하게 비판한다. 그는 정당으로서 존재감도 거의 없는 노동당의 당원이다. 집권의 가능성은 물론이고, 비례대표 국회의원 하나 내기 힘든 득표율의 노동당의 당원을 자처하는 것은 희망의 씨앗을 심고자 하는 그의 숭고함에서 나왔다.

그는 한국 민주 정권의 출발점인 김대중과 노무현에게도 좋은 점수를 주지 않는다. 당선 이후 세계 최악의 신자유주의적 지옥, '헬조선'을 만든 일등 공신이라고 판단하기 때문이다. 그는 결국 어떤 선거를 통해서도 어차피 체제의 본질을 바꿀 수 없는 상황에서는 당선 이상으로 중요한 것은 당과 후보의 원칙과 조직 능력, 전투력, 다양한 사회적 약자들을 규합시키는 힘, 급진성 등이라고 본다. 당선의 가능성을 떠나 '투쟁 잠재력'을 가진 노동당을 지지한다는 것이다. 보수는 사회주의에 가까운 그를 좋아할 리 없고, 진보도 진보 단일화에 방해가 되는 사상가를 좋아할 리 만무하다. 게다가 한국이 중화권에 편입되는 것이 좋을 것 같다는 이야기를 했다가 호된 비판을 받기도 했다.

그러나 박노자는 한국 사람을 가장 객관적으로 정의하고, 이 나라에 필요한 노마디즘에 대해서도 가장 잘 설명해줄 수 있는 사람 가운데 하나다. 그는 《한겨레》 칼럼 「박노자의 한국, 안과 밖 : 타자로서의 '동포', 조선적 재일조선인」에서 이렇게 말한다.

"조선족이나 고려인, 탈북자 등은 적어도 국내의 일상 속에서 만날 수 있는, 가시성이 있는 존재들이다. … 한데 군사주의적 획일화에 익숙해진 한국 사회로서는 명실상부한 '적'보다 중립을 지키려는 '우리 민족' 계통의 '회색분자'가 더 위험시된다. … 하루빨리 조선적 재일 조선인에 대한 부당 대우를 철회하고, 그 역사적 맥락을 고려해서 다양한 이념적 성향들을 충분히 존중해주는 평등한 소통의 태도를 가지기를 정부에 강력히 바란다. 바로 이런 일에서부터 통일이 시작된다."

많은 이들이 지적하듯 재벌 위주로 미래를 만드는 한국에 희망을 걸기 어렵다. 이런 상황에서 한국에게 가장 큰 우군이자 미래가 될 수 있는 사람들이 재외 한국인들이다. 긴 역사를 가진 중국과 미국의 동포, 일본 동포도 긴 시간 동안 한국인이라는 정체성을 가져온 이들이다. 만약 이들을 이 나라 미래를 움직이는 협력자로 같이할 수 있다면 큰 우군이 되겠지만, 이들의 존재를 인정하지 않으면 오히려 한국을 무너뜨리는 악역이 될 수 있다.

이런 점에서 박노자의 지적은 지극히 정확하다. 러시아인으로 한국을 마음으로 안고 있는 그 말고도 진짜 노마드들은 갈수록 늘어나고 있다. 반면에 한국에 있으면서 이 나라에 실망해 '헬조선'을 외치면서 탈출을 꿈꾸는 이들도 늘어가고 있다. 그런 점에서 박노자야말로 당대가 만들어낸 가장 소중한 노마드라고 할 수 있다.

"재벌경제가 아무리 수출을 잘해도 다수의 삶이 나빠지기만 한다는 사실을 앞으로 몇 년간 더 확인해야, 이 사회를 연대해서 바꾸지 않는 이상 살길이 없다는 점을 '헬조선'의 피해자들이 각오할 것이다."

_박노자, 『주식회사 대한민국』 중에서